KB210699

십자가 없이 영광은 없다

십자가 없이
영광은 없다
No cross, No crown

박은조 지음

규장

십자가의 길은 결코 편하거나 쉬운 길이 아닙니다. 그러나 그리스도인이라면 피할 수 없는 길이기도 합니다. 왜냐하면 십자가 없는 영광은 없기때문입니다. 박은조 목사님은 누구보다 그 사실을 깊이 알았기에 힘들어도 주님께서 걸으신 십자가의 길을 택하기 위해 늘 애를 썼습니다. 오랫동안 함께 연합운동을 하면서 세속적인 욕망이나 교권을 초월하여 끊임없이 새롭게 서고자 선택하는 그의 삶을 볼 수 있었습니다. 그 모습 속에서 복음에 대한 열정과 옳은 일에 대해 믿음대로 추진하는 탁월함을 만날수 있었습니다. 이 책에는 그러한 박 목사님의 십자가 영성이 고스란히담겨 있습니다. 특히 아프가니스탄 피랍이라는 극단적인 고통 속에서도결코 포기할 수 없었던 주님의 십자가를 향한 그의 열망을 느낄 수 있었습니다. 독자들은 이 책을 통해 진정한 그리스도인의 길이 무엇인지 다시한 번 성찰하는 기회가 될 것입니다.

손인웅 목사 | 덕수교회 원로목사, 한국기독교목회자협의회 대표회장 |

박은조 목사님을 생각하면 그가 개척했던 교회의 이름처럼 맑고 깨끗한샘물이 떠오릅니다. 그의 영성은 샘물의 영성입니다. 그 샘물은 깊은 맛과목마른 나그네들을 끌어들이는 힘을 지니고 있습니다. 그의 인생의 절정을 바쳐 섬겼던 샘물교회 사역을 마무리하면서 그리고 어쩌면 그의 생애마지막이 될 또 하나의 교회를 개척하며 마음을 나누었던 이 메시지에서 우리는 그가 사모했던 십자가 영성의 본질과 그의 투명한 목회 철학의 모든 것을 발견할 수 있습니다. 피상성으로 대표되는 오늘의 목회 마당에서 그의 메시지는 목회의 본질과 신앙의 정도(正道)를 다시 돌아보게 하는 성찰을 제공하고 있습니다. 아울러 국내 언론을 통해 심각하게 왜곡되었던 아프간 사태의 본질을 돌아보게 하는 소중한 사료(史料)를 담고 있습니다. 진지한 목회와 진지한 신앙의 의미를 묻는 모든 순례자들에게 이 책을 추천하고 싶습니다.

이동원 목사 | 지구촌교회 원로목사, 국제코스타 이사장 |

박은조 목사님을 생각하면 늘 영적 거인을 보는 것 같았습니다. 특히 2007년 아프가니스탄 피랍 사태 이후 박은조 목사님의 목회와 삶은 제게 말할 수 없는 존경심을 갖게 했습니다. 최근에는 비교적 늦은 나이이신데도 불구하고 다시 한 번 은혜샘물교회를 개척하심으로 많은 사람들에게 큰 충격을 주시기도 했습니다. 이 책을 읽으면서 목사님의 그러한 목회와 삶이 어디에서부터 나온 것인지 알 수 있었습니다. 바로 예수 그리스도의 십자가 영성이었습니다. 박은조 목사님의 삶을 이끌었던 예수 그리스도의 십자가 영성이 이 책을 읽는 독자들을 동일한 은혜와 역사로 이끌기를 바랍니다.

유기성 목사 | 선한목자교회 담임목사 |

주님이 걸어가신 길,
그 길로 우리를 부르신다

모든 그리스도인에게는 예수님을 믿고 따르기로 한 순간부터 주어
지는 그리스도인의 길과 사명이 있습니다. 저 역시 마찬가지였습니
다. 지금까지 제가 걸어온 믿음의 길이 늘 순탄했던 것만은 아니지만,
그래도 언제나 저와 함께하시며 도전하시는 주님 때문에 평탄한 세상
의 길이 아닌 주님이 기뻐하시는 십자가의 길을 지금도 따르고 있다
고 생각합니다.

이 책은 제 인생에서 극심한 고통의 길을 걸은 2007년, 샘물교회 청
년들이 아프가니스탄 단기선교 중 피랍되는 사건이 벌어졌을 당시에
선포된 말씀과 샘물교회에서 13년의 임기를 마치고 새로운 교회의 분

립 개척을 앞두고 선포된 말씀으로 구성되었습니다.

특별히 1부 〈우리가 걸어야 할 십자가 영성의 길〉에 수록된 여섯 편의 메시지가 아프가니스탄 피랍 사건이라는 극심한 십자가를 지고 몸부림치던 그때, 깊은 슬픔과 고통과 눈물을 담아 성도들과 함께 나누었던 말씀입니다.

'영성 시리즈'를 주제로 샘물교회 강단에서 처음 말씀을 전하기 시작한 것이 2007년 7월 1일이었습니다. 하나님께서는 그때 주님 앞에서 바르고 온전한 마음을 가지고 사는 '진정한 그리스도인의 삶'에 대한 메시지에 대해 마음을 주셨습니다. 때마침 영성에 관련한 리처드 포스터의 책을 읽고 강한 도전을 받으며 영성 시리즈 설교를 시작하게 되었습니다.

묵상의 영성, 성결의 영성, 카리스마의 영성, 성육신의 영성, 사회정의의 영성, 그리고 복음전도의 영성으로 이어지는 설교를 하던 중간에 아프가니스탄 피랍 사건이 벌어졌습니다. 저와 샘물교회 성도들로서는 영성 설교가 따로 필요 없는 '영성 강화 특수 훈련'에 돌입하게 된 것입니다.

40일 동안 기도회가 진행되었고 피랍된 23명 중 마지막 한 명이 안전지대로 돌아올 때까지 기도회를 계속하겠다고 선언했습니다. 새벽 5시, 오전 10시, 저녁 8시, 그리고 철야기도회까지 하루 네 차례씩 기도회가 계속되었습니다. 또 주일에는 이런 영성, 곧 극심한 고통 가운데서도 결코 포기할 수 없는 예수 그리스도의 십자가 영성을 붙들고 살자고, 저 자신을 향해, 성도들을 향해 애끓는 마음으로 말씀을 나누었습니다.

그때 그 피맺힌 절절한 메시지를 함께 나누지 않았다면 저와 샘물교회 성도들은 하나님을 향한 깊은 원망에서 한동안 헤어나오지 못했을지도 모릅니다. 하나님께서는 목사인 저조차도 이해할 수 없었던 극심한 고통의 순간 속에서 오직 하나님만 바라보게 하셨고, 찬란한 영광을 위해 이 땅에서 죽음의 길을 선택하셨던 예수 그리스도의 마음을 배우게 하셨습니다. 그리고 그 마음으로 십자가의 길을 걷게 하셨습니다.

2부 〈우리가 굳건히 할 온전한 신앙의 길〉에 담긴 여섯 편의 메시지는 샘물교회를 떠나 용인 동백으로 파송받기 전, 마지막 몇 주 동안 샘물교회에서 전했던 말씀과 새롭게 개척한 은혜샘물교회에서 처음 전한 말씀들입니다. 샘물교회 개척 후, 13년의 임기를 모두 마치고 교회를 떠나며, 세습으로 얼룩진 한국교회를 위해 작은 십자가를 지는 심정으로 하나님이 주신 깨달음을 담아 말씀을 나누었습니다.

지금 교회가 여러 아픔과 상처로 몸살을 앓고 있지만, 이 땅의 소망은 여전히 하나님의 교회입니다. 하나님께서는 여전히 우리를 포기하지 않으시고 새롭게 시작할 것을 도전하고 계십니다. 그것이 지금 한국교회 앞에 놓인 십자가의 길이라고 확신합니다. 우리가 그 길을 걸어갈 때 하나님이 예비하신 영광을 맛볼 수 있을 것입니다.

부족한 종에게 하나님이 주신 마음을 독자들과 함께 나눌 수 있는 은혜를 주신 하나님께 감사드립니다. 그리고 출간을 제안해주신 규장의 여진구 대표와 애써주신 편집팀에게 감사의 마음을 전합니다. 여대표의 제안이 없었다면 이 메시지를 나눌 엄두도 내지 못했을 것입니다.

　순교자의 피가 뿌려진 아프가니스탄의 평화와 복음 전파를 위해 기도하며, 순교하신 배형규 목사와 심성민 형제의 가족들에게 이 책을 바칩니다. 그리고 피랍되어 40일 동안 생사를 넘나드는 고통을 당하고 돌아와 하나님나라를 위해 충성으로 섬기는 21명의 형제자매님들과 그 가족들에게 바칩니다. 또한 분립 개척교회의 외롭고 고된 길을 함께 걸어가는 동역자가 되어주신 판교샘물교회와 은혜샘물교회 성도님들께 바칩니다.

2012년 12월 운중동 서재에서

박은조

1부
우리가 걸어야 할
십자가 영성의 길

2부
우리가 굳건히 할
온전한 신앙의 길

—
우리가 예수 그리스도의 마음을 품고
예수 그리스도의 길을 따라갈 때
우리는 매일매일 더 주님을 닮아가게 될 것입니다.

1부

—

우리가 걸어야 할
십자가 영성의 길

No Cross, No Crown

1 묵상,
예수님을 닮아가는 은혜의 시간

낡은 자전거 한 대로 떠난 여행

1999년, 중국의 왕일민(王一民) 씨의 사연이 화제가 된 적이 있습니다. 당시 74세였던 왕일민 씨는 99세 된 어머니로부터 부탁 하나를 받았습니다.

"아비야, 죽기 전에 서장(티베트)에 한 번 가봤으면 좋겠구나."

중국의 가장 북쪽인 탑하에 살던 그가 연로한 어머니를 모시고 중국의 가장 서쪽에 위치한 티베트까지 가는 것은 경제적으로나, 환경적으로나 도저히 불가능한 일이었습니다. 그렇지만 그는 마지막 소원이라는 어머니의 간곡한 부탁을 거절할 수 없었습니다.

그가 가지고 있던 것이라고는 낡은 자전거 한 대뿐이었습니다. 그래서 그는 어머니를 위한 자전거 수레를 만들기 시작했습니다. 자전거 뒤에 수레를 달고 지붕을 얹은 뒤 사방으로 창을 여러 개 내 어머니가 안에서도 바깥세상을 볼 수 있도록 만든 것입니다. 그렇게 만든 자전거 수레를 타고 어머니와 아들은 티베트를 향한 먼 여행길에 올랐습니다.

길을 가다 배가 고프면 칼국수를 끓여 먹기도 하고, 산속에서 길을 잃고 헤매기도 하고, 서로 다투기도 하고, 감기에 걸려 밤새 앓기도 하면서 어머니와 아들의 여행은 계속되었습니다. 그러나 낡은 자전거 수레로 티베트까지 가는 것은 도저히 무리였습니다. 게다가 오랜 여행으로 쇠약해진 어머니의 건강도 문제였습니다. 결국 어머니와 아들은 해남에서 길을 돌려 900일 만에 집으로 돌아왔습니다.

그러는 사이에 이분들의 사연이 신문과 방송을 통해 알려지면서 사람들에게 잔잔한 감동을 불러일으켰습니다. 집으로 돌아온 그 이듬해인 2003년, 어머니는 103세의 나이로 돌아가셨습니다. 숨을 거두기 직전 어머니는 이런 말을 남겼다고 합니다.

"아들아, 내 평생에 너하고 함께한 여행이 가장 행복했다."

아들인 왕일민 씨는 '이 시대의 마지막 효자', '효자 왕'이라는 이름으로 불리게 되었습니다.

이 사연을 접하면서 제 안에 이런 마음이 들었습니다.

'가난하건 부유하건 우리도 이런 삶을 살다 가야 하지 않을까?'

이런 삶이 어떤 삶입니까? 노모가 "얘야, 어디 좀 가자" 하면 핑계

대지 않고 "예, 어머니" 할 수 있는 삶 말입니다. 사실, 이 사연의 주인공인 왕일민 씨도 핑계를 대려면 핑계거리가 얼마나 많았겠습니까? 자기도 벌써 74세나 된 할아버지입니다. 가진 것도 없습니다. 그런데도 어머니의 간곡한 부탁에 아무런 핑계 없이 자전거 페달을 밟으며 그 넓은 중국 대륙을 가로질러보겠다고 한 것입니다. 어디서 그런 마음이 생겼을까요? 정말 놀라운 일이 아닐 수 없습니다.

당신의 소원은 무엇입니까?

그런데 조금 더 생각해보니 하나님께서 바로 이 마음을 우리에게 가르치고 계시다는 것을 알 수 있었습니다. 하나님이 성경에서 강조하는 것 중의 하나가 부모자식 간의 도리, 즉 효(孝)입니다. 뿐만 아니라 형제 사이의 우애, 이웃 간의 사랑과 섬김을 강조하며 가르칩니다. 바로 그런 넉넉한 삶을 사는 것이 우리 인생의 소박하지만 진정한 꿈이라 할 수 있지 않겠습니까?

당신이 지금 간절히 원하는 것은 무엇입니까? 지금 당장 이루어졌으면 좋겠다고 바라는 급박한 소원이 있습니까? 아니면 생애 전체를 걸고서라도 꼭 이루고 싶은 인생의 딱 한 가지 소원과 같은 간절한 바람이 있습니까? 어떤 것이든 간에 지금 이 순간 당신이 마음으로 간절히 바라고 원하는 것은 무엇입니까? 다이어트를 열심히 해서 날씬해지는 것입니까? 질병 때문에 고통 받고 있는 사람이라면 다이어트가 아니라 건강을 되찾는 것이 간절한 소원일 것이고, 돈이 없어서 고통받는 사람이라면 돈을 많이 버는 것이 간절한 소원일 것입니다. 그것이 무엇이든 우리 모두에게는 간절하게 바라는 소원이 있을 것입니다.

시편 42편 기자에게도 간절한 소원이 있었습니다. 시편 42편을 보면, 지금 시편 기자가 무척 어려운 상황에 빠져 있다는 것을 알 수 있습니다. 원수가 칼로 뼈를 찌르는 것처럼 비방하는 말을 하고 있는 것입니다.

> 내 뼈를 찌르는 칼같이 내 대적이 나를 비방하여 늘 내게 말하
> 기를 네 하나님이 어디 있느냐 하도다 시 42:10

어떤 비방인지, 왜 그런 비방을 듣게 되었는지 구체적인 내용이나 정황에 대해서는 설명되어 있지 않습니다. 자신의 잘못 때문에 벌어진 일일 수도 있고 아니면 상대방의 악한 술수에 걸려든 탓일 수도 있습니다. 성경은 그런 정황에는 주목하지 않습니다. 성경이 보여주고자 하는 것은 다만 한 성도가 살다 보니 뼈를 칼로 찌르는 것과 같은 비방을 듣게 되었다는 것뿐입니다. 그 현실이 중요합니다. 그런 현실 속에서 우리가 어떻게 행동하고 반응하고 극복하는지가 중요하다는 것입니다. 시편 기자는 그 처절한 고통 속에서 간절한 소원을 갖습니다.

우리도 살다 보면 이런 고통 가운데 처할 때가 있습니다. 때로는 고통이 너무 지나쳐서 칼로 뼈를 찌르는 듯한 아픔을 느끼는 순간을 맞기도 합니다. 원수들이 나를 짓밟고 비방하며 내버려두지 않을 때, 원

수들로 인하여 아침부터 밤까지 슬픔에 휩싸일 때, 우리는 어떻게 해야 합니까? 하나님께 그 원수들을 다 없애달라고 구하면 될까요?

시편 기자는 그런 고통스러운 상황 속에서 하나님을 찾고 있습니다. 그것도 매우 간절하게 찾고 있습니다. 그는 자신이 마치 목마른 사슴이 시냇물을 찾기에 갈급한 것처럼 갈급한 심령으로 주님을 찾는다고 고백합니다.

> 하나님이여 사슴이 시냇물을 찾기에 갈급함같이 내 영혼이 주를 찾기에 갈급하니이다 시 42:1

사슴은 왜 그렇게 시냇물을 갈급하게 찾을 정도로 목이 마른 상황에 빠졌을까요? 어쩌면 포수가 사슴을 잡기 위해 쏜 활이나 총에 놀라 정신없이 도망치다가 겨우 포수의 손을 벗어나 한숨 돌린 뒤였을지도 모릅니다. 한참을 도망쳤더니 목이 너무 마른데 시냇물을 찾을 수가 없습니다. 그래서 여기저기 왔다 갔다 하며 목을 축일 시냇물을 애타게 찾는 사슴의 모습, 바로 그 모습처럼 시편 기자가 하나님을 찾고 있다는 것입니다.

왜 그렇게 하나님을 간절히 찾습니까? 우리가 하나님을 찾고, 하나님을 만나고, 하나님의 마음을 품을 때 우리의 문제가 해결될 수 있기 때문입니다. 그렇기 때문에 시편 기자는 자신의 방법이 아닌 하나님의 방법을 기대하며 하나님을 찾고 있는 것입니다.

영성의 길, 예수님을 닮아가는 것

이런 사람을 보통 '믿음이 좋은 사람'이라고 표현합니다. 다른 말로 '영성이 좋은 사람'이라고 지칭할 수도 있습니다. 성경은 우리가 하나님을 닮아가는 것, 예수 그리스도를 닮아가는 것을 '영성'이라고 표현합니다. 그러면서 매우 중요한 몇 가지 영성을 우리에게 소개합니다. 그중의 하나가 '묵상의 영성'입니다.

묵상의 영성은 하나님을 늘 생각하고 하나님과 늘 대화하는 것, 우리에게 좀 더 익숙한 다른 말로 표현하자면 '기도와 말씀의 영성'이라고 할 수 있습니다. 성경은 기도와 말씀을 통해서 하나님과 교제하고 하나님의 마음이 내 마음이 되게 하는 '묵상의 영성'을 매우 강조해서 가르칩니다.

묵상의 영성은 한마디로 기도와 말씀을 통해 하나님을 닮아가는 것입니다. 늘 하나님을 바라보고, 하나님을 사모하고, 하나님의 음성에 귀를 기울이고, 하나님이 느끼시는 것을 우리도 함께 느끼는 것, 그래서 어느덧 내 말이 하나님의 말과 비슷해지고, 내 사고방식이 하나님의 사고방식과 비슷해지는 것, 그렇게 하나님과 닮아가는 것이 묵상의 영성입니다. 우리는 성경에서 이것을 목표로 끊임없이 하나님을 사모했던 사람들을 많이 발견할 수 있습니다. 아니, 성경에 등장하는 믿음의 사람들이 다 그런 사람들이었습니다. 그중에 대표적인 인물이 사도 요한입니다.

사도 요한은 예수님을 처음부터 따랐고, 예수님의 십자가 처형 현장에 함께 있었습니다. 다른 사도들은 일찍이 순교하여 세상을 떠났지만 그는 90세가 넘을 때까지 장수하면서 젊은 시절 자신의 눈으로 직접 보고 겪었던 예수 그리스도께서 자신의 몸 된 교회를 어떻게 세워가시는지, 고난 받는 삶의 현장에서 그분의 영(靈)이신 성령께서 어떻게 역사하시는지, 그리고 그 영향으로 사람들이 어떻게 변해가는지 그 모든 것을 생생하게 목격했습니다.

이처럼 주님께 놀랍게 쓰임 받았던 요한이었지만, 성경은 결코 그를 모든 일에 뛰어난 사람으로 묘사하지 않습니다. 오히려 우리와 다를 바 없이 연약하고 약점 많은 사람이란 사실을 분명하게 보여줍니다.

사도 요한의 세 가지 약점

한번은 예수님이 사마리아 성 근처를 지나시다가 거기서 하룻밤 머무시려는데 사마리아 사람들이 예수님을 거절했습니다. 그때 요한과 그의 형 야고보는 "예수님! 하늘에서 불을 내려 저들을 다 태워버립시다!" 하고 거칠게 반응했습니다(눅 9:54 참조). 그 시절 젊은 요한에게는 예수님을 사랑하는 마음과 열정은 있었지만, 예수님이 사마리아 사람들 역시 사랑하신다는 사실은 몰랐습니다. 그때의 요한으로서는 예수님의 사랑이 얼마나 크고 깊은지 도무지 헤아릴 수 없었습니다. 그저 "내가 사랑하고 좋아하는 예수님을 이렇게 함부로 대하다니 참을 수 없어!" 하는 정도의 마음을 가지고 있던 치기 어리고 과격한 청년에 불과했던 것입니다.

누가복음 9장에 보면, 요한은 어떤 사람이 예수님의 이름으로 귀신을 쫓아내는 장면을 보았습니다. 그런데 그는 예수님의 제자가 아니었습니다. 그때 요한이 어떻게 했습니까?

"너는 우리 선생님의 제자도 아닌데 왜 그분의 이름으로 귀신을 쫓아내느냐? 앞으로는 하지 마라!"

그리고 예수님에게 와서 자랑스레 말했습니다. 그러나 예수님은 요한을 칭찬한 것이 아니라 도리어 야단치셨습니다.

> 예수께서 이르시되 금하지 말라 너희를 반대하지 않는 자는 너
> 희를 위하는 자니라 하시니라 눅 9:50

이 말씀의 의미가 무엇입니까? 오늘날로 말하면, "우리 교회 아니면 다 별 볼 일 없어", "우리 공동체 사람들도 아닌데 다른 사람들이 어렵든지 말든지 내가 무슨 상관이야?"라는 식의 이기심을 꾸짖으신 것입니다. 예수님을 만나 믿음은 갖게 되었지만 여전히 그 내면에, 특히 영적인 영역에서조차 이기심이 발동되는 우리와 다를 바 없는 연약한 그리스도인의 모습을 우리는 훗날 위대한 하나님의 사람이라 칭함 받는 사도 요한의 옛 모습 속에서 여과 없이 발견할 수 있습니다.

마가복음 10장에 기록된 요한의 모습은 앞에서 언급한 것보다 훨씬 더 큰 연약함을 그대로 노출하고 있습니다. 모 광고에서 말하는 것처럼 2프로 부족한 것이 아니라 20프로, 200프로 부족한 모습을 보이고

있는 장면입니다. 어떤 모습입니까? 요한이 그의 형 야고보와 함께 예수님을 찾아가 이렇게 부탁한 것입니다.

"예수님, 우리 형제를 한 명은 주님의 우편에, 다른 한 명은 주님의 좌편에 앉게 해주세요!"

하나님의 사람으로서 그리스도의 제자의 길을 걸어가고 있었지만 요한의 내면에는 여전히 야망으로 가득 찬 모습이 있었습니다. 예수님을 따르면서도 예수님을 통해 자신의 세속적인 야망과 꿈을 실현시켜보려는 욕망이 있었던 것입니다.

성경이 이 같은 요한의 연약한 모습을 우리에게 그대로 보여주는 이유가 무엇일까요? 만약 성경이 요한의 위대한 모습만 기록했다면 성경을 읽는 대부분의 사람들은 "요한 같은 사람은 나와는 비교할 수 없는 사람이야. 내가 그런 삶을 살 수는 없어"라고 반응했을 것입니다. 하나님께서는 그 사실을 이미 잘 알고 계셨기에 요한이 위대하기만 한 사람이 아니라 우리와 똑같은 사람이라는 사실을 보여주고 싶으셨던 것입니다.

변화된 요한의 모습이 우리에게 소망이다

사실 요한에게서 볼 수 있는 이 세 가지 약점, 곧 분노, 이기심, 야망은 우리 모두가 안고 있는 우리의 약점이기도 합니다. 우리 모두가 가지고 있는 연약함을 그대로 가지고 있던 요한인데, 그의 삶이 어땠습니까? 다른 사도들이 다 순교를 당해 먼저 세상을 떠나간 이후에도 그는 여전히 살아 있었습니다. 하나님께서 요한만큼은 마지막 순간까지 에베소에 살려두셨습니다. 그의 모습을 통해 우리에게 하실 말씀이 있으신 까닭일 것입니다.

그가 그 세월을 살면서 무엇을 보았고 또 어떤 변화된 삶을 살았습니까? 요한이 90세를 사는 동안 목격했던 것들을 한번 떠올려봅시다. 그는 예수님을 만나 제자로 부름 받고, 3년 동안 예수님과 함께 세월을 보냈습니다. 그리고 예수님이 십자가에 달려 돌아가시는 장면을 목격했습니다.

깊은 좌절과 절망의 그 순간, 그는 예수님으로부터 예수님의 어머니 마리아를 돌보아달라는 부탁을 받습니다. 그리고 부활하신 예수님을 만났으며, 함께 동고동락했던 다른 사도들이 죽음의 길로 떠나가는 모습을 지켜보아야 했습니다. 그때까지도 그는 늙은 몸을 이끌고 죽지 않고 살아서 하나님의 교회를 지키며 몸부림치는 길을 걸어야만 했습니다.

그러는 사이, 그는 깊은 묵상의 영성을 가진 사람으로 변화되었습니다. 예수님이 승천하신 이후에 예수님과 함께했던 순간을 얼마나 생각하고 또 생각했겠습니까? 예수님이 계시던 때에는 미처 깨닫지 못했던 깊은 교훈들이 성령님의 가르치심으로 새롭게 깨달아졌을 것입니다. 교회를 향한 예수님의 약속과 그 약속이 이루어져가는 놀라운 은혜의 현장을 보면서 그는 예수님의 말씀 하나하나를 떠올렸을 것입니다. 그리고 그 말씀대로 살기 위해 애쓰고 수고하고 몸부림쳤을 것입니다.

그것이 예수님의 가르치심대로 사는 길이었기 때문입니다.

예수님을 만난 사람은 변화될 수밖에 없습니다. 아무리 큰 약점을 가진 사람이라 할지라도 말입니다. 요한 역시 그가 만났던 예수님의 모습이 평생 그의 삶을 진정한 변화로 이끌었습니다.

생명의 주님을 만난 요한

요한은 생명의 주님을 만났습니다. 생명의 주님을 만난 요한은 그 생명의 주님이 자신의 삶을 인도하시도록 평생 그 주님을 마음에 품고 살았습니다. 요한이 생명의 주님으로 예수님을 만난 대표적인 사건은 '회당장 야이로의 딸' 사건일 것입니다.

예수님은 제자들과 함께 병이 들어 죽게 생긴 회당장 야이로의 딸을 고치기 위해 그의 집으로 향하고 있었습니다. 그러나 예수님이 그의 집에 도착했을 때 이미 그 딸은 죽어 있었습니다. 모든 사람이 통곡하고 있는 그 현장에 주님이 들어가셨습니다.

예수님은 그 부모와 함께 베드로, 야고보, 요한 세 명의 제자들만 데리고 집에 들어가셨습니다. 그리고 이미 죽은 소녀를 향해 "아이야 일어나라"(눅 8:54)라고 선포하셨습니다. 주님이 그렇게 선포하실 때 요한은 눈앞에서 정말 놀라운 장면을 목격했습니다. 죽은 아이가 일어난 것입니다.

요한이 그 사건을 잊을 수 있었겠습니까? 아마 평생 동안 결코 잊을 수 없었을 것입니다. 그렇기 때문에 평생을 생명의 주인이신 주님, 생명을 공급하시는 주님, 자신의 생명을 버리기까지 사람들에게 생명과 사랑을 나눠주신 주님을 가슴에 담고 살았을 것입니다. 그리고 바로 그런 주님을 닮고자 자신의 전 생애를 바쳤습니다.

우리가 생명의 주인이 예수 그리스도이시란 사실을 마음속에 담고 그분을 늘 사모하며 나아갈 때 우리는 생명의 주님을 닮는 사람으로 성장해갈 것입니다. 바로 이것이 영성이 뛰어난 사람입니다. 아무리 기도를 많이 하고 말씀을 많이 본다 해도 그것이 생명과 상관없는 것이라면, 그것은 무언가 잘못된 것입니다. 무엇을 위한 기도, 무엇을 위한 말씀입니까? 사람을 살리지 못하는 말씀이라면 그 말씀은 존재할 가치가 없습니다.

우리가 예수님을 알지 못하는 자들에게 예수님을 전하고 그들을 섬기기 위해 애를 쓰는 것 역시 마찬가지의 이유에서입니다. 결코 교회의 유익을 위해서, 교세를 확장하기 위해서가 아니라는 것입니다. 사실 교인 수가 좀 적으면 어떻고, 교회 규모가 좀 작으면 어떻습니까? 중요한 것은 생명이신 예수 그리스도께서 생명이 없어 고통 받고 있는 자들에게 자신의 생명을 나누어주기 원하신다는 것입니다.

우리가 먼저 생명이신 주님을 만나 그 생명으로 풍성해지고, 그 생명이 우리를 통해 다른 사람에게로 흘러가는 것이 이 땅을 향해 품으신 하나님의 간절한 소원이라는 것입니다. 주님은 다른 사람을 통해서가 아니라 바로 우리를 통해서 그 일을 하기 원하십니다. 우리가 주님의 그 마음을 알고 그 마음을 품고 예수 그리스도의 길을 따라갈 때 우리는 하루하루 더 놀랍도록 주님을 닮아가게 될 것입니다.

고난의 주님을 만난 요한

그런가 하면 요한은 고난의 주님을 만났습니다. 사실 요한은 3년 동안 예수님의 제자로 그분을 따라다녔지만, 예수님 때문에 좋은 일이 생기기만을 바랐지 예수님을 위해 무언가를 희생하고 값을 치러야 한다는 생각까지는 하지 못했던 사람이었습니다. 바로 우리의 모습이 그렇지 않습니까?

그러나 요한은 예수님이 십자가에 달려 돌아가시기 전날 밤, 겟세마네 동산에서 땀을 피처럼 흘리며 기도하실 때 그 자리에 주님과 함께 있었습니다. 물론 그때는 도대체 예수님이 왜 그렇게 심각하게 기도하셔야 하는지 몰랐을 것입니다. 그러나 오래지 않아 요한은 깨닫게 되었습니다. 바로 다음 날 예수님이 십자가에 달려 물과 피를 다 쏟으시고 돌아가셨기 때문입니다.

요한은 예수님이 십자가에 달리신 그 고통스러운 순간, 온 얼굴이 피로 물들고 온 몸의 살이 찢기고 양 손목과 발목에 못이 박힌 그 처참한 현장에서 주님이 목숨이 끊어지는 순간까지 하신 일이 무엇인지 바로 곁에서 지켜본 사람입니다. 예수님이 달리신 십자가 곁을 떠나지 않고 끝까지 남아 있었던 소수의 사람들 중 유일한 제자였습니다.

그때까지도 요한은 모든 것을 다 깨닫지는 못했을 것입니다. 다른 사람들과 마찬가지로 그 역시 두려워하며 어쩔 줄 몰라 했습니다. 그러나 세월이 지나면서 예수님이 이루신 일들, 예수님이 하신 말씀에 대해 하나하나 깨달아갔을 것입니다. 왜 주님이 십자가에서 그렇게 죽으셔야 했는지, 왜 마지막 순간에 오른편에 있던 강도를 향해 "네가 나와 함께 낙원에 있으리라"(눅 23:43)고 말씀하셨는지, 왜 어머니를 잘 모시지 못한 것을 안타까워하시며 굳이 자신에게 부탁하셨는지 말입니다.

가족을 소중히 여기는 주님의 모습과 끝까지 한 영혼이라도 구원하는 것을 중요하게 여기셨던 모습, 이 땅에 하나님나라가 임하는 것을 위해 마지막 죽음의 순간까지 하나님 아버지의 손에 자신을 온전히 맡기셨던 주님의 모습을 그는 평생 잊을 수 없었을 것입니다. 그리고 죽으셨던 주님이 부활하셔서 "이 생명을 가지고 이제 너희가 온 세상으로 나아가야 한다"라고 말씀하셨을 때, 요한은 비로소 예수님이 겟세마네 동산에서 왜 그렇게 기도하셨는지, 십자가 위에서 왜 그렇게 말씀하시고 행동하셨는지, 왜 십자가를 지셔야 했는지 조금이나마 깨달았습니다.

요한은 고난의 주님, 고난을 위한 고난이 아닌 생명과 섬김을 위해서 고난당하신 주님을 젊은 시절부터 생생하게 목격했습니다. 그리고 그 고난의 주님을 끊임없이 바라보고 묵상하고 기도하면서 자신 역시 다른 사람을 섬기기 위해 고난을 피하지 않고 기꺼이 감당하리라 하는 마음으로 평생을 살았습니다.

우리 역시 마찬가지입니다. 주님이 내게 행하신 일들을 온전히 안다면, 주님이 왜 십자가 위에서 고통당하셔야 했는지를 진정으로 안다면 우리 역시 다른 사람을 위해서 고난당할 준비가 되어 있어야 합니다. 그런데 왜 우리는 살아가면서 다른 사람을 위한 고난은커녕 때로는 가족을 위해 약간의 희생을 감수하는 것조차 어렵게 느껴질까요? 가장 가까운 가족관계에서조차 원망과 불만이 생기는 이유가 무엇입니까? 그들이 큰 잘못을 했기 때문입니까? 아닙니다. 만약 그렇다는 생각이 든다면 그 생각을 버리지 않는 한 우리의 삶은 변하지 않습니다. 처음부터 잘못 짚었기 때문입니다.

물론 상대방의 잘못이 전혀 없다는 말은 아닙니다. 그것도 소소한 이유 중의 하나는 될 수 있습니다. 그러나 우리가 늘 예수 그리스도를 생각하고 예수 그리스도를 닮아가는 영성의 길을 가고자 하는 사람이라면, 우리는 우리가 겪고 있는 아픔과 외로움, 고통과 갈등을 주님의 시선으로 바라보는 법을 배워야 합니다. 그것이 하나님을 묵상하는 것입니다. 하나님께 말을 거는 것입니다. 하나님과 함께 즐겁게 '노는'(play) 것입니다. 하나님과 함께 노는 것이 바로 기도이자 묵상입니다. 이것이 묵상의 영성이 가리키는 핵심입니다.

영광의 주님을 만난 요한

요한이 마지막으로 만난 주님의 모습, 그가 결코 잊을 수 없었던 주님의 모습은 영광의 주님입니다. 특별히 요한은 산 위에서 예수님이 영광스러운 모습으로 변형되시는 장면을 직접 목격한 제자 중 한 명이었습니다.

예수님은 베드로와 야고보와 요한 세 사람만 데리고 올라간 산 위에서 놀랍도록 영광스러운 모습으로 변화되셨습니다. 제자들이 지금까지 보아왔던 주님의 모습이 아니었습니다. 옷이 얼마나 희게 변했는지 아무리 빨래를 열심히 해도 그렇게 희어질 수 없을 정도로 희어져 광채가 났습니다. 또한 주님은 그곳에서 모세와 엘리야와 더불어 이야기를 나누셨습니다.

그 장면을 목격한 세 명의 제자들은 어안이 벙벙했을 것입니다. 그렇다면 주님이 그토록 영광스러운 모습을 제자들에게 보여주신 이유가 무엇일까요? 그 영광을 우리에게 주시고자 하기 위해서였습니다. 그 영광의 길로 우리를 인도하시기 위해서였습니다. 비단 예수님의 영광스러운 모습을 직접 보았던 제자들에게만이 아닙니다. 그들의 증언을 통해 주님의 영광스러운 모습을 믿음의 눈으로 보고 있는 오늘날 우리 역시 주님은 영광의 길로 부르고 계십니다.

주님은 모든 영광을 받으셔야 할 분입니다. 주님은 우리 모두를 그 영광의 길로 친히 인도하시는 분입니다. 모든 사람에게 하나님의 평강과 기쁨과 영광이 임하도록 지금도 일하고 계시는 분입니다. 우리가 그 영광의 주님을 바라보고 있는 것입니다.

사도 요한이 생명의 주님, 고난의 주님, 영광의 주님을 살아생전 생생하게 목격했고 또한 예수님이 하늘로 올라가신 후에도 평생 그 모습을 간직하며 늘 바라보고 묵상함으로 그 묵상의 영성이 그를 예수 그리스도를 닮아가는 길로 인도했던 것처럼 오늘날 우리 역시 예수 그리스도의 모습을 늘 바라보고 기억함으로써 날로 예수님을 닮아가는 영성의 길을 걸어야 할 것입니다.

안토니우스의 묵상의 영성

기독교 역사 속에 보면 사도 요한과 마찬가지로 묵상의 영성에 뛰어난 사람들을 많이 찾아볼 수 있습니다. 그중에 3세기경에 살았던 안토니우스(Antonius, 251~356. 이집트의 사제)라는 사람이 있습니다. 안토니우스는 유복한 가정에서 태어났지만 그가 18살 때 부모님이 모두 돌아가시는 불행을 겪었습니다. 다행히도 안토니우스는 어린 시절부터 경건한 부모 아래서 신앙교육을 잘 받아 믿음의 사람으로 성장했습니다. 그렇기 때문에 부모님이 모두 돌아가신 중에도 주변 환경에 휩쓸리거나 유혹에 빠져 허랑방탕한 세월을 보내지 않을 수 있었습니다. "어떻게 하면 예수님을 닮을 수 있을까? 어떻게 하면 하나님의 말씀대로 살 수 있을까?"가 그의 가장 큰 꿈이었습니다.

그러던 어느 날, 안토니우스는 "네 소유를 팔아 가난한 자들에게 주라 그리하면 하늘에서 보화가 네게 있으리라 그리고 와서 나를 따르라"(마 19:21)라는 말씀에 감동을 받고 그 말씀을 따르기로 결심합니다. 그는 부모님이 물려주신 유산을 다 팔아서 가난한 자들에게 나누어주었습니다. 그에게는 하나님의 말씀과 예수님이 보여주신 삶의 모범을 따라 살고자 하는 열망으로 가득했습니다.

그러다가 그는 "내일 일을 위하여 염려하지 말라"(마 6:34)라는 말씀을 읽고 사막으로 들어가기로 결심합니다. 그 시절 사막은 오늘날의 사막과는 다른 개념이었습니다. 당시 사람들은 사람이 살지 않는 사막에 귀신들이 모여 산다고 생각했습니다. 그런 곳에 아직 젊은 안토니우스가 들어간다고 하니 사람들은 다들 놀랄 수밖에 없었습니다. 그리스도인들조차 예수님을 닮고자 하는 마음 때문에 모든 것을 내려놓고 사막으로 들어가겠노라는 그를 이해하지 못했습니다.

그렇게 사막으로 들어간 안토니우스는 20년을 사막에 머물렀습니다. 사람들은 모두 그가 죽었을 것이라고 생각했습니다. 그런데 놀라운 일이 일어났습니다. 시간이 흐르면서 여행자들을 통해 이런 소문이 들려오기 시작한 것입니다.

"사막에 신비한 사람, 영성이 뛰어난 사람이 있다!"

문제를 가진 사람들이 안토니우스를 만나기 위해 사막으로 들어가기 시작했습니다.

안토니우스는 20년 동안 사막에서 그저 하나님만 생각하고 하나님의 마음을 닮아가고자 하는 마음으로 하나님과 깊이 교제하다가 세상으로 나왔습니다. 말씀대로 사는 삶이 사막에서만 가능한 것이 아니란 사실을 깨달았기 때문입니다. 세상으로 나온 그는 탄광으로, 빈민촌으로 돌아다니며 사람들에게 복음을 전하고 그들을 섬기기 시작했습니다. 그리고 그는 빈민층뿐 아니라 상류층 사람들에게도 복음을 전하기 시작했습니다. 훗날 기독교를 공인했던 콘스탄티누스 1세도 그를 만나 가르침을 받고 싶어 했을 정도로 그는 당대의 현자(賢者)이자 교회 지도자로 우뚝 섰습니다. 그는 그렇게 평생 복음을 전하다가 105세의 나이로 세상을 떠났습니다.

4세기 교회사에 핵심적인 역할을 감당했던 아타나시우스(Athanasius, 293경~373)는 안토니우스의 전기를 쓰면서 이런 글을 남겼습니다.

"안토니우스는 마치 하나님이 이집트에 내려주신 의사와도 같았다. 슬픔에 잠겨 그를 찾아간 사람들 중에 기뻐하며 돌아오지 않은 이가 있었던가? 사랑하는 이의 죽음으로 인해 통곡하며 그를 찾아간 이들 중에 슬픔을 벗어버리지 않은 이가 있었던가?"

영성의 사람들을 사용하시는 하나님

하나님께서는 사도 요한이나 안토니우스, 아타나시우스와 같은 하나님의 사람들을 계속해서 일으키시고 부르셨습니다. 그들로 하여금 그리스도를 닮는 일에 사슴이 시냇물 찾기에 갈급한 것과 같은 갈급함으로 갈구하게 하셨습니다. 그리고 그런 그들을 사용하셨습니다.

우리가 하나님을 섬기기 위해 필요한 것들이 많이 있습니다. 건강, 사회적 지위, 물질, 시간과 같은 것들 말입니다. 그러나 이런 것들이 절대적인 것은 아닙니다. 흔히들 "아무리 맛있는 음식도 건강을 잃어버리면 무슨 소용인가?" 하는 말을 많이 합니다. 건강이 없으면 아무리 진수성찬이 눈앞에 있어도 먹을 수 없다는 말입니다. 설령 먹더라도 맛을 느낄 수 없습니다.

영적인 건강도 마찬가지입니다. 예수 그리스도를 닮는 영적인 건강이 없으면 아무리 많은 돈이 있고, 아무리 뛰어난 재주가 있더라도 아무런 소용이 없습니다. 영적인 건강이 없으면 그 많은 물질과 뛰어난 재주로 세상에서 헤매다가 정작 주님이 기뻐하시는 일에는 동참하지 못하는 경우가 비일비재합니다.

그래서 우리가 항상 염두에 두어야 하는 것은 누군가의 표현처럼 'doing'의 문제가 아니라 'being'의 문제입니다. 우선적으로 생각해야 할 것은 "내가 어떤 사람이 될 것이냐?"의 문제입니다. "내가 무엇을 하며 살 것이냐?"는 그 다음 문제라는 것입니다. 우리는 예수 그리스도를 닮는 사람이 되어야 하는 것입니다. 바로 이것이 '묵상의 영성'에서 발견할 수 있는 가장 중요한 가르침입니다.

최고의 꿈, 예수 그리스도를 닮아가는 것

우리가 끊임없이 주님 닮기를 갈망할 때, 그리하여 우리 자신이 사랑의 사람, 평화의 사람, 기쁨의 사람, 열정의 사람, 지혜의 사람이 되기를 갈망할 때 비록 내게 있는 것이 소년 다윗의 손에 들렸던 물매 돌 세 개처럼 작은 것에 불과할지라도 그것이 골리앗을 쓰러뜨릴 수 있다는 것을 잊지 말아야 합니다. 많은 사람들이 골리앗을 쓰러뜨리기 위해서는 골리앗보다 더 커야 한다고 주장합니다. 골리앗보다 칼 솜씨가 더 좋아야 하고, 내 칼이 골리앗의 칼보다 더 커야 한다고 합니다. 그러나 골리앗은 그런 위대한 장수의 손에 쓰러지지 않았습니다.

하나님을 의지한 어린 소년 다윗의 손에 쓰러졌습니다. 그 사실을 기억해야 합니다.

오늘날도 세상은 위대한 사람들에 의해서 변화가 일어나기를 바랍니다. 위대한 대통령에 의해서, 유능한 정치가에 의해서, 돈과 권력이 많은 사람에 의해서 변화된 세상이 오기를 꿈꿉니다. 그러나 지난 역사를 돌아보십시오. 세상은 그런 방식으로 변화되지 않습니다. 세상은 늘 창조적인 소수, 특별히 예수 그리스도를 닮고자 갈망하는 사람들에 의해서 변화되어 왔습니다.

우리가 가진 꿈들이 많이 있습니다. 인생을 좀 더 부요하게 살기 위해서, 좀 더 풍요롭게 살기 위해서 많은 것들을 바라고 꿈을 꿉니다. 그러나 가장 중요한 것은 그 모든 것을 통해서 하나님을 닮아가는 것입니다. 자녀를 양육하는 것도 마찬가지입니다. 많은 부모들이 자신의 자녀가 더 나은 인생을 살도록 하기 위해 많은 것들을 가르치고자 합니다. 영어와 수학을 가르치고 피아노와 미술을 가르치며 심지어 노는 것을 가르치기도 합니다. 방학만 되면 영어 캠프, 예술 캠프에 보내기 바쁩니다. 그러나 그 모든 활동들을 통해서 하나님을 닮아가도록 하는 것이 가장 중요합니다. 우리가 주님 닮기를 갈망하며 그렇게 주님을 향해 나아가는 삶의 길을 걸어갈 때 환경을 변화시킬 수 있습니다. 우리 앞에 닥친 고통의 문제를 넉넉하게 극복할 수 있습니다. 그 길이 우리가 걸어야 할 영성의 길, 십자가의 길입니다.

이런 묵상의 영성을 위해서 날마다 30분 이상의 시간을 구별하기 바랍니다. 새벽 시간이든, 저녁 시간이든 일정한 시간을 구별하여 하나님과 얼굴을 대면하고 앉아야 합니다. 그런 시간 없이 하루를 보내면 우리의 삶은 그냥 무의미하게 흘러 내려가는 것에 불과합니다. 어디로 향해 가는지도 모르는 채 그저 흘러가는 것입니다. 우리는 아무 데로나 흐르는 삶을 살지 말아야 합니다. 주님을 향해, 그분의 길을 따라 흐르는 삶을 살아야 합니다.

하나님의 약속을 기억하십시오. 하나님께서는 우리가 주님을 닮고자 하는 열망을 가지고 살아갈 때 우리에게 평강이 있을 것이라고 약속하셨습니다. 하나님의 영광을 볼 것이라고 약속하셨습니다. 우리의 환경이 변화되는 것을 볼 것이라고 약속하셨습니다. 우리 인생의 모든 문제를 넉넉하게 넘어설 것이라고 약속하셨습니다. 그 약속을 기억하며, 주님을 닮아가고자 하는 마음을 가지고 오늘 하루도 하나님 앞에서 살아가야 합니다.

예수 그리스도의 얼굴을 바라보며, 그분을 닮아가기를 갈망하며 살아가는 우리 모두가 되기를 바랍니다.

CHAPTER

2 성결,
자아가 죽을 때 진정한 거룩이 시작된다

성결을 향한 위험한 추구

5세기 이집트에 '기둥성자'로 유명한 시메온(AD. 390~459)이란 교부
가 있었습니다. 그는 17미터 정도 되는 기둥을 세우고 그 위에서 무려
30여 년을 살았다고 합니다. 기둥 위에서 수행과 고행을 계속하는 모
습을 보고 사람들은 그를 '기둥성자'라고 부르기 시작했습니다. 그는
한쪽 다리가 점점 곪아 썩어 들어가고 있을 때도 치료를 받는 대신 다
리에서 떨어진 구더기를 모아다가 다시 몸에 붙여놓았다고 합니다.
그가 그렇게까지 한 이유는, 금욕과 고행을 통해 주님의 거룩함을 닮
아갈 수 있다는 생각 때문이었습니다. 그 당시에는 이런 이유로 금욕
과 고행을 하는 그리스도인들이 많았습니다.

시아란 성자는 빵을 먹을 때 잼을 발라 먹는 대신 모래와 함께 먹었다고 합니다. 빵을 먹지 않고는 살 수 없으니 먹기는 하되 그냥 먹지 않고 모래와 함께 먹으면 먹는 동안에도 자신의 몸에 고통을 주어 좀 더 성결해질 수 있으리라 생각했던 것입니다. 케빈 성자는 7년 동안 줄곧 서서 살았습니다. 핀추아라는 성자는 족쇄로 겨드랑이를 채우고 공중에 매달린 채 7년을 살았다고 합니다. 우리로서는 상상만 해도 고개가 갸우뚱 돌아가는 장면들입니다.

주님을 향한 그들의 열정은 참으로 놀랍습니다. 또한 어느 정도의 금욕과 절제는 우리의 영적(靈的) 생활에 유익을 가져다줍니다. 그러나 그 시대의 사람들이 가졌던 생각, 곧 "우리의 몸이 죄를 범하게 한다, 몸은 썩어 없어져야 한다"고 하는 영(靈)과 육(肉)을 분리하여 생각하는 경향은 극단적인 고행으로 치달아 부작용을 낳기도 했습니다. 그들은 그런 생각 때문에 몸이 쇠잔해지는 것이 오히려 영적으로 도움이 된다고 여겨 어느 정도 절제하는 수준이 아닌 자기 자신의 몸을 학대하는 지나친 금욕주의와 고행주의로 빠졌기 때문입니다.

그런 사람들이 한결같이 생각했던 것은 "나도 주님처럼 거룩해지고 싶다"라는 간절한 열망이었습니다. 그래서 육체에 속한 것, 세상에 속한 것들은 최소한으로 줄이고 오직 하나님만 바라보며 살겠다는 태도로 평생을 살았던 것입니다. 오늘날 우리에게는 거룩과 성결을 향한 열정이 너무도 부족합니다. 그런 측면에서는 고행을 통해서라도 성결을 이루고 싶어 했던 사람들에게 그 열정만큼은 배워야 할 것입니다.

그렇다면 그들이 그토록 추구했던 성결은 무엇입니까? 우리는 특히 성경은 성결에 대해 뭐라고 말하는지 주의 깊게 살펴야 합니다. 성경이 말하는 성결은 결코 고행이나 금욕을 통해 얻어지는 것이 아닙니다. 행위로 얻는 의로움도 아니며, 규칙을 잘 지키는 것으로 얻을 수 있는 것도 아닙니다. 또한 내세적인 것도 아니며 오히려 현세적인 것입니다.

성경에서 발견할 수 있는 성결에 대한 가장 대표적인 개념은 야고보서 1장 27절에서 볼 수 있는 "자기를 지켜 세속에 물들지 아니하는" 것입니다. 2천 년 교회 역사에서 많은 사람들이 성결을 말할 때 이 부분에 초점을 맞추었습니다. 저급한 말이나 농담을 하지 않고, 건전하지 않은 곳에 가지 않으며, 나쁜 생각이나 행동을 하지 않음으로써 자신을 지키는 것이 성결이라고 생각한 것입니다. 물론 우리 자신을 지키는 것은 성결에 있어서 대단히 중요합니다.

그러나 여기에서는 성결에 대한 이 같은 개념을 살펴보는 것에 앞서서 야고보서 3장 11,12절 말씀과 1장 27절 말씀을 중심으로 성결의 다른 두 가지 측면을 먼저 살펴보고자 합니다.

성결의 시작

야고보는 근원이 정결하게 되는 것이 성결의 영성의 시작이자, 핵심이라고 말하고 있습니다.

샘이 한 구멍으로 어찌 단물과 쓴 물을 내겠느냐 내 형제들아
어찌 무화과나무가 감람 열매를, 포도나무가 무화과를 맺겠느
냐 이와 같이 짠물이 단물을 내지 못하느니라 약 3:11,12

샘은 한 구멍에서 단물과 쓴 물을 동시에 내지 못합니다. 좋은 물이
나오면 좋은 샘이고, 나쁜 물이 나오면 그 샘은 나쁜 샘입니다. 한 구
멍으로 하루는 좋은 물을 냈다가 그 다음 날은 나쁜 물을 내는 샘은 없
습니다.

우리는 흔히 야고보서를 행함을 강조하는 책으로 알고 있지만, 그
것은 반쪽만 아는 것입니다. 야고보서를 잘 읽어보면 그가 정말 강조
하는 것은 행함의 근원입니다. 우리 행함의 근원이 어디서부터 비롯
되느냐 하는 것입니다. 샘 자체가 단물을 내는 샘으로 바뀌지 않으면,
즉 그 근원 자체가 바뀌지 않으면 안 된다는 것입니다. 출발점은 바로
거기에 있습니다.

사람은 본래 쓴 물을 내는 존재가 아니었습니다. 하나님의 형상을
따라 지음 받은 단물을 내는 존재였습니다. 그런 존재였던 사람이 하
나님을 떠나는 순간 단물을 내지 못하고 쓴 물을 내는 존재가 되고 말
았습니다. 그 증거를 어디서 찾아볼 수 있습니까? 아담과 하와가 하나
님을 떠나 선악과를 먹은 직후 서로를 향해 어떻게 비난했는지 성경
이 증언하고 있지 않습니까? 아담은 하와를 향해 "내가 이 여자 때문
에 이렇게 되었습니다"라고 비난을 쏟아냈습니다.

아담은 원래 그렇게 말하던 자가 아니었습니다. 아담이 하와를 처음 만난 날 뭐라고 말했습니까?

"이는 내 뼈 중의 뼈요 살 중의 살이라"(창 2:23).

얼마나 아름답고 달콤한 고백입니까? 그런 그들이 하나님을 떠난 후로 서로를 공격하고 비난하는 관계가 되어버렸습니다. 그래서 야고보는 우리의 망가진 근원 자체가 단물을 내는 존재로 변화되어야 한다고 말하는 것입니다.

근원의 변화를 경험한 야고보

야고보는 근원이 변화되어 모든 것이 변화되는 것을 자신의 삶을 통해서 이미 경험한 바 있습니다. 야고보가 누구입니까? 예수님의 친동생입니다. 예수님의 제자 중에 다른 야고보가 두 명이나 더 있지만 야고보서를 쓴 야고보는 예수님의 친동생 야고보입니다.

예수님에게는 친 형제가 여러 명 있었습니다. 마가복음 3장에 자세하지는 않지만 예수님의 가족에 대한 기록이 나옵니다. 사람들이 예수님을 미쳤다고 하자 예수님의 형제들이 그분을 집으로 데려가기 위해 찾아왔습니다. 그 형제들 중에 야고보가 있었는지는 모르겠지만, 예수님의 형제로서 야고보가 겪었을 심적 부담은 짐작해볼 수 있습니다.

예수님은 그 가정의 장남이었습니다. 가계를 책임지고 있던 사람이란 뜻입니다. 그런 형님이 어느 날 갑자기 잘하고 있던 목수 일을 때려치우고 나가서 사람들의 손가락질을 받아가면서 설교를 하며 돌아다니는데, 그 심정이 어땠겠습니까? 모르긴 몰라도 큰 상처를 받았을 것입니다.

또 다른 측면에서 야고보가 느꼈을 남다른 고충도 생각해볼 수 있습니다. 야고보에게 예수님은 어린 시절부터 함께 먹고 자고 싸우기도 하면서 자란 형제였습니다. 형이 아무리 착하고 훌륭했다 해도 어느 날 갑자기 자기가 하나님의 아들이라고 주장하는데, 동생 입장에서는 아마도 남보다 더 받아들이기 어려웠을 것입니다.

"나를 따라오너라"라는 예수님의 부르심에 제자들이 자신의 삶을 헌신할 때, 야고보는 그 자리에 함께하지 못했습니다. 사람들이 예수님의 말씀을 듣고 은혜 받고 감격하고 결단하는 자리에도 야고보는 없었습니다. 때때로 제자들이 예수님의 말씀을 오해하여 예수님으로부터 꾸중과 야단을 듣는 자리, 곧 또 다른 사랑의 표현이 이루어지는 자리에도 야고보는 없었습니다.

그런 야고보가 신앙공동체에 속해 있었다는 기록이 처음 나오는 곳은 사도행전 1장입니다. 예수님이 부활하고 승천하시고 제자들이 마가 다락방에 모여 기도에 힘쓸 때, 그곳에 예수님의 아우들이 있었다고 기록하고 있습니다.

여자들과 예수의 어머니 마리아와 예수의 아우들과 더불어 마음을 같이하여 오로지 기도에 힘쓰더라 행 1:14

정황상 예수님의 아우들은 분명히 그리스도인이 되었습니다. 그 후로 예수님의 다른 형제들에 대한 기록은 성경에 나와 있지 않지만, 야고보에 대한 기록만큼은 분명하게 나와 있습니다.

> 그 후에 야고보에게 보이셨으며 그 후에 모든 사도에게와
>
> 고전 15:7

고린도전서 15장에 보면, 예수님이 그의 아우 야고보에게 나타나신 후에 사도들에게 보이셨다고 정확하게 기록되어 있습니다. 어쩌면 예수님의 아우인 야고보와 사도 야고보를 착각할까봐 이렇게 나누어 기록했는지 모르겠습니다. 어쨌든 야고보는 부활하신 예수님을 만났습니다. 죽음을 이기신 예수 그리스도, 세상의 모든 죽음의 증상을 치료하시는 예수 그리스도를 만난 것입니다. 그 예수님을 만나자 야고보의 삶의 근원이 변화되었습니다. 예수님이 인도하시는 길이 아닌 지금까지 살아왔던 삶, 자신이 꿈꿔왔던 삶에는 단물도 없고 평강도 없다는 사실을 분명하게 깨달은 것입니다.

옛 자아가 죽을 때 시작된다

야고보는 이처럼 자신의 삶의 근원이 변화되는 경험을 했던 자입니다. 그렇기 때문에 우리가 예수 그리스도를 닮기 위해서는, 그중에서도 특히 '성결'에 대해 예수 그리스도를 닮기 위해서는 먼저 쓴 물과

더러운 것을 내는 우리의 근원 자체가 변화되는 것이 출발점이라고 말하는 것입니다.

안타깝게도 많은 그리스도인들이 이 사실을 제대로 이해하지 못하거나 무시하고 있습니다. 자신의 내면의 근원이 어떤지에 대해서는 전혀 고민 없이 그저 '내가 착하게 살아야지, 저급한 농담이나 말을 하지 말아야지, 안 좋은 곳에 가지 말아야지, 야한 영화 보지 말아야지' 정도의 차원에 그치는 것입니다. 그렇게 되면 우리는 자신도 모르는 사이에 '성결'을 우리가 노력해서 얻을 수 있는 것으로 착각하게 됩니다.

물론 우리 자신을 지키기 위한 노력을 기울여야 합니다. 그러나 '성결'의 출발점은 결코 우리에게 있지 않습니다. 우리는 근원적으로 쓴 물을 내는 존재들입니다. 그렇기 때문에 생명이신 예수 그리스도, 사람을 살리는 단물을 내시는 주님 앞에 나아가 쓴 물을 내던 나의 옛 자아가 죽을 때 성결이 시작되는 것입니다. 그 과정 없이는 우리가 아무리 치열하게 애쓰고 노력하고 온갖 고행과 수행을 하더라도 우리는 예수 그리스도의 참된 제자가 될 수 없고, 진정한 성결에 이를 수 없습니다.

세상의 자리를 박차고 그리스도의 자리로 옮겨라

위르겐 몰트만(Jurgen Moltmann)이라는 독일의 유명한 신학자가 있습니다. 그는 '희망의 신학'으로 세계 교계에 큰 영향을 끼친 분입니다. 젊은 시절, 그는 물리학을 공부하여 조국과 인류 사회를 위해 큰일을 하겠노라는 꿈을 가지고 있었습니다. 그러다가 1944년 18세의 나이로 전쟁에 징집되어 제2차 세계대전에 참전하게 되었습니다. 그때 히틀러는 제3제국(히틀러가 권력을 장악한 시기의 독일제국을 일컫는다)을 주창하며 독일의 수많은 젊은이들을 전선(戰線)으로 내몰았습니다. 많은 젊은이들 역시 자기 민족의 우수성을 자부하며 제3제국이야말로 인류의 희망이라고 생각하고 기꺼이 전쟁터로 나갔습니다.

몰트만은 참전 6개월 후, 1945년 2월 영국군의 포로가 되어 3년간 포로수용소를 전전하며 포로생활을 하게 됩니다. 3년이라는 갈등의 시간 동안 그는 많은 생각의 변화를 겪게 됩니다. 가장 먼저 그는 히틀러가 제시했던 제3제국의 꿈, 위대한 자기 종족이 인류 사회를 위해 엄청난 일을 할 수 있으리라는 꿈이 산산조각 나는 경험을 했습니다. 포로수용소에 있던 그는 전쟁이 끝날 무렵에는 완전한 절망 가운데 빠졌습니다. 자기가 꿈꾸었던 모든 것이 너무나 헛되며 허상에 불과했다는 것을 깨달으며, 그는 당시 많은 독일의 지성인들과 젊은이들이 그랬던 것처럼 죽고 싶다는 생각만 들 뿐이었습니다.

그런 그가 포로수용소의 한 군목으로부터 성경책 한 권을 받게 되었습니다. 훗날 그는 성경의 시편 말씀을 읽다가 빛을 발견했다고 고백합니다. 성경을 통해 하나님을 만난 것입니다. 그리고 지금까지 자기가 걸어왔던 그 길을 잘라냅니다. 그 길에서는 단물이 나오지 않는다는 것을 발견했기 때문입니다. 설령 히틀러가 성공했을지라도 그 길을 통해서는 결코 단물이 나올 수 없고 오직 쓴 물일 수밖에 없다는 사실을 그는 깨달았습니다.

포로수용소에서 나온 그는 물리학 공부에 대한 꿈은 접고 신학을 공부합니다. 그리고 자신이 그랬던 것처럼 절망에 빠져 있는 조국의 수많은 사람들에게 하나님이 보여주신 희망을 제시하기 위해 애를 썼습니다. 그런 그의 노력으로 세상은 그의 신학을 '희망의 신학' 이라 불렀습니다.

물론 그의 사상에 쉽게 동의할 수 없는 부분도 있고 신학적 비판이 제기되기도 하지만, 우리는 그가 어떻게 자신의 근원이 쓴 물을 내는 샘에 불과하다는 것을 발견했고 또 쓴 물을 내는 자리에서 단물을 내는 주님의 자리로 옮기게 되었는지 그 과정을 기억할 필요가 있습니다. 우리는 종종 신앙의 길을 걸어가면서도 그 사실을 자꾸 잊어버립니다. 그러다 보니 하나님과 연합하는 것을 놓치고 내가 무언가를 열심히 하는 데만 급급하다가 지치고 맙니다. 그렇기 때문에 신앙의 길이 힘들고 어렵다고 느끼는 것입니다.

그러나 신앙의 길, 성결의 영성은 우리의 노력으로 도달할 수 있는 길이 아닙니다. 예수 그리스도의 십자가 앞에서 쓴 물을 내는 우리의 옛 자아를 내려놓고 생명을 살리는 단물을 내는 예수 그리스도의 자리로 옮길 때 우리의 근원이 변화될 수 있는 것입니다. 그 자리가 성결의 영성의 출발점임을 잊어서는 안 됩니다.

약자를 섬김으로 성결을 이뤄라!

성결의 영성에 관하여 야고보가 가르치는 또 한 가지 중요한 개념은 야고보서 1장 27절의 말씀에서 발견할 수 있습니다. 그리스도인들을 향해 야고보는 이렇게 말합니다.

> 하나님 아버지 앞에서 정결하고 더러움이 없는 경건은 곧 고아와 과부를 그 환난 중에 돌보고 또 자기를 지켜 세속에 물들지 아니하는 그것이니라 약 1:27

고아와 과부를 환난 중에 돌보고 또 자기를 지키는 것이 곧 경건이라는 것입니다. 많은 그리스도인들이 성결해지기를 원합니다. 그런데 하나님께서는 야고보를 통해 그 성결을 어떻게 이루라고 가르치십니까? 많은 그리스도인들이 아는 것처럼 자기를 지켜 세속에 물들지 않는 것은 물론입니다. 이것은 성결에서 결코 뺄 수 없는 부분입니다. 그러나 단순히 말을 조심하고, 장소를 조심하고, 사람을 조심하는 것에 그치는 것은 반쪽 영성에 불과합니다. 무엇을 위해 그렇게 해야 합니까? 이것을 알 때 온전한 성결을 추구하며 나아갈 수 있습니다.

우리는 왜 우리 자신을 세속에 물들지 않도록 지켜야 합니까? 섬기기 위해서 그렇게 해야 합니다. 특별히 연약한 자들을 섬기는 것이 중요합니다. 야고보는 고아와 과부를 환난 중에 돌보라고 권면합니다. 우리 주변에 있는 도움이 필요한 사람, 연약한 사람을 돌아보고 관심을 기울일 수 있는 사람이 곧 거룩한 사람이요, 성결의 영성을 성장시켜가고 있는 사람이라는 것입니다.

우리가 이 부분에 대해서 제대로 알고 있지 않으면 성경 말씀을 아무리 많이 알고 기도를 많이 해도 오히려 성결의 자리와 정반대의 자리에 머물게 될 수 있습니다. 어떤 경우입니까? 연약한 자들을 보면 그들을 섬기는 것이 성결이라는 생각은 하지 못한 채 '저들은 하나님께 축복을 못 받아서 저러는 거야. 예수님을 제대로 안 믿었으니 예수 믿은 지 2,30년 지나도록 저러고 살지. 다 자기 탓이야' 라고 판단하는 자리에 설 수 있다는 것입니다. 놀랍게도 교회 안의 믿음 좋다는 사람들에게서 실제로 벌어지는 일입니다. 우리도 얼마든지 이런 우(愚)를 범할 수 있습니다.

성결의 영성이 어디에서부터 시작되는지 그 출발점을 잊어버리면, 그래서 내가 열심히 수고하고 애써서 이루어놓은 어떤 결과가 성결이라고 생각하기 시작하면, 우리는 우리 자신에게로 공(功)을 돌리게 됩니다. 그런 태도는 자연스레 다른 사람들을 비하의 대상으로 삼게 됩니다.

그러나 우리 중 누구도 스스로 거룩할 수 있는 사람은 없습니다. 우리가 하나님을 만날 때 우리는 비로소 성결의 자리로 들어가게 됩니다. 우리를 성결하게 하시는 분은 오직 주님이시며 그 주님의 목적은 세상에서 하나님 없이 고통 받고 있는 자들을 섬기는 자리로 나아가게 하기 위함이라는 사실을 반드시 기억해야 합니다. 골방에 앉아서 기도만 하는 성결, 섬김의 자리로 나아가지 못하는 성결은 반쪽뿐인 성결입니다. 우리를 성결하게 하시는 주님의 목적을 외면한 성결이기 때문입니다.

성결의 목적은 섬김

성경에는 거룩, 성결, 정결함, 덕(德)과 같은 표현이 많이 나옵니다. 다 성결과 관련된 단어입니다. 그중에서 '덕'이라는 단어는 특히 눈길을 끄는 단어입니다. 우리말에서 '덕'은 일반적으로 사람을 향해 "저 사람 참 덕스럽다"라고 표현할 때 사용합니다. 하지만 성경에서 사용하는 '덕'이란 단어는 '잘 기능한다'는 뜻입니다. 성경이 기록될 당시 헬라 사람들은 컵을 보고서도 '덕스럽다'고 표현했습니다. 컵이 물이나 음료를 담는 본래 목적대로 잘 쓰임 받고 있을 때 '덕스럽다'고 표현한 것입니다.

이것은 '성결'에도 그대로 적용됩니다. 우리가 왜 성결해져야 합니까? 사람 한 명 없는 산속에 들어가 오직 하나님만 바라보면서 세상과 단절된 채 지내기 위해서입니까? 아닙니다. 물론 그런 수양의 길로 부르심을 받은 사람도 있습니다. 그러나 하나님께서는 교회를 산속에 만들지 않으시고 사람들이 살고 있는 세상 속에 만드셨습니다.

하나님께서는 우리를 깊은 산속으로 들여보내어 오직 하나님과만 교제하는 사람으로 세우고자 하지 않으셨습니다. 하나님은 이 복잡한 세상 한가운데서 주님을 대신하여 연약한 자들을 섬기는 자가 되게 하기 위한 목적으로 우리를 부르셨습니다. 우리는 그 목적을 분명히 기억해야 합니다.

뉴욕 시장을 세 번이나 연임한 피오렐로 라 과르디아(Fiorello La Guardia, 1933~1945)라는 그리스도인이 있습니다. 그는 시장을 지내기 전에 뉴욕의 즉결심판 법정의 판사로 일했는데, 하루는 빵을 훔치다가 법정에 잡혀 온 노인을 심판하게 되었습니다. 그는 노인에게 "어르신, 어쩌다가 남의 빵을 훔치게 되었습니까?"라고 물었습니다. 그러자 남루한 옷을 입고 있던 노인이 "죄송합니다. 남의 것에 손을 대는 것이 잘못인 줄은 알지만 어린 손자 녀석들이 굶고 있어서 저도 모르게 그런 짓을 저질렀습니다"라고 말했습니다. 그 말을 들으면서 그는 마음이 아팠지만 이렇게 말했습니다.

"어르신의 사정은 딱하지만 저는 벌을 내려야만 합니다. 법에 따라 10달러의 벌금형을 선고합니다."

그러면서 판사는 자기 주머니에서 10달러짜리 지폐를 꺼내 그 노인에게 건네며 말했습니다.

"어르신이 낼 벌금은 여기 있습니다. 이것으로 벌금을 내십시오."

그리고 법정에 모인 사람들을 향해 이렇게 말했습니다.

"그리고 이 법정에 참석한 모든 방청객들에게 벌금 50센트씩 부과하겠습니다. 그 이유는 이렇습니다. 여러분 모두가 손자를 먹이기 위해 빵을 훔쳐야만 했던 이 어르신이 살고 있는 마을의 주민들이기 때문입니다."

그리고 그는 즉시 모자를 돌려 벌금을 거뒀고, 노인은 그날 47달러를 들고 법원을 나섰습니다.

하나님께서 우리에게 가르치는 성결이 바로 이런 것입니다. 우리가 하나님을 예배하는 이유가 무엇입니까? 왜 하나님을 바라보며 기도합니까? 섬기기 위해서입니다. 하나님이 없어서, 하나님을 몰라서 고통받고 신음하는 사람들을 돌보는 섬김이 없다면 우리의 성결은 아무것도 아닙니다. 우리가 깊은 산속에 들어가 2,30년씩 수양을 하고 도(道)를 닦는다 해도 고통 받고 있는 사람의 아픈 마음을 헤아릴줄 모른다면 우리는 '거룩'과 아무 상관없는 사람입니다. 우리 주님이 그런 분이 아니었기 때문입니다.

자신을 지킴으로 성결을 이뤄라

우리가 마지막으로 생각해봐야 할 점이 바로 자신을 지킴으로써 성결해야 한다는 것입니다. 우리는 이미 우리의 마음과 몸을 지키고 우리의 삶과 시간을 지키는 것이 성결에 있어서 매우 중요한 부분이라는 사실을 잘 알고 있습니다. 여기에서는 무엇으로부터 우리 자신을 지켜야 하는지 구체적으로 살펴보고자 하는데, 특별히 성경이 말하는 대로 돈으로부터 우리 자신을 지키는 것의 중요성에 대해 살펴보고자 합니다.

돈을 사랑하는 것으로부터 자신을 지켜라

정확하게 말하면 돈이 악(惡)은 아닙니다. 디모데전서에 기록된 것처럼 "돈을 사랑함이 일만 악의 뿌리"(딤전 6:10)가 되는 것입니다. 그러니 정확하게 표현하자면 돈으로부터 우리를 지키는 것이 아니라 돈을 사랑하는 것으로부터 우리 마음을 지켜야 합니다.

돈은 사랑의 대상이 아닙니다. 돈은 사모의 대상이 아니며, 모시고 다녀야 할 존재도 아닙니다. 돈은 써야 할 대상입니다. 섬김을 위해서 써야 합니다. 돈은 쓰라고 하나님이 우리에게 주신 것입니다. 그런데 우리가 돈을 섬김을 위해 써야 할 대상으로 여기지 않고 오히려 섬김의 대상, 사랑의 대상으로 생각하기 때문에 죄를 짓게 되는 것입니다.

우리가 즐겨 부르는 찬송 가운데 〈주 예수보다 더 귀한 것은 없네〉라는 찬송이 있습니다. 저는 한때 이 찬송을 하루에 100번, 150번도 부른 적이 있습니다. 이 찬송을 부르며 하나님 앞에 감격으로 제 마음을 고백했던 은혜의 시간에 대한 기억이 있습니다. 이 찬송의 작곡자인 조지 비벌리 쉐어(George Beverly Shea)는 유명한 가수가 되는 것이 꿈이었습니다. 어느 날 그에게 드디어 기회가 찾아왔습니다. NBC 공개홀에서 1,500명의 방청객과 청취자 앞에서 노래를 불렀는데, 그것이 좋은 반응을 얻어 방송국 고정 출연 요청을 받은 것입니다.

방송국의 제안에 고민하던 그는 어느 주일 아침, 어머니가 소중히 간직하던 '주 예수보다 더 귀한 것은 없네'라는 찬송시를 발견하게 되었고, 그때 그에게 번개같이 영감이 떠올라 즉각 멜로디를 작곡하게 되었습니다. 그날 처음으로 교회에서 불려진 후 그 찬송은 그의 신앙적인 결단의 찬송이 되었습니다. 그토록 고대하던 방송국 출연의 기회가 찾아왔지만, 대중가요를 불러 큰돈을 버는 것보다 하나님만을 위해 노래하는 사람이 되겠다고 결단한 것입니다.

그는 방송국 대신 하나님과 전속계약을 맺었습니다. 그 전에는 인기 얻고 돈 많이 버는 것으로 기쁨과 평안을 얻고자 했지만 그 모든 것보다 주 예수님이 더 귀하다는 사실을 깨달았기 때문입니다. 삶의 근원이 바뀐 것입니다. 그는 그 결단 이후 이런 고백을 했습니다.

"그 돈을 거절하고 나니 마음이 그렇게 기쁠 수가 없었습니다. 돈으로부터 자유를 얻었습니다. 마음에서 기쁨이 샘솟아 어쩔 줄 모를 정도로 하나님이 은혜를 부어주셨습니다."

물론 하나님께서 모든 사람을 똑같은 방식으로 부르시는 것은 아닙니다. 또 모든 사람이 똑같은 방식으로 하나님 앞에 헌신을 다짐하는 것도 아닙니다. 그러나 하나님은 쉐어를 통해서는 "큰돈을 벌 수 있는 기회를 하나님을 위해 거절한다"는 고백을 하게끔 하셨습니다. 그리고 그 고백을 통해 세계 수십억의 그리스도인의 마음을 주님을 향한 헌신으로 이끈 놀라운 찬송의 선율을 허락하셨습니다.

우리는 "돈 없이도 살 수 있다"고 하는 사람들이 아닙니다. 돈은 우리가 살아가는 데 분명히 중요한 부분이고 있어야 하는 것입니다. 저도 교회 성도들 중에 특별히 형편이 어렵거나 문제가 있어서 고통 받고 있는 분들에 대해서는 안타까운 심정으로 간절히 기도합니다. 가난과 고통이 얼마나 사람을 힘들게 하고 멍들게 하는지 저 역시 경험해보았기 때문입니다.

그러나 우리가 기억해야 할 것은 가난을 가난의 문제로만 볼 것이 아니라, 그 가난을 통해서 거룩을 배워가고 자신보다 약한 자들을 섬기고 도움으로 성결을 이뤄가는 기회로 삼을 수 있어야 한다는 것입니다. 그러기 위해서는 돈을 사랑하는 마음으로부터 우리 자신을 지켜야 합니다. 돈은 하나님께서 주시면 감사한 것이고 주시지 않으면 어쩔 수 없는 것입니다. 하나님이 주시지 않는데 기어이 돈을 차지하기 위해 온갖 인간적인 노력과 편법을 동원하는 것은 돈을 사랑하는 것입니다. 돈으로부터 자신을 지키지 못하는 것입니다.

편안히 살고자 하는 욕망으로부터 자신을 지켜라

우리는 또한 편안하게 살고자 하는 욕망으로부터 자신을 지켜야 합니다. 우리 중 편안하게 살고자 하는 욕망이 없는 사람은 아마도 없을 것입니다. 이왕이면 가족들이 편안하게 살 수 있는 집 한 칸 있으면 좋겠고, 몸도 건강해야 하겠고, 별 문제 없이 교회 와서 은혜롭게 예배 잘 드리고 돌아갈 수 있는 일상의 평안함이 있으면 좋겠다고 누구나 생각할 것입니다.

평생 원활하고 순조롭게 살다가 마지막 임종 때에 편안한 모습으로 "주님, 이제 제가 주님 앞으로 갑니다" 하면서 천국 갈 수 있다면 얼마나 좋겠습니까? 그러나 단호히 말씀드립니다. 꿈 깨십시오! 그런 세상은 없습니다. 그런 인생도 없습니다. 물론 그런 편안한 삶을 바라는 것 자체가 잘못이라고 할 수는 없습니다. 그러나 우리가 편안한 삶을 살고자 하는 생각 때문에 나와 가족만 생각하며 내게 편한 것들만 추구하다 보면 세상에 두려운 것들이 너무 많아집니다. 돈 잃을까봐 두려워하고, 건강 잃을까봐 두려워하고, 입맛 잃을까봐 두려워하고, 다리에 힘 빠질까봐 두려워하게 되는 것입니다.

언젠가 선배 목사와 이런 대화를 나눈 적이 있습니다. 함께 식사를 하다가 그날 아침 제가 라면을 먹었다는 이야기를 하면서 나누게 된 대화입니다.

"박 목사, 나이가 몇이야? 아직도 아침에 라면을 먹을 수 있어?"

"그럼요. 라면이 얼마나 맛있는데! 마누라가 못 먹게 해서 문제지 아침이건 점심이건 언제든지 먹을 수 있지!"

그랬더니 선배가 하는 말이 이랬습니다.

"조금 있어봐. 이제 라면이 뻑뻑해서 아침에 못 먹게 될 날이 곧 올 거야. 그러고 보니 박 목사는 아직 좋은 나이네!"

저를 보고 좋은 나이라고 하는 그 선배 목사를 보면서 저도 곧 그런 날이 올까봐 두려워졌습니다. 그러나 아무리 두려워하며 피하고 싶어 해도 그런 날은 곧 옵니다. 조금 더 시간이 지나면 제 머리카락도 더 빠질 것입니다. 다리에 힘도 빠지겠지요. 우리는 우리가 가게 될 그 길이 어떤 길인지 알고 있습니다. 그래서 두려운 것입니다.

그러나 우리에게 그 두려움을 이길 수 있는 길이 있습니다. 무엇입니까? 입맛을 잃지 않기 위해 억지로 더 맛있는 것을 많이 먹으면 됩니까? 머리카락이 빠지지 않도록 탈모제를 바르고 빗질도 하지 않고 조심하면 됩니까? 그렇게 해서 막을 수 없다는 것을 우리 모두가 알고 있습니다. 그러면 어떻게 해야 합니까? 방법은 딱 하나뿐입니다. 주님이 걸어가신 길을 뒤좇아 가는 것입니다. 주님이 이 땅에서 구별된 삶을 사셨던 것처럼 우리 역시 그렇게 살아가는 것입니다.

이 땅에서 편안한 삶, 편안한 노후를 너무 꿈꾸지 마십시오. 그러면 일부러 고생해야 한다는 말입니까? 그런 말이 아닙니다. 하나님이 우리에게 편안한 삶을 주셨을 때 우리 안에 다른 사람을 섬기라고 하신 주님의 말씀 때문에 씨름하는 안타까움이 없다면, 우리의 두려움은 사라지지 않을 것이기 때문입니다. 섬김에 대한 안타까움과 열망 없이 편안한 삶만 추구하다 보면 우리는 이 땅을 떠나는 순간까지 두려움에 사로잡힐 수밖에 없습니다.

섬김과 선교는 청년들만 꿈꿀 수 있는 것이 아닙니다. 물론 모든 사람이 선교사나 전도사가 되고 복지사가 되는 것은 아니지만, 한 가지는 분명합니다. 우리가 청년이건 장년이건 노인이건 동일하게 하나님 앞에 기도로써 우리보다 더 연약한 자들을 위한 섬김의 자리로 나아가야 한다는 것입니다. 우리가 이 같은 마음을 품고 주님이 주신 삶의 목적을 이루어가기 위해 수고하고 애쓸 때 우리의 삶 속에서 성결의 영성이 자라가는 것입니다. 그 꿈을 함께 품는 것이 성결의 영성입니다.

삶의 근원이 바뀐 야고보의 모본

야고보가 바로 그런 삶을 살았습니다. 그는 자기 형님이 누군지도 모르고 살아왔습니다. 지난 3년 동안 정말 놀라운 일이 자기 동네에서 벌어지고 있었는데도 그는 까마득하게 모른 채 지냈습니다. 자신의 가장 가까운 형을 통해서 하나님께서 그토록 위대하고 큰일을 이루어가시는데도 그는 그 일과 아무 상관없는 자로 살았습니다. 오히려 형님이 미쳤다고 생각해 빨리 집으로 데려가야겠다고 생각했을 뿐입니다. 그저 그동안 살던 대로 목수 일이나 성실하게 하면서 잘 먹고 잘살면 된다고 생각했습니다.

그런 야고보가 부활하신 예수님을 만나고 쓴 물을 내는 샘에서 단물을 내는 샘으로 바뀌는 근원의 변화를 겪었습니다. 그리고 교회의 지도자로 평생을 살았습니다. 하나님의 목적대로 귀하게 쓰임 받은 것입니다. 유세비우스(Eusebius of Caesarea, 약 260~339)라고 하는 역사가는 야고보에 관해 이런 글을 남겼습니다.

"야고보는 홀로 성전에 들어가 사람들이 용서받도록 무릎을 꿇고 기도했다. 그는 쉬지 않고 하나님을 예배했기 때문에 그의 무릎은 낙타 무릎처럼 단단하게 되었다."

야고보는 하나님을 모른 채 고통 받고 있는 사람들, 자기중심적으로 여전히 죄 가운데 사는 사람들이 용서받고 하나님에게로 돌아올 수 있도록 쉬지 않고 기도했습니다. 그러다 순교했습니다. 유대 역사가 요세푸스(Flavius Josephus)는 그의 책 《유대 고대사》에서 야고보가 서기 62년경 당시 대제사장 아나누스의 명령에 의해 돌에 맞아 순교했다고 전하고 있습니다. 그런데 그가 죽었을 당시 예수님을 믿지 않던 많은 유대인들이 아나누스가 불공정한 재판을 했다고 항의하는 소동이 벌어졌다고 합니다. 야고보는 예수님을 믿지 않던 유대인들에게까지 존경받았던 사람인 것입니다.

우리가 부름 받은 길 역시 야고보가 걸었던 길과 동일합니다. 우리가 우리 자신을 지키고 예수 그리스도께서 허락하신 근원의 변화를 늘 마음에 품으며 연약한 자들을 돌보고 섬기면서 이 땅에 하나님나라가 이루어지는 꿈을 다시금 품게 되기를 바랍니다. 그것이 성결의 영성을 이루어가는 길입니다. 우리가 그 마음을 품고 우리의 길을 걸어갈 때 하나님의 평강이 우리 안에 임할 것입니다. 우리가 그 마음을 품고 주님이 앞서 가신 그 길을 걸어갈 때 우리의 환경이 사막같이 삭막할지라도 아름다운 화원으로 변화되는 은혜를 경험하게 될 것입니다. 주님이 우리와 함께하십니다!

3 카리스마,
섬김을 위해 주신 하나님의 선물

내 교회를 다시 지어라!

13세기 이탈리아에 지오반니(1182~1226)라고 하는 사람이 있었습니다. 아버지는 이탈리아 사람이었고 어머니는 프랑스 사람이었습니다. 그는 25세가 될 때까지는 평범하게 지냈습니다. 부모님을 따라 교회에 다니기도 하고, 부모님 슬하에서 친구들과 어울려 놀기도 하고, 골목대장 노릇도 하면서 말입니다. 그러다 전쟁이 터졌고, 그는 25살에 군인으로 징집되어 전투에 나갔다가 포로가 되었습니다. 포로로 잡혀 많은 고생을 하다가 겨우 고향으로 돌아올 수 있게 되었지만, 그의 몸과 마음은 큰 상처를 입게 되었습니다.

1년여 간 몸과 마음의 회복을 위해 요양하는 시간을 갖던 중에 지오반니는 삶의 큰 변화를 맞게 됩니다. 지금까지 살아왔던 삶이 너무나 무의미하다는 사실을 깨닫게 된 것입니다. 그는 앞으로의 삶을 어떻게 살아야 하는가에 대한 깊은 고민에 빠졌습니다.

그가 요양생활을 하면서 자주 가던 산책로에 폐허가 된 예배당 건물이 하나 있었습니다. 그곳은 사람들 눈에 띄지 않는 한적한 곳에 위치해 있었습니다. 혼자 기도를 하기도 하고 산책을 하다가 멈춰서 쉬기도 하던 곳이었는데, 어느 날 그는 폐허가 된 예배당에 남아 있던 십자가 앞에서 한 음성을 듣게 되었습니다.

"네가 내 교회를 다시 지어라."

지오반니는 그 음성을 하나님의 음성으로 받아들였습니다. 그래서 그는 곧 그 무너진 교회 건물을 다시 세워 사람들이 모여 예배드릴 수 있게 하는 일에 착수했습니다. 그는 그것이 하나님이 원하시는 일이라고 생각했습니다. 그러나 그 과정에서 그는 교회를 다시 지으라는 것이 단순히 교회 건물을 다시 짓는 것이 아님을 깨달았습니다. 영적으로 교회를 짓는다는 것은 또 다른 의미라는 것을 깨달은 것입니다. 그때부터 그는 가난한 사람들을 돕기 시작했고, 하나님이 기뻐하시는 일을 하면서 하나님의 교회를 세우는 일에 관심을 갖기 시작했습니다.

몇 해를 그렇게 보내는 동안 지오반니는 아버지의 역정을 사게 되었습니다. 남들 같으면 벌써 결혼하고 일가를 이룰 나이인데 제 앞가림 할 생각은 안 하고 아버지가 벌어놓은 재산을 가져다가 돈 없는 사람들 먹이고 나눠주며 교회 짓는다고 돌아다니는 아들이 답답하고 못

마땅했던 것입니다. 아버지는 아들을 혼내보기도 하고 타일러도 봤지만 아들은 멈출 생각을 안 했습니다.

참다못한 아버지가 마을 주교에게 아들을 데리고 갔습니다. 주교 앞에서 아들의 행동을 심판받게 하기 위해서입니다. 그때 지오반니는 이제 아버지의 집을 떠날 때가 되었다는 것을 깨닫습니다. 그리고 아버지와 주교 앞에서 이렇게 말했습니다.

"이제 하늘의 아버지만이 내 참 아버지라고 고백할 수 있게 되었습니다. 저는 아버지의 재산을 물려받는 권리를 포기하겠습니다. 그리고 아버지에게서 받은 모든 것을 다 내려놓고 주님의 부르심을 따라서 주님이 주시는 것을 가지고 주님을 위해 헌신하겠습니다."

그리고 가진 것을 모두 내놓고 입고 있던 옷까지 모두 벗어놓고 아버지의 집을 떠나 자기가 생각했던 길로 떠납니다. 그렇게 아무것도 가진 것 없이 시작한 지오반니의 신앙운동이 지난 2천 년 교회 역사 속에서 가장 위대한 신앙운동의 하나로 발전하게 되었습니다. 이 사람이 바로 우리가 잘 알고 있는 '아시시의 프란체스코'입니다. 프란체스코를 중심으로 한 신앙운동이 교회사에 얼마나 큰 영향을 미쳤는지 모릅니다. 그의 삶에 감동받은 사람들이 모여서 '작은 형제회'라는 수도회가 생기기도 했습니다.

프란체스코가 받은 놀라운 카리스마

하나님만을 위해 모든 것을 헌신하겠다고 결심하고 "오직 내 아버지는 하늘에 계신 아버지"라고 고백한 프란체스코에게 하나님께서는 놀라운 카리스마를 주셨습니다. '카리스마'는 '하나님이 주신 선물'이라는 뜻으로 주로 '은사'라는 단어로 번역됩니다. 보통 "저 사람은 굉장한 카리스마가 있어"라고 말할 때의 '카리스마'와는 다른 의미입니다.

프란체스코가 받은 카리스마 가운데 눈에 띄는 하나가 동물들조차 그에게 순종한다는 것이었습니다. 전해지는 일화에 따르면 이런 일이 있었다고 합니다. 그가 활동하던 곳에서 그리 멀지 않은 곳에 위치한 '구비오'라는 마을에 늑대가 자주 출몰하여 가축이나 아이들을 해치는 탓에 온 마을 사람들이 공포에 빠져 있었습니다. 그 소식을 들은 프란체스코는 "내가 그 늑대를 만나러 가봐야겠다"고 말하고는 길을 나섰습니다. 그리고 마을 사람들 몇 명과 함께 늑대가 출몰한다는 구비오 마을 근처로 들어갔는데, 마침 그 늑대와 딱 마주쳤습니다. 사람들을 향해 날카로운 이빨을 드러내며 으르렁거리는 늑대를 향해 프란체스코는 이렇게 명령했다고 합니다.

"늑대 형제여! 내가 그리스도의 이름으로 네게 명령한다. 더 이상 사람들을 해하지 마라."

그러자 늑대가 곧 이빨을 감추고 꼬리를 내리며 순한 양처럼 프란체스코 옆에 와서 안기더라는 것입니다. 그러면서 프란체스코가 "앞으로는 더 이상 마을에 내려와서 사람들을 해치거나 동물들을 죽이지 말라. 마을 사람들이 네게 먹이를 주도록 하겠다"라고 말하자 늑대가 머리를 끄덕끄덕 했답니다. 그리고 마을 사람들을 향해서는 "앞으로 늑대가 마을에 나타나면 두려워하지 말고 늑대가 먹을 음식을 한쪽에 준비해 두십시오"라고 말했습니다. 마을 사람들이 그 말대로 했더니 2년 동안 늑대가 일주일에 두세 번씩 마을에 나타나 음식을 먹고 돌아 갔지만 단 한 번도 마을의 가축이나 아이들을 공격하지 않았다고 합니다.

역사에 전해지는 이 유명한 이야기를 들은 것은 제가 20대 때였습니다. 그러나 그때는 이 이야기를 믿을 수 없었습니다. 하지만 세월이 흐르면서 하나님께서 원하신다면 이런 은사를 주지 못하실 이유가 무엇이 있을까 하는 마음이 들기 시작했습니다. 우리 모두가 늘 고백하는 것처럼 하나님께는 불가능이 없으시기 때문입니다.

새 하늘과 새 땅을 창조하시는 하나님

사실, 프란체스코에게 특별한 일이 일어난 것이 아닙니다. 하나님께서는 우리를 그분의 자녀로 부르셨습니다. 그런데도 우리는 오랜 시간 하나님의 뜻을 모른 채 살아가다가 어느 날 하나님의 은혜로 그 뜻을 깨닫고 "주여, 이제 내가 하나님의 뜻을 따라 살겠습니다"는 결단을 하게 되곤 합니다. 바로 그런 일이 20대의 프란체스코에게 있었던 것입니다. 하나님께서는 주님을 향한 결단의 고백과 함께 실제로 모든 것을 내려놓고 아버지의 곁을 떠나기까지 헌신한 그에게 놀라운 은사와 은혜를 베풀어주셨습니다. 사람이 어떻게 짐승과 대화를 나누고 짐승에게 명령하여 순종하게 할 수 있겠습니까? 그러나 하나님은 하실 수 있습니다. 하나님께 불가능한 일이 무엇이겠습니까? 이사야서 65장에 이런 말씀이 있습니다.

보라 내가 새 하늘과 새 땅을 창조하나니 이전 것은 기억되거나
마음에 생각나지 아니할 것이라 사 65:17

하나님께서 새 하늘과 새 땅을 창조하실 것이라고 말씀하셨습니다. 이사야를 통해 이 말씀을 주셨을 때는 나라가 남북으로 나누어져 있었을 뿐 아니라 현실이 감당하기 어려울 만큼 힘들고 고통스러웠던 때였습니다. 백성들 모두 고된 현실 속에 지쳐가고 있었습니다. 그럴 때 하나님께서 "내가 새 하늘과 새 땅을 창조하겠다. 새로운 세상을 만들겠다"라고 말씀하신 것입니다. 그러면서 뭐라고 말씀하십니까?

거기는 날 수가 많지 못하여 죽는 어린이와 수한이 차지 못한
노인이 다시는 없을 것이라 곧 백 세에 죽는 자를 젊은이라 하
겠고 백 세가 못되어 죽는 자는 저주 받은 자이리라 사 65:20

하나님께서 만드실 새로운 세상은 어린아이가 죽는 일이 없고 노인이 그 수한을 다 채우지 못하고 죽는 일이 없는 세상이라는 것입니다. 어린아이들이 일찍 죽는 경우는 보통 어떤 경우입니까? 나라에 전쟁

이나 기근과 같은 재난이 있거나 돌림병이 도는 경우가 가장 대표적인 경우입니다. 그런 일이 하나님이 기뻐하시는 일이 아니라는 것입니다. 또한 하나님께서는 노인이 그 수명을 충분히 다 하고 죽는 것을 원하십니다. 그리하여 하나님이 이루실 새로운 세상에서는 100세가 못 되어 죽는 자를 저주 받은 자라고 여기게 될 것이라고 말합니다.

어쩌면 이 말을 듣고 "이렇게 힘든 세상에서 오래 살면 뭐해? 빨리 죽는 것이 낫지" 하는 분들이 있을지 모르겠습니다. 그러나 이런 반응은 불완전한 세상을 사는 우리의 관점입니다. 하나님께서 만드시는 새로운 세상, 온전한 평화가 있는 아름다운 세상이 도래한다면 어떻겠습니까? 아마도 모든 사람들이 "이 아름다운 세상에서 오래오래 살고 싶다"고 생각할 것입니다. 바로 그 욕망을 하나님께서 긍정적으로 표현하고 계신 것입니다.

그러면서 25절에 보면, 하나님이 만드시는 새로운 세상에서는 "이리와 어린 양이 함께 먹을 것이며 사자가 소처럼 짚을 먹을 것이며 뱀은 흙을 양식으로 삼을 것이니 나의 성산에서는 해함도 없겠고 상함도 없으리라"고 말씀하고 계십니다. 이 말씀이 이 세상에서 불완전하게나마 이루어졌던 것이 바로 프란체스코에게 임했던 구비오 마을의 늑대를 길들인 은사였던 것 같습니다.

은사를 사용하여 교회를 세우기 원하시는 주님

하나님께서는 지금도 하나님의 교회를 세우는 일을 원하십니다.

'하나님의 교회'는 어느 한 교회를 지칭하는 것이 아닙니다. 하나님의 자녀들이 저마다 그 가슴 속에 하나님의 형상이 회복되고 하나님과의 새로운 관계로 들어가는 것이 바로 교회가 세워지는 것입니다. 그렇게 해서 하나님의 평화가 이 땅 가운데 임하게 되기를 하나님께서는 13세기 프란체스코를 비롯한 많은 사람들에게 원하셨고, 이 시대에 우리에게 동일하게 원하시는 것입니다. 바로 이 일을 위하여 하나님이 우리를 부르고 계십니다.

그런데 그 같은 하나님의 부르심에 대해 생각할 때 우리가 반드시 기억해야 할 것은, 하나님께서는 결코 우리를 부르시면서 "너희들이 알아서 해라"라고 하지 않으신다는 것입니다. 하나님께서는 우리를 통하여 자신의 뜻을 이루시기 위해 우리에게 은사, 곧 하나님의 선물인 '카리스마'를 주십니다. 사도 바울은 고린도전서에서 이렇게 말합니다.

형제들아 신령한 것에 대하여 나는 너희가 알지 못하기를 원하
지 아니하노니 고전 12:1

'신령한 것'이 바로 은사를 말하는 것입니다. 세상에서 얻을 수 있는 선물이 아닌 우리의 아버지 되신 하나님께서 주시는 선물, 바로 그것을 우리가 알기 원한다는 것입니다. 그런데 '은사'에 대한 이야기를 하다가 바울이 갑자기 이런 말을 합니다.

그러므로 내가 너희에게 알리노니 하나님의 영으로 말하는 자는 누구든지 예수를 저주할 자라 하지 아니하고 또 성령으로 아니하고는 누구든지 예수를 주시라 할 수 없느니라 고전 12:3

사도 바울은 이 말씀을 한 후에 다시 구체적으로 '은사'에 대해 언급합니다. 따라서 우리는 이 말씀이 '은사'와 어떻게 연결되는지 알아야 합니다.

먼저 이 질문에 한번 대답해보십시오. 예수 그리스도는 저주를 받아서 십자가에 달려 돌아가셨습니까, 아니면 하나님의 뜻을 따라 십자가에 달려 돌아가셨습니까? 아마도 그리스도인이라면 모두 예수 그리스도께서 하나님의 뜻을 따라 십자가에 달려 돌아가셨다고 대답할 것입니다. 그렇다면 한 가지 더 묻겠습니다. 예수 그리스도가 정말 당신 삶의 주인입니까? 아니면 당신 자신이 당신 삶의 주인입니까?

만약 "내 삶의 주인은 나지!"라고 고집하는 마음이 우리에게 있다면 바로 그것 자체가 저주 아래 있는 것입니다. 별 볼 일 없고 시원치 않은 내가 내 부족한 힘으로 내 삶을 책임지고 내 가족을 책임지는 것 자체가 바로 저주라는 것입니다. 내가 감당할 수 없는 일을 내가 감당하겠다는 것이 저주가 아니고 무엇이 저주겠습니까? 하늘에서 불벼락이 떨어지는 것이 저주가 아니라 바로 그런 무거운 짐이 우리에게 저주입니다.

그러나 예수님을 제대로 알고 있고 믿고 있는 그리스도인이라면

"예수님이 내 삶의 주인입니다"라고 고백할 것입니다. 그 고백이 진정한 고백이라면, 그것은 우리 안에서 저절로 나온 것이 아니라 성령님이 주신 것입니다. 고린도전서 13장 3절의 말씀이 바로 이런 뜻입니다. 그리고 바로 그 성령님이 우리에게 은사를 주신다는 것입니다. 즉, 우리에게 "내 삶의 주인은 오직 예수 그리스도입니다"라고 고백하게 하시고 깨닫게 하시는 성령님이 우리에게 은사를 주신다는 것입니다.

우리가 이 같은 사실을 알고 성령님을 사모하며 성령님이 주시는 은사를 가지고 이 땅에 하나님의 교회가 세워지는 것을 위해, 하나님의 나라가 이루어지는 것을 위해, 하나님의 평화가 임하는 것을 위해 삶을 헌신하겠다는 마음을 품는 것, 바로 이것이 카리스마의 영성을 키워가는 것이며 그리스도의 길을 따르는 것입니다.

은사를 사모하라!

하나님께서는 우리에게 "내가 너의 삶의 주인이 되고 싶다"고 하십니다. 그리고 우리가 그분을 삶의 주인으로 모실 때, 하나님께서는 우리에게 은사를 주시겠다고 말씀하십니다. 은사는 우리가 원한다고 받을 수 있는 것이 아닙니다. 그럼에도 불구하고 성경은 우리에게 "은사를 사모하라"(고전 12:31)고 권면합니다. 그렇기 때문에 우리는 은사를 사모하며 하나님께 은사를 구해야 합니다.

혹시 환경의 문제가 있습니까? 아니면 가족 간의 관계에 문제가 있습니까? 회사생활이나 사업에 문제가 있습니까? 자신의 힘으로 해결해보려 해도 도저히 해결할 수 없습니까? 아무리 마음을 넉넉하게 가져보려고 해도 도저히 용납할 수 없고 이해할 수 없는 누군가가 있지는 않습니까? 그럴 때 "하나님, 제게 넓은 마음을 주십시오"라고 답답한 마음을 올려드리며 기도해본 적은 없습니까?

우리는 다 옹졸한 마음을 가지고 살아가는 사람들입니다. 아무리 사람 좋아 보이고 그 마음이 넓어 보여도 그 속을 들여다보면 작은 일에 기분 상하고 분노하는 연약한 마음을 소유한 자들입니다. 아내나 남편이 잔소리 한마디 하면 그것이 다 사랑하는 마음에서 한 말인 줄 알면서도 기꺼운 마음으로 받아들이지 못하고 쏘아 붙여야 직성이 풀리는 옹졸한 사람들이지요. 우리에게 서로를 조금만 더 넉넉하게 용납할 수 있는 아량이 있다면 무엇이 문제가 되겠습니까? 문제는 그런 아량이 없다는 것입니다. 그리고 더 큰 문제는 우리 스스로 문제를 해결할 수도 없으면서 하나님께 구하지도 않는다는 것입니다.

우리는 대개 내 힘으로 아등바등 살아가다가 자기 힘으로 안 될 때만 "주님, 도와주세요!" 하고 매달립니다. 이런 삶은 주님이 주인 되신 삶이 아닙니다. 내가 다 알아서 하다가 주님은 그저 내가 필요로 할 때만 한 번씩 나타나서 도와주는 자문관 정도로만 생각한다면, 우리의 삶은 고달플 수밖에 없습니다.

왜 하나님께 은사를 구하지 않습니까? 주님을 우리 삶의 진정한 주인으로 모셔 들이지 못했기 때문입니다. 내 힘으로 해보려고 아직도 애쓰고 있기 때문입니다. 주님을 삶의 주인으로 모셔 들인 자에게 하나님은 은사 베풀기를 원하십니다. 그 은사를 가지고 우리의 삶을 하나님께 올려드리며 예수 그리스도께서 보여주신 길을 따라가기를 원하십니다. 그것이 우리가 마음에 품고 소원하며 따라가야 할 '카리스마의 영성'의 길입니다.

우리가 어떤 은사를 사모해야 하는지는 개개인 모두의 상황과 문제와 성향에 따라 다릅니다. 말씀을 통해 은사를 알아가면서 하나님이 주시는 마음에 따라 은사를 사모해야 합니다. 은사에 대해 더 자세히 알고 싶다면 고린도전서 12~14장, 로마서 12장, 에베소서 4장을 집중적으로 읽어보기 바랍니다.

찬양의 은사를 사모했던 경험

저는 초등학교 3학년 때 처음 교회에 나갔습니다. 많은 이들이 고백하는 것처럼 저 역시 믿음이 있어서라기보다 교회에서 나눠주는 과자와 사탕을 얻어먹기 위해 나갔던 것 같습니다. 성경퀴즈 대회다 여름성경학교다 하면서 교회에서 상으로 나눠주는 학용품 받는 재미도 제게는 쏠쏠했습니다. 그러다가 중학생이 되고 보니 문득 심각한 생각이 들었습니다.

'만약 하나님이 정말로 계시고 예수님이 정말로 나를 위해 죽으셨다면, 그것이 모두 정말 사실이라면 이것은 보통 문제가 아니다. 우리 엄마, 아빠, 식구들은 아무도 예수님을 모르는데, 이 문제를 어떻게 해야 하는가? 성경에서 말하는 것이 모두 사실이라면 내가 목사가 되어

야지 다른 선택이 있을 수 있겠는가? 이 소식을 어서 많은 사람들에게 알려야 하지 않겠는가?'

이런 고민을 하기 시작한 것입니다. 그 시절 일기장을 들쳐보면 이런저런 고민에 휩싸여 저도 모르게 "하나님, 하나님이 만약 정말 계시다면 제 앞에 한 번만 나타나주십시오. 그러면 제가 목사가 되겠습니다"라고 고백하는 글들이 곳곳에 담겨 있습니다. 그렇게 고민에 고민을 더하던 어느 날, 하나님께서 정말 제 앞에 나타나주셨습니다. 그때부터 저는 빼도 박도 못하고 "목사가 되어야겠구나"라고 결심을 굳히게 되었습니다.

성령님의 은혜에 흠뻑 취해 신앙생활하던 고등학교 시절, 교회의 찬양대를 보며 '나도 찬양대가 하고 싶다'는 생각이 들었습니다. 그때 제가 다니던 교회는 100명 남짓 모이는 규모의 시골 교회로, 찬양대라고 해봐야 열댓 명 될까 말까했습니다. 그렇다고 찬양대의 실력이 월등하게 좋았던 것도 아니었습니다. 그런데도 제 귀에는 그들의 찬양소리가 그렇게 아름답게 들릴 수 없었습니다. '나도 저 찬양대 자리에 앉고 싶다'는 열망은 점점 더 커졌습니다. 문제는 어느 누구도 제게 '너도 찬양대 해봐라' 하며 권하는 사람이 없다는 것이었습니다.

참다못해 하루는 제가 찬양대를 하고 있는 교회 선배에게 "저도 찬양대를 하면 안 되겠습니까?"라고 먼저 물어봤습니다. 연습에 나와보라고 하기에 신이 나서 참석했습니다. 그런데 연습을 마치고 제게 이것저것 시켜보던 교회 선배가 "아무래도 안 되겠다"고 하는 게 아니겠습니까? 제가 생각하기에 목소리는 그래도 괜찮은 것 같은데 반음이 그렇게 안 되는 것입니다. 목소리라도 작으면 다른 사람 목소리에 묻힐 텐데, 하필이면 그때 제 목소리가 남자 찬양대원 중에 가장 컸습니다. 그러니 저의 틀린 음정이 더 도드라졌던 것입니다.

아무리 그래도 그렇지 시골 교회 찬양대가 얼마나 대단하다고 난 도저히 안 된다고 하는지, 당시에는 자존심도 상하고 창피하기도 했습니다. 하지만 그보다는 하고 싶다는 마음이 더 컸습니다. 연습만이라도 참석하게 해달라고 사정해서 연습에만 참석하기를 6개월이나 계속했습니다.

그렇게 6개월을 연습하고 나니까 그토록 안 되던 반음이 되는 것입니다. 그래서 드디어 저도 정식 찬양대원이 될 수 있었습니다. 이미 오래 전의 일이지만 지금도 종종 그때의 일이 생각납니다. 가만히 생각해보면, 그것이 일종의 은사의 훈련이었던 것 같습니다. 하나님이 찬양을 사모하는 마음을 부어주셨고 그 은사를 구하고 훈련시키셨던 것입니다. 만약 제가 고등학교 3학년 때가 아니라 초등학교 3학년 때 찬양에 대한 은사를 사모했다면, 어쩌면 오늘날 설교 강단이 아니라 무대 위에서 노래를 하고 있을지 모르겠습니다.

목회를 위한 은사의 훈련기

또 이런 일도 있었습니다. 제가 신학대학교와 신학대학원에 진학하여 목회자가 되기 위한 준비를 할 때의 일입니다. 대학시절 저를 가르치신 은사 목사님 중에 한 분이 저를 보고 종종 이렇게 말씀하셨습니다.

"자네는 7,8명 모인 소그룹에서도 뭔가를 발표하려면 수줍어하고 말도 제대로 못하니, 성격이 그렇게 내성적이고 소극적이어서는 아무래도 목회하기는 힘들 것 같네. 자네는 신학교 교수가 되는 것이 더 좋겠어."

그러나 저는 교수가 아니라 목회자가 되고 싶었습니다. 그런 저에게 은사님의 말씀은 절망적인 선포로 들렸습니다. 그러나 그 분의 말씀을 부인할 수는 없었습니다. 저는 성격이 정말 내성적이고 소극적이었습니다. 고등학교를 졸업할 때까지 그 흔한 줄반장 한 번 해보지 못했고, 일 년 동안 한 반에서 공부하던 친구들이 일 년이 끝나고 난 다음에야 "너 우리 반이었어?" 하고 물어볼 정도였습니다.

어린 시절, 아버지가 파산한데다가 병으로 누워 지내시면서 집은 항상 가난하고 어려웠습니다. 학교를 갈 수 있는 형편조차 아니었지만 어머니가 갖은 고생을 다 하시며 저를 학교에 보내시고 지극 정성으로 키워주셨습니다. 드라마에 나오는 어떤 참혹한 이야기도 제가 경험한 어린 시절과 비교해볼 때 덜 참혹한 것 같습니다. 그러다보니 자연스레 말수도 적어지고 내성적이 되어갈 수밖에 없었습니다. 그저 입 딱 닫고 외면하는 것이 전부였습니다. 그런 저에게 교회는 무척 소중한 희망이었습니다.

성격은 신학교에 입학한 후에도 크게 달라지지 않았고, 그런 저를 보고 누구라도 "저 친구 목회하기는 틀렸다"고 생각할 수밖에 없었을 것입니다. 그런데 하나님은 그런 저를 '학생신앙운동'(SFC)으로 뛰어들게 만드셨습니다. 정확히 말하자면 제가 뛰어든 것이 아니라 하나님께서 일방적으로 잡아끄셨습니다. 경남 지방의 SFC 모임이 있는데 함께 가서 도와달라는 한 선배의 부탁으로 얼떨결에 따라갔다가 덜컥 그 모임의 서기가 되어버린 것입니다. 그때는 제가 신학교에 입학도 하기 전인 재수 시절입니다.

그렇게 잡혀 들어간 SFC에서 수줍음 많던 제가 전국 SFC 위원장까지 하게 될 줄은 아무도 몰랐습니다. 하나님께서는 대학 시절 그런 활동을 통해 저를 훈련시키셨던 것입니다. 그렇게 하나님께서는 제가 가지고 있던 연약한 부분들을 조금씩 벗겨내시며 훈련시키셨습니다. SFC 조직이 몇 개로 나뉘어 있었는데, 한번은 위원장이 그 조직들을 방문하라는 지도 목사님의 말씀이 있었습니다. 그래서 대학교 3학년 때 이화여자대학교에 방문하게 된 적이 있습니다.

한번 상상해보십시오. 수줍음 많던 남학생이 여자대학교에, 그것도 공교롭게도 하교 시간에 방문하게 되었으니 얼마나 당황했겠습니까? 누구와 함께 갔으면 좋았을 텐데, 그때는 그런 생각조차 못하고 혼자 제시간에 도착하기에 바빴습니다.

그렇게 학교에 도착했는데, 글쎄 꽃 같은 여학생들이 막 쏟아져 나오는 것이었습니다. 그때 당황스러웠던 순간이 지금도 잊히지가 않습니다. 아무튼 하나님께서는 사람들 앞에서는 말 한마디도 제대로 못하는 저를 그렇게 훈련시키셨습니다.

이런 과정은 모든 그리스도인에게 동일하게 일어나는 일입니다. 하나님께서 목사로 부르신 사람은 목사로 쓰기 위하여 훈련시키시고, 직장인으로 부르신 사람은 직장인으로, 사업가로 부르신 사람은 사업가로 쓰기 위해 훈련시키십니다. 하나님께서는 우리 모두를 남편으로, 아내로, 아버지로, 어머니로 각 부르심에 맞게 적절히 훈련시키십니다.

우리가 우리의 고집을 꺾고 "하나님이 제 삶의 주인이십니다. 제가 주님의 부르심에 따라 주님의 뜻에 순종하기 원합니다. 제가 어떻게 해야 합니까?"라고 주인 되신 주님의 뜻을 묻고 기도할 때 주님이 우리에게 필요한 은사를 주십니다.

하나님께 쓰임 받은 사도 바울

하나님으로부터 많은 은사를 받아 주님의 일을 잘 감당했던 대표적인 인물로 사도 바울을 꼽을 수 있습니다. 사도 바울은 참 독특한 삶을 살았습니다. 우리가 아는 대로 그는 다소에서 태어났습니다. 다소는 지금의 터키 동남부입니다. 다소에서 태어난 그는 날 때부터 로마시민권을 가지고 있었습니다. 그의 아버지는 로마 통치 시대에 성공한 사업가로 바울은 유복한 어린 시절을 보낼 수 있었습니다.

또한 그의 아버지는 그냥 부자가 아니라 의식 있는 부자였습니다. 그는 아들을 당시 최대 도시인 에베소로 보내지 않고 예루살렘으로 보내어 힐렐(Hillel) 학파의 거두인 가말리엘 밑에서 공부하게 합니다. 그리고 바리새인이 됩니다. 그 길을 계속 따라갔다면 사도 바울은 산헤드린 의원이 되었을 것입니다. 그는 유대인 공동체를 이끌어가는 최고 지도자가 되는 바로 그 길에 이미 들어섰으며, 성공이 보장된 자리에 있던 사람이었습니다.

그런 사도 바울이 예수 그리스도를 만나게 됩니다. 자신의 열심을 좇아 예수를 추종하는 자들을 잡기 위하여 다메섹까지 갔던 그가 다메섹 근처에서 태양빛보다 더 밝은 빛으로 나타나신 예수 그리스도를 만난 것입니다. 그렇게 예수님을 만난 바울은 그리스도인이 되었습니다. 그리고 아라비아에 내려가 3년을 지냈습니다. 아마 그곳에서 성경을 깊이 묵상하고 훈련받는 시간을 보냈을 것입니다.

3년이 지나 예루살렘에서 활동을 조금 하다가 다시 고향 다소로 내려가 10여 년을 머무릅니다. 그대로 살다가 평범한 그리스도인으로 그의 삶이 끝났을 수도 있습니다. 하지만 하나님께서는 바나바를 통해 사도 바울을 세우게 하십니다. 사도 바울과 바나바는 안디옥 교회에서 함께 섬기다가 선교사로 파송 받게 됩니다.

사도 바울 역시 프란체스코와 마찬가지로 예수 그리스도를 온전히 따르기 위해 이전에 가졌던 모든 것을 다 버렸습니다. 하나님이 주신 것 외에는 그 자신의 표현대로 다 배설물로 여겼습니다. 부모님으로부터 받은 것을 다 버렸으며, 부모님이 속해 있던 공동체에서 빠져나왔고, 예수 그리스도의 제자가 됨으로 인해 오히려 그들의 배척을 받게 되었습니다. 그야말로 모든 것을 버리고 오직 하나님이 주신 은사를 가지고 죽을 때까지 하나님나라를 섬겼던 사람이 사도 바울입니다.

그런 그에게 하나님께서 정말 놀라운 은사들을 많이 주셨습니다. 사도행전을 통해 볼 수 있듯이, 사도 바울은 죽은 사람을 살리기도 했습니다. 3층에서 설교를 들으며 졸다가 떨어져 죽은 유두고를 그가 살렸습니다. 그가 가는 곳마다 놀라운 일들이 벌어졌습니다.

물론 우리 모두가 바울처럼 쓰임 받을 수는 없습니다. 그러나 하나님께서는 바울은 바울대로 쓰시고, 우리는 우리대로 쓰십니다. 우리 각자를 향한 계획을 가지고 계신 것을 우리가 기억해야 합니다. 그 계획을 마음에 품고 은사를 사모해야 합니다.

"내가 서 있는 자리에서 하나님은 나를 어떻게 쓰시려고 하는가?"

이것을 깊이 생각하고 묵상하여 하나님이 맡기신 그 일을 위해 내게 부족한 것은 무엇인지, 내가 사모하여 구해야 할 은사는 무엇인지 하나님 앞에 구해야 합니다. "하나님, 제가 소그룹의 리더로 섬기고자 하는데, 이런 부분이 부족합니다. 채워주옵소서", "하나님, 결혼하여 가정을 이루고자 하는데 그리스도인 남편으로서, 아내로서 제가 어떻게 해야 합니까? 저의 부족한 부분을 채우시고 훈련시켜주옵소서"라고 기도하고 사모하고 훈련을 통해 부족한 부분을 채움 받아야 합니다.

우리에게는 하나님이 주시는 힘이 있습니다. 하나님이 약속하신 능력이 있습니다. 우리가 그 능력을 제대로 공급받을 때 우리는 하나님나라를 위해 크든 작든 귀하게 쓰임 받는 사람이 될 수 있는 것입니다.

바로 이것이 우리가 추구해 나아가야 할 '카리스마의 영성'입니다.

은사를 따라 살라!

우리가 자녀를 양육할 때도 은사를 따라 양육하는 것이 중요합니다. 자녀는 부모가 가진 아이디어로 키우는 것이 아닙니다. 자녀가 남보다 잘하는 것이 무엇인지, 하나님이 이 아이에게 주신 은사가 무엇인지 아는 것이, 그리고 그에 따라 하나님의 방법대로 양육하는 것이 무엇보다 중요합니다.

은사를 가장 간단하게 파악할 수 있는 방법이 몇 가지 있습니다. 여러 가지 은사테스트를 받아보는 것도 좋겠지만, 가장 기본적으로는 '내가 남보다 조금 더 잘하는 것이 무엇인가?' 하는 것을 살펴보는 것입니다. 세계 최고여야 할 필요는 없습니다. 그러나 남들보다 조금은 더 잘해야 그것을 가지고 섬길 수 있습니다.

두 번째로 자신에게 기쁨이 되어야 합니다. 내가 남들보다 무언가를 잘해서 그것을 통해 하나님을 섬기는데, 그 일이 자신에게 조금도 기쁨이 되지 않는다면 그것은 은사가 아닐 가능성이 높습니다. 하나님께서는 우리를 필요에 따라 쓰시고 버리는 분이 아니십니다. 우리가 은사를 따라 섬기면서 우리 자신이 기쁨을 누리고 하나님과의 깊은 연합 가운데로 들어가기를 원하십니다.

그리고 세 번째로 중요한 것은 다른 사람에게도 기쁨이 되어야 한다는 사실입니다. 내게 남들보다 조금 잘하는 것이 있습니다. 그것이

나에게 기쁨이 됩니다. 그런데 다른 사람에게는 기쁨이 안 되고 도리어 슬픔이나 괴로움이 된다면, 그것은 은사가 아닙니다. 다른 사람들도 함께 기뻐하는 일이 되어야 합니다.

하나님께서는 이미 우리에게 이런 은사를 주셨습니다. 우리는 그 은사를 발견하여 이미 주신 것을 가지고 하나님을 열심히 섬겨야 합니다. 그리고 앞으로 자신의 길을 걸어가면서 하나님 앞에 어떤 은사를 사모하며 구해야 하는지 늘 기도해야 합니다. 말씀을 묵상하며 살펴야 합니다. 우리가 이런 '은사의 영성'을 마음에 품고 우리 길을 걸어갈 때 하나님께서 우리를 통해 하나님의 뜻을 이루실 것입니다. 그럴 때에 하나님께서 우리를 통해 하나님의 영광을 드러내실 것입니다. 우리의 삶의 자리가 황폐하고 광야 같을지라도 하나님께서 아름다운 꽃밭과 같이 바꾸어주실 것입니다. 하나님이 그렇게 약속하셨습니다.

우리 모두 그런 믿음을 품고 하나님 앞에 간구해야 합니다. 하나님이 내게 주신 은사를 발견하고, 더 큰 은사를 사모하며 하나님이 부르신 길을 따라 하나님나라를 섬기며 나아가야 하겠습니다. 우리의 가는 그 길에 주님의 평강이 함께하십니다.

"하나님, 주께서 약속하신 은사를 저에게도 주시옵소서. 주님이 주시는 은사를 따라서, 주님이 인도하시는 길을 따라서, 주님의 뜻을 따라서 이 땅에 하나님나라가 세워지는 일을 위해서, 모든 사람이 주님의 제자가 되는 일을 위해서 부족하지만 저도 주님과 함께 섬기겠습니다."

하나님께서 우리의 이런 기도와 고백을 원하고 계십니다. 우리가 이런 기도를 주님 앞에 올려드릴 때, 이전에 경험하지 못했던 놀라운 일들을 경험하게 될 것입니다.

4 성육신,
힘겨워도 가야 하는 그리스도인의 길

현재 순간의 성례

장 피에르 드 코사드(Jean Pierre de Caussade, 1675~1751. 18세기 예수회 영적 지도자)는 모든 그리스도인이 반드시 기억해야 할 매우 중요한 말을 했습니다.

"바로 현재 순간에 성례(聖禮)가 있다."

모든 그리스도인에게는 자기 삶의 자리에서 그때그때 그 현재의 시간에 선택해야 될 거룩한 예식이 있다는 말입니다. 저는 이분이 사용한 '현재 순간의 성례'라고 하는 표현이 '성육신(成肉身)의 영성'을 가장 정확히 설명하고 있는 말이라고 생각합니다.

그런데 우리는 보통 "바로 현재 순간에 성례가 있다"는 말을 들을 때 어떤 장면을 먼저 떠올립니까? 혹시 이런 장면이 아닙니까? 어떤 그리스도인 사업가가 있다고 합시다. 그는 사업차 매일 여러 사람과 식사 약속을 잡을 수밖에 없었습니다. 또 그럴 때마다 사업을 위해 과장된 말이나 거짓말도 섞어서 온갖 이야기를 다해야 합니다. 어느 날 그는 더 이상 이렇게 살면 안 되겠다는 생각이 들었습니다. 그래서 일주일 중 하루는 누구하고도 약속을 잡지 않았습니다. 그리고 그날은 점심을 간단하게 해결하고 홀로 말씀을 보거나 기도하는 시간을 가졌습니다.

아마 많은 그리스도인들이 이런 장면을 떠올릴 것입니다. 바쁜 일상 중에서 시간을 떼어 하나님과 깊이 교제하는 시간을 확보하는 것 말입니다. 그렇다면 정말 이런 결정이 우리가 선택하는 현재 순간의 성례일까요? 아닙니다. 장 피에르는 이런 것을 말하는 게 아닙니다. 물론 우리가 삶 속에서 하나님과 깊이 만나기 위해 거룩하고 조용한 시간, 말씀을 읽고 기도하는 시간을 구별하여 갖는 것은 대단히 중요합니다. 그러나 장 피에르가 말하고 있는 '현재 순간의 성례', 곧 지금 내 삶 속에서 선택해야 하는 거룩한 예식은 조금 다른 이야기입니다.

기도, 그 후의 시간

그리스도인 사업가의 예로 다시 한 번 생각해보면, 그에게 정말 중요한 것은 따로 시간을 떼어 성경을 읽고 기도하는 그 이후의 시간입니다. 온갖 욕망과 욕심이 꿈틀거리고 남을 속여서라도 더 많은 것을 갖기 위해 애쓰는 세상 속에서 크고 작은 선택의 기로에 섰을 때 과연 그리스도인으로서 무엇을 선택하는가가 중요합니다. 성경 읽고 기도하는 것뿐만 아니라 예수 안 믿는 사람들과 온갖 문제가 어우러져 있는 세속적인 삶의 현장에서 순간순간 무엇을 선택할 것인가, 무엇이 주님이 기뻐하시는 선택인가를 끊임없이 고민하여 주님이 기뻐하시는 것을 선택할 때, 그것이 '현재 순간의 거룩한 예식'이 됩니다. 그것이 바로 갈라디아서 2장 20절의 고백을 삶에서 드러내는 것입니다.

> 내가 그리스도와 함께 십자가에 못 박혔나니 그런즉 이제는 내가 사는 것이 아니요 오직 내 안에 그리스도께서 사시는 것이라 이제 내가 육체 가운데 사는 것은 나를 사랑하사 나를 위하여 자기 자신을 버리신 하나님의 아들을 믿는 믿음 안에서 사는 것이라 갈 2:20

이 말씀은 예수 그리스도께서 내 삶의 주인임을 고백하고 그분이 내 인격 속에, 내 직업 속에, 내 문제 속에 들어오셔서 나와 함께 사신다는 것입니다. 여기서 사도 바울은 표현하기를, 이제는 내가 사는 것이 아니라 그리스도께서 사시는 것이라고 합니다. 또한 자신이 육체 가운데 사는 것은 자기를 사랑하셔서 자기 몸을 버리신 예수 그리스도를 믿는 믿음 안에서 사는 것이라고 고백합니다. 우리가 사는 것은 예수 그리스도를 믿는 믿음 안에서 사는 것이며, 예수님이 우리의 육체 안에서 또 우리의 일상 안에서, 우리의 직업 안에서 사시는 것입니다. 갈라디아서는 예수님과 우리가 아름답고 신비롭게 연합하여 함께 가는 길, 이것이 성도의 길이라고 말하고 있습니다. 이것이 바로 '성육신의 영성'입니다.

예수님의 성육신

2천 년 전, 예수님이 이 땅에 오셨습니다. 하나님이신 그분이 태아의 형태로 마리아의 배 속에 있다가 핏덩이로 이 땅에 태어나셨습니다. 눈에 보이지 않는 하나님이신 그분이 눈에 보이는 존재가 되어서 우리 가운데로 오신 것입니다. 온갖 문제가 산재한 압제받던 팔레스타인 땅, 고난과 좌절과 분노가 쌓여 있던 곳, 그중에서도 가장 가난한 한 집으로 오셨습니다. 이것이 예수 그리스도의 성육신(成肉身)입니다.

예수님이 육신이 되셨습니다. 인간이 되신 것입니다. 그리고 그분은 이 땅에서 자신의 길을 묵묵히 걸어가셨습니다. 그분은 하늘 꼭대기에 앉으셔서 내가 너희들을 사랑한다고 말씀만 하시거나 성경책만 남기신 것이 아니라, 자신이 친히 인간의 몸을 입으시고 인간의 직업을 가지시고 인간의 분노와 좌절과 슬픔을 그대로 마음속에 품으신 채로 우리 가운데로 오셨습니다. 예수님 자신이 성육신의 삶을 살다 가셨습니다. 그리고 그분의 제자로 부름 받은 우리에게 자신이 이 땅에서 보여준 본(本)을 따라서 좇아오라고 말씀하십니다. 주님이 보이신 그 길을 따라 사는 삶, 그런 삶을 추구하는 것이 성육신의 영성입니다. 성육신의 영성은 모든 그리스도인이 걸어가야 할 그리스도의 길인 것입니다.

'성육신의 영성'은 어려운 것 같지만 그리 어렵지 않습니다. 예수 그리스도를 마음에 모신 자라면, 그리고 갈라디아서 2장 20절의 믿음으로 이루어지는 예수님과 그리스도인의 신비한 연합을 받아들인 사람이라면 지극히 자연스럽게 따라가는 길입니다.

성육신의 길로 초청받은 마리아

예수님이 인간이 되어 이 땅에 오신다는 말씀을 최초로 들은 사람은 예수님의 어머니인 마리아였습니다. 당시 여성들의 결혼 연령을 생각해보면, 그때 마리아의 나이는 아마도 열일곱 내지는 열여덟 살 정도밖에 안 되었을 것입니다. 그 어린 처녀가 곧 성령으로 잉태된 아이를 갖게 될 것이라는 말을 들었습니다. 얼마나 청천벽력 같은 말입니까? 게다가 더욱 놀라운 것은 그 아이가 하나님의 아들이라는 것입니다.

한번 상상해보십시오. 결혼도 하기 전에 아이를 낳게 될 것인데, 그것도 모자라 그 아이가 하나님의 아들이자 그분 자신이라니, 마리아가 그 말을 다 이해할 수 있었겠습니까? '어떻게 저 높은 곳에 계신 하나님이 내 몸을 빌려서 이 땅에 인간으로 오신단 말인가?' 하면서 도무지 믿기지 않았을 것입니다. 그러나 그 말씀이 마리아에게 임했습니다. 그리고 마리아가 그 메시지를 받은 그 순간, 마리아 역시 성육신하신 예수님처럼 성육신의 영성을 가지고 그리스도의 길을 걸어갈 것을 요청받았습니다. 예수님이 위대한 계획을 가지고 문제 많은 인간의 삶 한복판으로 오신 것처럼 마리아도 예수님이 일으키시는 사건 한복판으로 초청 받은 것입니다.

이 초청 앞에서 마리아는 자신의 생명을 담보로 선택을 해야 했습니다. 만약 마리아가 "나는 그런 위험한 일은 못 하겠습니다"라고 거절했다면, 그녀는 그 사건에서 빠졌을 것입니다. 그리고 예수님은 다른 사람의 몸을 빌려서 이 땅에 오셨을지도 모르겠습니다. 그러나 그때 마리아는 자신의 목숨을 담보로 걸어야 하는 그 엄청난 사건 앞에서 "저는 주님의 여종일 뿐입니다. 주님의 말씀대로 내게 이루어지기를 바랍니다"라고 고백합니다. 그 고백과 함께 마리아는 하나님이 일으키신 가장 놀라운 사건 속으로 개입되었습니다.

당시 사회에서 아직 결혼하지 않은 처녀가 아이를 잉태한다는 것은 최악의 경우 돌아 맞아 죽을 수도 있는 일이었습니다. 다행히 마리아의 정혼자인 요셉이 하나님의 계시를 받고 마리아를 속히 데려온 덕분에 그 위기를 잘 넘겼습니다. 그러나 마리아에게는 그것으로 끝이 아니었습니다. 자신이 낳은 아기, 곧 예수님을 잘 키워내는 일이 남아 있었습니다.

마리아는 자신이 낳은 아이가 점점 자라가는 모습을 지켜보면서 마음속에 수많은 의문을 가지고 하나님 앞에 물었을 것입니다. 그 아이가 자라서 어느덧 서른 살이 된 어느 날, 자신이 메시아라고 외치면서 설교를 시작했을 때, 마리아가 얼마나 놀랐을지 짐작할 수 있겠습니까? 아마 처음에는 아들 예수가 설교하는 내용을 받아들이지 않았던 것 같습니다. 성경에 보면, 예수님더러 미쳤다고 하는 마을 사람들의 이야기를 들은 예수님의 친족들이 예수님을 붙들러 올 때 그 현장에 마리아도 있었기 때문입니다(막 3:21 참조).

그러나 결국 마리아도 자신이 낳은 아들의 제자가 되었습니다. 그리고 그 아들이 자신의 눈앞에서 처참하게 죽는 모습을 지켜봐야 했습니다. 뿐만이 아닙니다. 죽었던 아들이 사흘만에 부활하는 것을 보았습니다. 그리스도의 몸 된 교회가 어떻게 시작되었는지, 또 어떻게 성장해가는지 지켜보았습니다. 그리고 자기 자신도 하나님의 교회를 섬기면서 평생을 살다가 세상을 떠났습니다.

이것이 자신의 아들이었지만 주님이신 예수 그리스도의 뒤를 좇아갔던 마리아의 삶입니다. 이 삶이 모든 그리스도인의 삶이 되어야 합니다. 내 안에 계신 예수 그리스도의 뜻을 따라 내 삶이 이루어지기를 원하고 나의 인격적인 결단을 가지고 주인 되신 그분에게 내 삶을 맡겨드리며 연합하는 것, 이것이 그리스도인이 걸어야 할 길입니다.

또 다른 성육신의 모범

수산나 아네슬리(Susanna Annesley)라고 하는 한 여성이 1669년 1월에 런던에서 태어났습니다. 청교도 목회자의 딸이었던 그녀는 그 부모의 스물다섯 번째 자녀였습니다. 믿음 좋은 그녀의 부모는 수산나 아네슬리를 믿음 안에서 잘 양육했습니다. 부모로부터 믿음의 교육을 잘 받았던 수산나가 하나님 앞에 했던 기도문이 지금도 남아서 전해 내려오고 있습니다. 그녀는 참 놀라운 기도를 드렸습니다.

"주님, 종교는 교회나 골방에 한정된 것이 아니고, 기도와 묵상을 통해서만 행하는 것도 아니고, 당신이 임재하는 모든 곳에 있는 것임을 기억하도록 도와주소서. 그러므로 저는 저의 모든 말과 행동이 도덕적인 내용을 담도록 해주십시오."

수산나는 이 기도를 하면서 평생을 살았습니다. 주님이 내 안에 계시고, 나는 그 주님을 따라 살아가야 하며, 나를 통해서 주님의 모습이 드러나야 한다는 것을, 그리하여 내가 사역을 하건 자녀를 키우건 어떤 직업을 갖던 간에 내 삶을 통해서 주님이 드러나셔야 한다는 믿음의 비밀을 수산나는 일찍부터 알고 있었던 것입니다.

수산나 역시 훗날 목회자와 결혼했습니다. 그리고 열아홉 명의 자녀를 낳아 아홉 명은 어린 시절 떠나 보내고 열 명의 자녀를 양육했는데, 모든 아이들을 집에서 가르쳤습니다. 오늘날로 말하면 홈스쿨링을 한 것입니다. 첫아이부터 시작하여 마지막 아이가 교육을 마칠 때까지 수산나는 정확하게 20년 동안 매일 여섯 시간씩 아이들을 가르쳤다고 합니다. 목사였던 남편은 저녁에 조금 도와줄 뿐이고 평일 아침 아홉 시부터 열두 시까지, 그리고 두 시부터 다섯 시까지 하루에 여섯 시간을 하루도 거르지 않고 수산나가 맡아서 아이들의 교육을 책임졌습니다.

언젠가는 그 남편이 수산나가 아이들을 가르치는 장면을 지켜보았다고 합니다. 그랬더니 뭔가 하나를 설명하는데 아이가 잘 이해하지 못하자 스무 번을 반복해서 설명하더라는 것입니다. 남편이 그 모습을 보고 너무 놀라서 "아니 당신, 지금 그것을 스무 번이나 설명했어요!"라고 감탄했다고 합니다. 그녀는 그렇게 열성적으로 자녀들을 가르쳤습니다. 그것이 엄마로서 자신 안에 있는 그리스도께서 행하고자 하시는 일인 것을 알았기 때문입니다.

수산나가 그토록 열정적으로 가르치고 양육했던 자녀 중에는 우리에게도 매우 잘 알려진 분이 있습니다. 요한 웨슬리와 찰스 웨슬리가 바로 수산나의 아들들입니다. 요한 웨슬리는 우리가 잘 아는 대로 18세기에 감리교 운동을 처음으로 시작했던 분입니다. 그의 동생 찰스 웨슬리는 브리스톨에 세워진 세계 최초의 감리교회의 담임 목사였습니다. 교회사에 이름을 빼놓을 수 없는 중요한 두 사람이 바로 수산나 밑에서 자란 것입니다.

그러나 여기서 우리가 꼭 기억하고 잊지 말아야 할 것이 있습니다. 수산나가 그렇게 뛰어난 아들들을 키웠기 때문에 성육신의 모범이라고 표현하는 것이 아닙니다. 자녀들이 아무리 유명해져도 수산나 자신이 예수 그리스도와 자신이 하나 되는, 그리고 자신 안에 있는 예수 그리스도와 더불어서 자신의 삶에서 작은 예수가 되어 사는 삶의 비밀을 몰랐다면, 그저 요한 웨슬리의 어머니 정도 외에는 그녀에게 붙여질 칭호는 없었을 것입니다.

하나님의 영으로 충만할 때 가능하다

구약 출애굽기에 브살렐이라는 사람이 나옵니다. 브살렐은 회막의 기구를 만들었던 사람입니다. 출애굽기 31장을 보면, 하나님이 모세에게 명하여 브살렐에게 일을 맡기는 장면이 나옵니다.

> 여호와께서 모세에게 말씀하여 이르시되 내가 유다 지파 훌의
> 손자요 우리의 아들인 브살렐을 지명하여 부르고 하나님의 영
> 을 그에게 충만하게 하여 지혜와 총명과 지식과 여러 가지 재주
> 로 정교한 일을 연구하여 금과 은과 놋으로 만들게 하며 보석을
> 깎아 물리며 여러 가지 기술로 나무를 새겨 만들게 하리라
>
> 출 31:1-5

물론 브살렐 혼자서 이 모든 것을 만들지는 않았습니다. 하나님은 조수 오홀리압을 세워서 브살렐을 돕게 하셨습니다. 오늘날 우리 식으로 말하면 브살렐은 기능공입니다. 그가 자신의 기술을 매우 탁월하게 표현해낼 수 있었다는 전제하에 좀 더 격조 있게 표현한다면 예술가라고 부를 수도 있을 것입니다. 어쨌든 브살렐의 하는 일은 자신의 기술을 가지고 회막에 필요한 기구를 만드는 일이었습니다.

하나님께서 회막의 설계도를 주시기는 했지만, 브살렐은 자신의 모든 창의력을 발휘하여 최선을 다해 눈에 보이지 않는 하나님이 회막과 회막의 기구들을 통해 사람들 눈앞에 드러나도록 해야 했습니다. 그는 그 일을 위해서 자신의 기술을 총동원해야 했습니다.

그러나 그 일은 단순히 기술만을 필요로 하는 일이 아니었습니다.

하나님께서는 브살렐에게 하나님의 영(靈)으로 충만하게 하셨습니다. 사실 하나님의 영으로 충만했다는 말은 그 시절 기술자에게는 좀처럼 어울리지 않는 말이었습니다. 제사장이나 서기관, 왕이나 국가 지도자들을 세울 때 하나님의 영이 임했다는 경우는 종종 있어도 기능공이나 농사꾼과 같은 사람들에게는 잘 쓰지 않던 말입니다.

그러나 브살렐의 경우에서 볼 수 있는 것처럼, 하나님의 사람이라면 누구든지 하나님의 영으로 충만해야 합니다. 우리가 노동을 하든지, 농사를 짓든지, 기술을 사용하는 기능공이든지, 아니면 제사장이든지 상관없이 모든 그리스도인은 자신이 하고 있는 그 일을 통해 눈에 보이지 않는 하나님을 나타내야 하기 때문입니다. 하나님께서 말씀하시는 하나님나라에 속한 가치들이 나의 직업을 통해, 내가 하고 있는 일들을 통해, 내가 살고 있는 공간에서 드러나게 하는 것이 우리에게 주어진 성육신의 사명이기 때문입니다.

배형규 목사의 성육신의 삶

샘물교회에서 사역했던 고(故) 배형규 목사 역시 이런 성육신의 영성을 가지고 살다 간 사람이었습니다. 배형규 목사는 아프가니스탄으로 청년들과 함께 단기 사역을 나갔다가 2007년 7월 25일, 43세의 젊은 나이로 순교의 피를 흘리며 세상을 떠났습니다.

성육신의 영성의 클라이맥스는 요한일서 3장 16절 말씀에서 볼 수 있습니다. 이 말씀은 배형규 목사가 아프가니스탄으로 나가기 전에 교회 청년 중 한 명에게 남겨놓은 말씀이기도 합니다.

> 그가 우리를 위하여 목숨을 버리셨으니 우리가 이로써 사랑을
> 알고 우리도 형제들을 위하여 목숨을 버리는 것이 마땅하니라
>
> 요일 3:16

우리는 나를 위해 죽으신 예수 그리스도를 통해 비로소 하나님의 사랑을 알게 되었습니다. 아무런 가치도 없고 보잘것없는 나를 위해 하나님의 아들 예수 그리스도의 생명의 값을 기꺼이 치르신 하나님 아버지의 그 큰 사랑을 깨달은 사람이라면 자신의 생명을 형제를 위해 내어주는 것이 마땅하다고 고백할 수밖에 없을 것입니다. 그리고 그렇게 고백할 뿐 아니라 실제로 행동할 것입니다. 이것이 바로 성육신의 영성의 클라이맥스입니다.

거룩한 주님이 죄로 가득한 나에게 오셔서 거하심으로 나를 성전 삼으셨습니다. 우리는 그 주님과 하나 되어 주님과 함께 일하는 것입니다. 그리하여 나를 통하여 보이지 않는 주님이 세상에 드러나게 되는 것, 그것이 주님이 우리에게 원하시는 성육신의 길인 것입니다.

배형규 목사는 바로 그 길을 걷고자 했습니다. 그는 저와 17년 동안 동역해왔습니다. 그가 한양대학교 학생이던 시절 처음 만나서 교회를 개척하고 성장해가는 동안 오랜 세월 함께했던 소중한 후배이자 동역자였습니다. 그가 교회를 위해, 하나님나라를 위해 얼마나 헌신적으

로 수고하고 노력했는지는 그와 함께했던 모든 성도들이 증인입니다.

그와 함께 개척해서 함께 사역했던 샘물교회에는 그의 목회철학이 깊이 배어 있습니다. 샘물교회가 지금과 같은 가정교회의 구조를 갖게 된 것도 그의 제안에서 시작되었습니다. 그런 그가 아프가니스탄 단기선교팀을 인솔하던 중 순교의 피를 흘렸을 때, 세상은 그를 향해 손가락질을 망설이지 않았습니다. 수많은 오해와 악의 섞인 왜곡으로 인해 그를 보낸 슬픔 속에서도 저는 마음껏 슬퍼할 수조차 없이 가슴 답답한 시간을 보내야 했습니다.

아프가니스탄에서 흘린 순교의 피

사실, 아프가니스탄에 단기선교팀을 보내야 하나 말아야 하나 교회 차원과 개인 차원에서 고민이 참 많았습니다. 만약 이미 나가 있던 사역자들로부터 "위험하니 오지 않는 것이 좋겠다"는 의견을 들었다면 보내지 않았을 것입니다. 그러나 위험한 선교 활동이 아닌 순수한 봉사를 중심으로 안전하게 활동할 수 있으니 함께할 수 있는 팀을 꼭 보내주었으면 좋겠다는 그들의 요청에 저는 약간의 망설임 끝에 과감히 결정했던 것입니다.

언론을 통해 얼마나 많은 거짓 정보들이 떠돌았는지 모릅니다. 정부에서 몇 번이나 가지 말라고 하며 여권까지 빼앗았다는 이야기, 교회 측에서 여권 뺏으면 고소하겠다고 으름장을 놓았다는 이야기, 정부에서 전세기까지 보내주며 위험하니 돌아오라고 사정했다는 이야기 등, 어느 것 하나 사실인 이야기가 없는데도 언론을 통해 이 모든 것이 진실인 양 퍼져 나갔습니다. "너희들이 우겨서 위험한 곳에 들어갔으니 그곳에서 아예 죽어야 한다"는 말을 들을 때는 정말 억장이 무너지는 것 같았습니다.

2007년 한 해에만 주한 아프가니스탄 대사관에서는 200여 건이 넘는 아프가니스탄 방문 비자 발급을 해주었습니다. 그중 한 곳이 샘물교회였습니다. 아무도 들어가지 않는 위험한 곳에 샘물교회만 유별나고 광신적이어서 독단적으로 들어간 것이 아니라는 말입니다. 그리고 정부에서 마련한 '여행 위험 지역인 아프가니스탄 여행 시 주의해야 할 지침'을 정리한 가이드에 따라 정확하게 이동했습니다. 아프가니스탄에 들어갈 때 파키스탄에서 남쪽 칸다하르 쪽으로 들어가는 것은 위험하기 때문에 그 국경은 육로로 넘지 말라고 합니다.

아프가니스탄을 아는 사람이라면 그곳이 위험하다는 것을 다 알고 있습니다. 그래서 당시 샘물교회 팀은 그 지침에 따라서 카불(Kabol)로 비행기를 통해 들어간 것입니다. 그리고 세 명의 사역자가 일하고 있는 북쪽의 미자리샤리프에 갔다가 그곳의 자매사역자들과 함께 칸다하르로 내려가는 중에 탈레반을 만난 것입니다.

이런 이야기는 어디에서도 속 시원히 할 수 없는 이야기였습니다. 그러나 이런 이야기를 하는 것은 단기선교팀을 인솔했던 배형규 목사나 저 자신을 옹호하기 위함이 아닙니다. 다만, 세간에 알려진 것처럼 너무 무모하게 공격적으로 선교하다가 이런 일이 생긴 것이 아니라는 것만은 말하고 싶었습니다.

왜 많은 개인과 단체가 그곳에 드나들었는데, 하필 우리 교회 지체들이 탈레반의 손에 잡히게 되었는지 하나님이 무척 원망스러웠습니다. 그리고 온 교회 성도들과 함께 단기선교팀 지체들의 생명을 지켜달라고 금식하며 철야하며 그토록 기도했는데, 왜 결국 순교의 피를 흘려야 했는지 이해할 수도 이해하고 싶지도 않았습니다.

배형규 목사는 자신의 몸을 던져 다른 사람을 살리려고 했던 것 같습니다. 아마도 자신이 아닌 다른 사람이 희생되었더라면 배 목사는 자신도 살아 돌아오려고 하지 않았을 것입니다. 스스로 총에 맞는 한이 있더라도 탈레반에 달려들었을 것입니다. 그만큼 충직하고 의로운 하나님의 사람이었습니다. 하나님께서는 그런 그의 생명을 그의 마흔 두 번째 생일날 거두어가셨습니다.

아무리 힘겨워도 가야 하는 그 길

하나님께서는 배형규 목사의 생명을 거두어가셨을 때 저와 성도들에게 성육신하신 예수 그리스도의 모습에 주목하게 하셨습니다. 그리고 예수 그리스도가 걸어가셨던 그 길, 배 목사가 좇아갔던 그 길을 우리 역시 걸어가기를 원하셨습니다. 성육신의 영성을 가지고 작은 예수의 삶을 살아가는 십자가의 길 말입니다.

그런데 하나님이 원하시는 그 길을 얼마나 마음에 깊이 품고 살아왔는지 돌이켜 생각해보면 부끄럽지 않을 수 없습니다. 그리스도를 믿는 우리조차 배형규 목사를 비롯한 지체들의 순교의 피와 고통을 너무 가볍게 여긴 것은 아닌지, 그저 본인의 의사로 나간 선교지에서 자신이 부주의하여 당한 고통이라고 생각한 것은 아닌지 돌아보지 않을 수 없습니다. 그러나 이것은 그렇게 가벼운 문제가 아닙니다. 주님의 부르심으로 주께서 하고자 하시는 일을 주님과 연합한 우리가 행하는 것, 그것이 아무리 힘들고 어려운 일이라도 기꺼이 감당하는 것이 우리가 반드시 가야 할 성육신의 영성의 길이기 때문입니다.

먼저 하늘나라로 간 배형규 목사의 죽음과 고통이 이 땅에 남아 있는 저 자신을 여전히 부끄럽게 합니다. 주님이 가신 그 길을 제대로 따라가지 못하고 있는 나의 모습을 돌아보게 하며 겸손하게 합니다. 우리 모두 우리 자신의 모습을 돌아보아야 합니다. 그리고 하나님 앞에 겸손하게 질문해야 합니다.

'과연 나는 이 땅에서 어떤 삶을 살아야 하는가? 우리는 이 땅에서 어떤 삶을 살다가 천국으로 간 형제들을 만나게 될 것인가?'

우리는 평생 이 질문을 짊어지고 가야 합니다. 하나님께서는 어쩌면 이 같은 성육신의 영성을 우리에게 가르치기 위하여 '순교의 피'라는 값비싼 대가를 치르게 하셨는지 모릅니다.

가장 큰 선물을 받으셨단다!

배형규 목사가 죽고 나서 배 목사의 사모님은 아빠의 죽음을 아직 어린 딸에게 어떻게 설명해야 할지 몰라 며칠을 망설였다고 합니다.

며칠 만에 드디어 딸에게 아빠의 죽음에 대해 설명해주었는데, 이렇게 말했다고 합니다.

"아빠가 아빠 생일날 가장 큰 선물을 받고 떠나셨단다."

남편을 잃은 아내의 입에서 도저히 나오기 힘든 고백을 그 사모님이 하셨습니다. 하나님이 사모님의 입에 그 귀한 고백을 친히 넣어주신 것이 틀림없습니다.

저는 배형규 목사의 죽음 앞에서 도저히 하나님께 감사할 수 없었습니다. 그 소식을 처음 듣던 날 밤, 하나님이 얼마나 원망스러웠는지 모릅니다. 저는 아직도 하나님 앞에 그 일로 인하여 감사하다는 고백이 선뜻 나오지 않습니다. 배 목사가 세상을 떠난 후 처음으로 그의 부모님을 만났을 때, 저는 죄인처럼 고개를 푹 숙이고 "죄송합니다. 정말 죄송합니다"라는 말밖에 할 수 없었습니다. 그랬더니 그 부모님이 제 손을 잡고 이렇게 말씀하셨습니다.

"목사님, 하나님께서 이런 영광스러운 일을 주셨는데 그렇게 말씀하지 마십시오."

저는 그 말을 들으면서 또 한 번 가슴이 무너지는 것을 느꼈습니다. 그러면서도 어떻게 저 큰 슬픔을 이기고 하나님이 우리에게 원하시는 마음 그대로를 고백할 수 있을까 놀라웠습니다. 목사인 저조차 머리와 이론으로만 알고 이해할 뿐, 마음으로는 도저히 원망과 슬픔을 넘어서서 진정한 고백으로 나오지 않는데 말입니다. 그런데 어떻게 저보다 훨씬 더 큰 고통과 슬픔을 겪고 있을 배우자와 가족들의 입에서 그런 고백이 나올 수 있는가 놀라지 않을 수 없었습니다.

하나님이 그 분들을 붙들고 계신 것을 느낄 수 있었습니다. 그 분들이 하나님 앞에 붙들려 있는 것을 볼 수 있었습니다. 배형규 목사와 함께 피랍되어 있던 지체 중 한 명의 부모가 당시 예배에 참석하여 저를 붙들고 눈물을 흘리며 이런 이야기했습니다.

"공항에서 배 목사님과 악수한 게 처음이자 마지막이 되었습니다. 목사님, 저는 제 딸만 살아 돌아오기를 원하지 않습니다. 돌아오면 제 딸이고 돌아오지 않으면 하나님 앞에 바친 것으로 생각하겠습니다."

딸이 머나먼 이국땅에서 탈레반의 손에 붙잡혀 있는 현실이 얼마나 견디기 힘들었는지, 예배에 참석하는 중에도 그 분의 몸에서는 술 냄새가 나고 있었습니다. 그럼에도 불구하고 그 입술에서는 놀라운 믿음의 고백이 선포되고 있었습니다. 눈물을 철철 흘리며 자신의 딸이 돌아오지 않으면 하나님께 바친 것으로 생각하겠다는 그 고백을 들으면서 저는 저 자신을 다시 한 번 자책할 수밖에 없었습니다.

'목사인 나는 아직 그런 고백은커녕 하나님에 대한 원망 때문에 몸부림치고 있는데, 어떻게 가장 큰 고통 가운데 있을 부모들이 먼저 이런 고백을 하는가?'

평강이 있으리라!

누가복음 1장은 하나님께는 불가능한 일이 없다고 말합니다. 하나님께서는 그 능력이 부족하셔서 순교의 피를 흘리게 하신 것이 아닙니다. 하나님이 왜 이런 고통을 허락하셨는지 그 이유는 두고두고 찾아가야 할 것입니다. 다만, 우리는 예수 그리스도께서 이 땅에 오셔서 '성육신의 영성'을 몸소 보이신 것처럼 그 길을 따라 가야 한다는 사실을 마음에 품어야 합니다. 그 어머니 마리아가 뒤따라갔고, 기독교 역사의 수많은 믿음의 선배들이 따라갔으며, 배형규 목사가 뒤따라갔던 바로 그 길 말입니다. 바로 그 길을 우리도 따라가야 합니다.

성육신의 영성을 마음에 품고 그 길을 가는 사람들에게 하나님께서 평강을 약속하셨습니다. 그 평강의 모습을 저는 배형규 목사의 가족들에게서, 피랍된 지체들의 가족들에게서 보았습니다. 하나님이 약속하신 그 평강은 문제와 슬픔과 고난이 없는 평강이 아닙니다. 평강은 문제와 슬픔과 고난을 뛰어넘는 평강입니다. 그렇기 때문에 우리의 인생길에 어떤 고난과 슬픔이 있어도 평강을 고백할 수 있는 것입니다. 그런 평강을 하나님께서 약속하셨습니다.

아프가니스탄은 사막과 같은 땅입니다. 그 척박한 땅이 강대국에 의해 짓밟혀 이리 휩쓸리고 저리 휩쓸리면서 더욱 황폐해졌습니다. 그 땅에서 수많은 백성들이 고통에 신음하며 고단한 삶을 살아가고 있습니다. 우리는 그 땅을 위해 기도해야 합니다. 우리를 끔찍한 고통 가운데 몰아넣었던 땅이지만, 생각만 해도 몸서리쳐지는 탈레반이 장악한 땅이지만 우리는 그 땅에 흘려진 피를 기억해야 합니다. 어둠 가운데 묶여 있는 그 땅의 영혼들을 돌아보아야 합니다.

그들을 섬기기 위해 우리의 형제자매들이 나아갔습니다. 그들의 목적은 단지 십자가 하나 더 꽂아 영토 확장을 하려는 데 있었던 것이 아닙니다. 그 척박한 땅에서 고통으로 신음하는 영혼들을 진정으로 보듬고 섬기기 위한 발걸음이었습니다. 성육신하신 예수님의 발자취를 좇아 나아간 발걸음이었습니다.

주님은 약속하셨습니다. 이런 소망을 품고 가는 사람, 성육신의 영성을 자신의 꿈으로 품고 그 길을 가는 사람들 앞에서 사막 같은 황량한 들판도 아름다운 꽃밭으로 바뀔 것이라고 약속하셨습니다. 하나님께서는 이런 꿈을 품고 가는 사람들을 통해서 자신의 모습을 나타내실 것이라고, 눈에 보이지 않는 하나님의 영광이 바로 이런 영성을 품고 가는 사람들을 통해 드러날 것이라고 약속하셨습니다.

하나님께서는 하나님의 방법으로, 우리가 상상하지 못할 놀라운 방식으로 우리의 시선을 아프가니스탄 땅에 집중시키셨습니다. 그리고 그 땅을 섬겼던 이들의 섬김과 봉사의 손길을 하나씩 드러내고 계십니다. 그것이 감동의 물결이 되어 퍼져 나가고 있습니다. 정말 놀라운 일이 아닐 수 없습니다.

하나님께서는 분명히 아름다운 열매를 거두실 것입니다. 우리 앞에 아무리 큰 고통이 놓여 있더라도, 비록 사람의 눈으로 절대 이해할 수 없을 것 같은 상황이 펼쳐져 있을지라도 하나님께서는 그 고통을 통해 놀라운 열매를 거두실 것이며 우리에게 약속하신 참된 평강을 주실 것입니다. 하나님나라의 영광을 드러낼 것입니다.

5 사회정의,
희생에서 꽃피는 진정한 사랑

두 번째 희생자

고(故) 배형규 목사가 아프가니스탄에서 순교의 피를 흘린 지 5일 만에 함께 갔던 심성민 군이 목숨을 잃었습니다. 29살 꽃다운 나이로 아프가니스탄의 두 번째 희생자가 되고 말았습니다.

심성민 군의 고모님 한 분이 시각장애인이라고 합니다. 그는 어릴 때부터 그 고모님과 함께 지내면서 힘들고 어려워하는 사람들을 보면 남다르게 마음이 쓰였다고 합니다. 어린 시절 교회에 다니기는 했지만 유교적인 가정 분위기 탓에 10여 년을 교회를 떠나 지내다가 청년이 되어 다시 전도를 받고 교회에 출석하게 되었습니다.

하나님 앞에 새로운 신앙을 갖게 된 성민 군은 학군사관(ROTC) 장교로 예편하고 봉사의 꿈, 섬김의 꿈, 사랑의 꿈을 가지고 그리스도인으로서 자신의 생(生)을 하나님 앞에 드릴 것을 결단한 아프가니스탄 봉사에 참여하게 된 것입니다.

믿음이 없던 심성민 군의 부모님은 아들이 아프가니스탄에 갔다는 사실조차 모르고 계셨습니다. 어쩌면 아들이 신앙생활을 다시 하고 있었다는 사실도 몰랐을지 모릅니다. 그래서 아프가니스탄 피랍 사건이 터졌을 때도 자기 아들이 그 속에 포함되어 있을 줄은 꿈에도 생각 못한 것입니다. 그런데 피랍자 명단 안에 들어 있는 아들의 이름을 보고 얼마나 놀랐겠습니까? 처음에는 교회에 와서 분노를 터뜨리고 고함을 지르며 울분을 참지 못하셨습니다. 그 안타까운 모습을 보면서 저는 또 한 번 하나님이 원망스러웠습니다.

심성민 군을 잘 아는 한 형제는 이런 말을 했습니다.

"성민이는 의협심이 강해서 어쩌면 다른 사람을 보호하기 위해 자신이 나섰는지도 모릅니다. 그는 그런 성품의 사람입니다."

우리 주님은 성경 전체의 가르침을 간단하게 두 마디로 정리하셨습니다. 바로 "하나님을 사랑하고, 이웃을 사랑하라"는 것입니다(마 22:37-39). 마음을 다하고 목숨을 다하고 뜻을 다하여 하나님을 사랑하고, 이웃을 사랑하되 자신의 몸을 아끼는 것처럼 사랑하라는 것이 예수님의 가르침입니다. '사회정의의 영성'이야말로 "네 이웃을 네 몸과 같이 사랑하라"는 가르침에 근거하는 것입니다.

네 이웃을 네 몸과 같이 사랑하라

우리는 이웃을 어떤 시선으로 바라봅니까? 사업을 하는 분들은 영업의 대상으로 볼 것입니다. 내게 도움을 주고 성격이 잘 맞는 사람이 이웃이라면 사랑스런 존재로 느껴질 것이고, 반대로 이웃에 시끄럽고 유별난 사람이 살고 있다면 보기 싫은 존재로 생각하고 있을 것입니다.

그러나 우리가 이웃을 바라볼 때 나의 이익을 꾀하는 대상이나 내기분 여하에 따라 사랑스럽게도 혹은 보기 싫은 존재로 바라보는 것이 아니라, 언제라도 내 몸처럼 아끼고 사랑해야 하는 존재로 바라보라는 것이 예수님의 가르침입니다. 예수님이 가르치시는 이 마음이 바로 모든 그리스도인이 가져야 하는 '사회정의의 영성'이라 할 수 있습니다. 다시 말해서, '사회정의의 영성'은 우리가 주님의 이런 마음을 품고 이웃과 더불어 이 세상을 살만한 세상, 서로 사랑하고 섬기는 세상, 의로운 세상으로 만들어가고자 하는 꿈을 품는 것을 말합니다.

지금 이 순간에도 예수님의 마음을 품고 세상을 섬기기 위해 '사회정의 영성의 길'로 꿋꿋이 걸어가고 있는 사람들이 세계 곳곳에 정말많이 있습니다. 열악하고 고된 오지에서 원주민들을 섬기기 위해 자신의 모든 삶을 드려 헌신하는 사람들, 사회의 소외된 계층을 돕기 위해물심양면 수고하고 애쓰는 사람들이 바로 그런 사람들입니다. 우리의형제였고 이웃이었던 아프가니스탄에서 자신의 목숨을 버린 배형규목사와 심성민 군, 그들과 함께했던 팀원들 역시 그런 자들입니다.

사마리아 사람과 더불어 사는 세상

누가복음 10장에 보면 '이웃 사랑'에 대한 매우 중요한 가르침이 담겨 있습니다. 우리가 잘 알고 있는 '선한 사마리아 사람'의 이야기입니다. 성경에서 가장 유명한 비유 중에 하나인 이 이야기는 우리가 결코 잊어서는 안 될 중요한 가르침을 담고 있습니다.

당시 유대 사회에서 사마라아 사람들은 사람 취급도 받지 못했습니다. 사마리아는 북쪽의 갈릴리, 남쪽의 유다 중간에 위치한 지역이었는데, 그곳에는 주로 혼혈 민족이 살고 있었습니다. 본래는 유대인이었지만 외국인들과 결혼하여 자녀를 낳은, 그래서 유대교 전통과 종교와 습관을 가진 동시에 상당 부분 변질된 문화를 가지고 있는 자들이 모여 살던 지역이었습니다.

그래서 정통 유대인들이 볼 때 사마리아 사람들은 민족의 배신자이자 하나님을 팔아먹은 자들이요, 개와 같은 자들이요, 아예 상종도 하지 말아야 할 사람들이었습니다. 그런데 예수님의 비유 속에 그 사마리아 사람이 어떻게 등장합니까?

한 유대인이 예루살렘에 제사를 지내러 왔다가 돌아가는 길에 강도를 만납니다. 피를 흘리며 쓰러져 있는데 유대인들이 하늘같이 생각하는 제사장이 그 모습을 보고 그냥 지나가버립니다. 하나님의 대리인으로서 하나님을 섬기는 제사장이 그냥 지나쳐버린 것입니다. 예배를 섬기는 레위인도 그냥 지나가버립니다. 그런데 평소 벌레처럼 생각했던 사마리아 사람이 나타나서 그냥 지나치지 않고 자신의 돈과 수고를 들여 피 흘리며 쓰러져 있는 그 유대인을 돕습니다.

사실, 강도 만나 길에서 피 흘리며 쓰러져 있는 사람을 수습하는 것은 상당히 번거롭고 귀찮은 일입니다. 자신의 손과 몸에 피를 묻혀야 하고, 그 사람이 쉴 만한 곳으로 옮겨야 하고, 돈과 시간을 들여 그 사람을 돌봐야 하기 때문입니다. 그 번거로운 일을 해낸 사람이 하나님의 일을 하는 제사장도 아니고, 레위인도 아니고, 벌레만도 못한 사마리아 사람이라고 주님이 말씀하신 것입니다.

이 이야기는 단순히 이웃 사랑을 가르치는 비유가 아닙니다. 거기서 더 나아가 이웃 사랑을 통해 사마리아인과 유대인이 더불어 살아가는 세상을 만들어야 한다는 것입니다.

아마도 많은 유대인들이 예수님의 이 비유를 듣고 상당히 기분 나빠했을 것입니다. '유대인이 피 흘리며 쓰러져 있는데 왜 하필 사마리아 사람이 구해준다는 거야? 저 이야기는 현실성이 전혀 없어!' 라고 하며 예수님의 설교를 비판했을지도 모릅니다. 민족적 자부심이 대단한 유대인일수록 그렇게 생각했을 것입니다.

그러나 주님은 그 비유를 통해 우리가 어떤 마음과 어떤 영성을 가지고 살아가야 하는지, 또 어떤 세상을 꿈꿔야 하는지 가르쳐주고 계십니다. 그리고 그것은 2천 년 전 그 시대에만 해당되는 가르침이 아니라 바로 오늘날 우리에게도 해당되는 가르침입니다.

여전히 유효한 요구

오늘날 우리 역시 예수님으로부터 동일한 요구를 받고 있습니다. 우리는 이 말씀을 어떻게 적용할 수 있습니까? 가장 단적인 예로 우리가 탈레반을 어떻게 받아들여야 하는지에 적용할 수 있습니다. 그들은 우리의 귀한 형제를 두 명이나 죽였습니다. 생각만 해도 분노가 치밀고 저주를 퍼붓고 싶은 자들입니다. 그러나 하나님께서는 그렇게 말씀하지 않으십니다. 그들과 더불어 살아갈 수 있는 세상을 꿈꿔야 한다고 요구하십니다. 그 마음을 품고 주 예수 그리스도의 길을 따라가는 것이 주님이 가르치시는 사회정의의 영성이요, 이웃 사랑의 영성입니다.

당시 아프가니스탄에 나갔던 단기선교팀의 남자들은 모두 수염을 길렀습니다. 어느 기자가 팀원들의 사진을 보고 그 이유를 묻기도 했습니다. 배형규 목사는 본래 수염이 빨리 자라는 편이 아니어서 수염이 거의 없어 보이지만 그 역시 최선을 다해 수염을 길러서 나갔습니다. 그 이유가 무엇입니까? 다른 이유가 아닙니다. 아프가니스탄 남자들이 다 수염을 기르기 때문입니다. 그들과 친구가 되기 위해서, 그래서 이왕이면 그들과 비슷한 모습으로 나아가기 위해 남자들이 모두 수염을 기른 것입니다.

여자들도 마찬가지로 그곳 풍습에 맞추어 얼굴을 가릴 수 있는 스카프를 준비해서 나갔습니다. 한국에서 구할 수 있는 것은 최대한 구하고, 한국에서 준비하기 어려운 것은 카불에서 구하기로 하고 몇 달에 걸쳐서 그들과 친구가 될 수 있는 여러 가지 방법을 공부하고 연습했습니다.

한 마디라도 더 그들의 말로 대화를 나누기 위해 아랍 말을 열심히 배우기도 했습니다. 더듬더듬 하더라도 그들의 말로 인사를 해주면 그들이 얼마나 좋아하는지 모릅니다. 자기들이 만들어준 전통 음식을 맛있게 먹어주면 얼마나 기뻐하는지 모릅니다. 그렇기 때문에 짧은 기간 그 나라에 머무는 것이었지만, 그들의 문화를 받아들이며 그들의 모습으로 그들의 말로 지내기 위해 정말 많은 준비를 했습니다.

당시 어떤 기사에는 우리 팀원들이 칸다하르로 내려가는 도중, 피랍되기 전에 탈레반에 영향을 주는 한 지역의 시장에서 민소매 옷을 입고 돌아다녔다고 하는데, 그 사람은 절대 우리 팀원이 아닙니다. 몇 달 동안 그들의 문화를 익히기 위해 얼마나 열심히 노력하고 꼼꼼하게 준비하며 기도해왔는데, 그런 행동을 했겠습니까? 담임목사인 제가 옆에서 볼 때 '뭘 저렇게까지 준비하나?' 싶을 정도였는데 말입니다. 그 정도 준비를 한 팀이라면 민소매 입은 여성이 그 사회 사람들의 마음을 얼마나 불쾌하게 할지 잘 알고 있었을 것입니다.

예수님은 이 땅에 오실 때 우리와 같은 모습으로 오셨습니다. 우리는 그 사실을 기억해야 합니다. 예수님이 보여주신 모범을 기억하며 우리 역시 우리가 나아가야 할 땅의 사람들과 같은 모습으로, 그들의 문화로, 그들의 말로 나아가야 하는 것입니다.

목적은 사랑이다

많은 사람들이 선교 활동을 두고 이렇게 비판하기도 합니다.

"그들과 친구가 되고 싶어서 아무리 많은 노력을 한들, 결국 목적은 그들이 예수 믿게 하려는 것 아니냐? 예수 믿으면 천국, 안 믿으면 지옥이라는 흑백논리가 너희들의 논리 아니냐?"

맞습니다. 바로 그것이 지금까지 우리 한국교회가 보여 왔던 부족한 모습 중의 하나입니다. 그렇기 때문에 우리 그리스도인들은 더욱 겸손히 예수님의 가르침을 기억해야 합니다. 예수님은 우리에게 어떤 마음과 자세로 이웃을 향해 나아가라고 가르치셨습니까? 예수님을 믿지 않으면 지옥 간다고 저주하라고 가르치셨습니까? 아닙니다. 오히려 그 같은 태도를 보였던 유대인들을 향해 신랄하게 비판하셨습니다. 유대인들은 이방인들과 사마리아 사람들을 향해 "하나님도 모르는 저 돼지 같은 것들"이라고 손가락질하고 정죄했습니다. 예수님은 그 태도가 잘못되었다고 분명히 지적하셨습니다.

그런데 안타깝게도 우리 한국교회가 그동안 세상을 향해 이런 태도를 보여 왔습니다. "예수 안 믿으면 지옥행"이라고 저주하고 선포하는 모습은 주님이 가르치신 모습이 아닙니다. 주님의 가르침을 혼동한 일부 그리스도인들의 열성 때문에 교회 전체가 흑백논리를 주장하는 편협하고 옹졸한 사람들로 비춰지고 있는 것입니다. 그것은 전술의 문제가 아니라 세상을 향한 우리의 기본적인 마음의 문제입니다.

일부 교회와 목회자들은 "봉사는 결국 전도로 이어져야 하고, 전도의 열매 없는 봉사는 아무 의미 없다"라고 말하거나, 심지어 "교회가 왜 구제를 해야 하는가? 교회는 영혼을 구원하는 곳이지 구제기관이 아니다"라고까지 말하는 경우도 있습니다. 그러나 이것은 예수님의 마음을 제대로 헤아리지 못한 생각입니다. 우리가 이웃을 섬기고 사랑하는 것, 그 자체가 주님의 길을 뒤따르는 우리의 삶의 고백이자 목적이 되어야 하기 때문입니다.

솔직히 말해서 우리가 도움의 손길을 베풀어준 그 사람이 예수님을 받아들이느냐 그렇지 않느냐는 우리에게 속한 문제가 아닙니다. 이 말은 우리가 그 사람의 구원에 대해 전혀 상관하지 말아야 한다는 뜻이 아닙니다. 다만 그것이 지나쳐 "우리가 이렇게 열심히 했는데 그 사람이 예수님을 믿지 않으면 헛수고야"라고 생각해서는 안 된다는 것입니다. 구원의 문제는 전적으로 하나님께 속한 문제입니다.

설령 그 사람이 당장 예수님을 믿지 않는다 해도 우리는 그 사람을 사랑의 마음으로 잘 섬기는 것만으로 우리 삶의 목표를 이루는 것입니다. 사랑이 목적이기 때문입니다. 영혼을 구원시켜야 한다는 강박관념 때문에 오히려 진정한 복음의 정신을 훼손하고 있었던 것은 아닌지, 우리 자신을 냉철하게 돌아봐야 합니다.

평범했던 아모스를 세우신 하나님

지금으로부터 약 2600여 년 전, 하나님께서 아모스 선지자를 세우셔서 이스라엘 사회에 큰 파문을 일으키셨습니다. 당시 이스라엘 사회는 많은 문제를 안고 있었습니다. 자신들이 선택된 백성이라는 선민의식이 지나쳐 교만과 배타주의로 변질되어버렸습니다. 하나님이 택하신 백성인 자신들은 늘 성전에 나아가 예배드리고 찬양하고 제사를 드리니 당연히 하나님의 축복이 있을 것이라고 생각하며 열심히 종교 활동을 하고 있었지만, 그 마음은 교만과 더러운 것들로 가득했던 것입니다. 그 사회를 향해 하나님께서는 아모스의 입을 통해 무서운 심판의 말씀을 주셨습니다.

여기서 우리가 한 가지 생각해볼 것이 있습니다. 하나님의 대언자로 부름 받은 아모스가 예루살렘의 남쪽 지방 드고아라는 곳에서 뽕나무를 치고 양을 키우던 평범한 농사꾼이었다는 사실입니다. 그런 그에게 어느 날 갑자기 하나님의 말씀이 임합니다. 하나님이 촌사람 아모스를 향해 하나님의 말씀을 주시며 그 말씀을 가지고 나아가 가르치고 선포하라고 하시는데, 어디로 가라고 하십니까? 벧엘, 길갈, 사마리아 등 세련되고 번화한 도시로 가서 하나님의 말씀을 전하라고 하십니다. 아마도 아모스는 하나님의 명령을 듣고 고민했을 것입니다.

'나는 신학을 공부한 적도 없고 제대로 훈련받아본 적도 없는 그저 평범하게 농사나 지으며 살던 사람인데, 어떻게 내가 저 큰 도시로 나가서 하나님의 말씀을 전할 수 있을까?'

이런 생각을 하지 않았겠습니까? 그러나 하나님께서는 그런 그를 일으켜 세우셨습니다. 그리고 파송하셨습니다.

모든 사람에게 주신 하나님의 사명

여기에는 매우 중요한 의미가 담겨 있습니다. 바로 예수를 주(主)로 고백하는 모든 사람은 하나님의 말씀을 가지고 살아야 한다는 것, 또 그 말씀을 가지고 세상을 향해 나아가야 한다는 것입니다. 그것이 우리가 따라야 할 십자가의 길입니다. 당신도 예외가 아닙니다. 특별한 사람만 하나님의 말씀을 가지고 세상을 향해 나아가는 것이 아닙니다. 예수님을 주로 믿는 우리 모두에게 그 사명이 주어졌습니다.

하나님의 마음을 품고 아프가니스탄으로 나아갔던 지체들을 한번 생각해보십시오. 탈레반의 손에 피랍되어 있다가 순교한 두 명의 형제나 다른 19명의 지체들은 결코 영웅이 아닙니다. 그저 순결하고 순수한 마음으로 주님을 열심히 사랑했던 자들입니다. 직장에서, 학교에서, 가정에서 어떻게 하면 주님의 말씀대로 살 수 있을까를 고민하며 소박한 믿음의 꿈을 꾸던 평범한 자들이었습니다. 그런 그들을 하나님께서 부르셨습니다.

하나님께서는 그리스도인이라면 마땅히 품어야 할 마음을 품고 조용하고 소박하게 살아가던 배형규 목사와 심성민 군을 먼저 하늘로 부르시면서, 조금 과장하여 표현하자면 전 세계 교회가 그들을 주목하게 하셨습니다. 그 길이 모든 그리스도인이 걸어가야 할 길이기 때문입니다. 어렵고 고통 받는 자들을 섬기기 위하여 자신의 삶을 주님께 내어드렸던 그 마음을 하나님은 모든 사람에게 전하고 싶으셨던 것 같습니다. 그리고 그 일을 위하여 하나님은 영웅들이 아닌 평범한 자들을 택하셨습니다. 2600여 년 전 아모스를 세우셨던 것처럼 말입니다. 하나님의 사명을 받은 아모스는 이렇게 고백합니다.

사자가 부르짖은즉 누가 두려워하지 아니하겠느냐 주 여호와께서 말씀하신즉 누가 예언하지 아니하겠느냐 암 3:8

아모스는 지금 자기같이 평범한 사람이 대도시로 나아가 하나님의 말씀을 전해야 한다는 두려운 마음을 여전히 가지고 있으면서도 "주 여호와께서 내게 말씀하시는데 누가 그 말씀을 전하지 않겠느냐"라고 고백하고 있습니다. 그 마음으로 하나님의 명령 앞에 순종으로 나아가고 있는 것입니다. 이 말씀을 오늘날 우리에게 적용해보면, 주 여호와께서 우리에게 "네 이웃을 네 자신같이 사랑하라"(마 22:39)고 명령하시는데, 우리가 어떻게 그 말씀을 붙들고 살아가지 않을 수 있겠는가 그 말입니다.

하나님의 마음을 외면하지 말라!

하나님께서는 그렇게 세우신 아모스 선지자를 통해 무서운 분노를 표현하십니다. 듣기만 해도 몸서리가 쳐질 무서운 말씀이 이스라엘을 괴롭혔던 바벨론이나 이방 민족이 아닌 하나님의 백성들, 바로 늘 성전에 나가 하나님을 예배하는 이스라엘 백성들을 향해 선포되었습니다. 하나님께서 뭐라고 선포하십니까? 이스라엘 백성들이 여호와의 날을 사모하나 그날은 빛이 아니라 어둠이라고 하십니다.

화 있을진저 여호와의 날을 사모하는 자여 너희가 어찌하여 여
호와의 날을 사모하느냐 그 날은 어둠이요 빛이 아니라 암 5:18

그날에 사자를 피하다가 곰을 만나고 벽에 손을 대었다가 뱀에게
물리는 것 같은 재난이 생길 것이라고 말씀하십니다.

마치 사람이 사자를 피하다가 곰을 만나거나 혹은 집에 들어가
서 손을 벽에 대었다가 뱀에게 물림 같도다 암 5:19

하나님은 심지어 이스라엘 백성들이 하나님 앞에서 유월절을 지키
고 맥추절을 지키는 것이 보기 싫다고 하십니다. 그들이 아름다운 찬
양을 부르고 성회로 모이는 것을 기뻐하지 않을 것이라고 하십니다.

내가 너희 절기들을 미워하여 멸시하며 너희 성회들을 기뻐하
지 아니하나니 암 5:21

하나님이 이렇게까지 분노하시며 자기 백성들을 향해 심판을 선포
하시는 까닭이 무엇입니까? 그들이 하나님의 마음을 외면했기 때문입
니다. 이웃을 네 몸과 같이 사랑하라는 하나님의 마음을 외면한 채 오

히려 다른 사람을 착취하고 나만 잘살면 된다는 마음으로 온갖 악을 행했기 때문입니다. 그 때문에 당시 이스라엘 사회는 도탄에 빠졌고, 약한 자들은 착취와 억압에 시달려 큰 고통 가운데 처해 있었습니다. 하나님은 그런 가운데서도 아무런 고민 없이 예배드리는 이스라엘 백성을 향해 이제 그 예배를 받지 않겠다고 선언하신 것입니다. 바로 이것이 아모스 선지자를 통해 그 시대를 향해 하나님이 주신 메시지이자, 오늘날 우리에게 동일하게 선포되는 메시지입니다.

이스라엘 백성들의 죄악상

당시 이스라엘 백성들의 무서운 죄악상은 아모스서 본문에 소상히 기록되어 있습니다. 어떤 죄악들이 있었습니까?

어떤 사람이 신발 한 켤레 값 정도의 빚을 졌는데 그 돈을 받기 위해 그 사람을 팔아버렸습니다(암 2:6). 요즘으로 치면 적게는 5만 원, 많게는 30만 원쯤 되는 돈을 받기 위해 존귀한 사람을 팔아버린 것입니다. 그들은 힘이 없고 가난하고 연약한 자들에게 냉담하고 난폭하며 비인간적인 태도를 보였으며 뿐만 아니라 약한 여성들을 성적 노리개로 삼는 죄를 지었습니다(암 2:7). 가난한 자들의 옷을 저당 잡아서 저녁이 되었는데도 돌려주지 않는 죄를 범하기도 했고, 터무니없는 벌금이나 세금을 매겨서 그 돈을 가지고 흥청망청 술 마시며 써버리는 관리들도 넘쳐났습니다(암 2:8).

당시 가난한 자들은 이불이 따로 있는 것이 아니라 입고 다니던 겉

옷을 이불 삼아 덮고 자야 했습니다. 그런데 너무 가난하다 보니 가족들의 한 끼 식사를 해결하기 위해 그 옷을 저당 잡힌 것입니다. 구약 율법에 보면 가난한 사람이 겉옷을 저당 잡히면 어두워지기 전에 돌려주라고 되어 있습니다. 가난한 이웃의 아픔을 생각해서 그들이 돈을 빌리러 오면 반드시 빌려주되, 저당 잡힌 옷은 돌려주라고 하신 것입니다. 그런데 그런 하나님의 말씀이 완전히 무시되고 있었습니다. 자신들은 잘 먹고 잘살면서 옷을 저당 잡힌 채 밤새 벌벌 떨면서 잘 이웃의 아픔은 생각지 않는, 하나님의 말씀과 너무도 거리가 먼 삶을 살아가는 세상을 하나님께서는 책망하시는 것입니다.

더욱 심각한 것은 이런 죄악들이 하나님의 백성들에 의해 저질러지고 있다는 것입니다. 이런 죄악이 만연하다 보니 약자들이 설 자리가 없고 가난한 사람들은 더 힘들어지고 있었습니다. 그런 현실을 외면한 채 죄악에 물든 하나님의 백성들이 모여서 하나님의 거룩한 이름을 찬양하고 있으니, 하나님께서 그 예배를 받지 않으시겠다는 것입니다.

우리는 이 말씀이 오늘날 우리에게도 동일하게 주시는 하나님의 말씀임을 기억해야 합니다. 우리가 편안한 의자에 앉아서 거룩한 주일이라고 고백하고, 하나님의 말씀을 듣고 아름다운 찬송을 부를지라도 하나님께서는 어쩌면 지금 우리를 향해서 "너희가 예배드리는 모습이 보기 싫다. 내가 받지도 않을 것이며 기뻐하지 않을 것이다"라고 말씀하고 계신 것은 아닌지 심각하게 돌아봐야 합니다. 왜 그렇습니까? 이스라엘 백성이 그들에게 주신 하나님의 마음을 외면했던 것처럼 우리가 하나님의 마음을 외면하고 있을지 모르기 때문입니다.

더군다나 하나님께서는 우리 앞에 순교와 피랍이라는 엄청난 사건을 펼쳐놓으시고 "너희들은 세상에서 어떻게 살다 오려느냐?"라는 질문을 던지고 계십니다. 물론 우리 모두가 다 오지로 나가야 한다거나 피랍되거나 순교의 피를 흘려야 한다는 것은 아닙니다. 그러나 우리가 걷는 길이 결코 다르지 않습니다. 하나님께서는 우리 모두에게 이웃을 내 몸과 같이 사랑하라는 명령을 주셨기 때문입니다. 그들과 더불어 사는 세상을 꿈꿀 것을 명령하고 계시기 때문입니다. 피부 색깔이 다르고 종교가 다를지라도 하나님의 마음을 가슴에 품고 이 땅에 하나님의 평화를 이루어가며 하나님나라를 세워가는 꿈을 우리에게 주셨기 때문입니다.

작은 노력들이 씨앗이 된다

19세기에 미국의 링컨 대통령이 노예 해방을 위해 남북전쟁을 일으켰습니다. '노예 해방' 하면 많은 이들이 링컨을 가장 먼저 떠올립니다. 그러나 우리는 미국의 노예 해방을 이루는 데 링컨보다 더 중요한 역할을 한 인물들이 많았다는 사실을 기억해야 합니다. 남북전쟁 당시 링컨을 비롯한 미국의 많은 사람들이 "인간이 인간을 소유하는 것은 잘못이다"라는 생각을 갖게 된 데에는 그들의 마음속에 그런 생각을 심은 수많은 선각자들이 있었습니다.

남북전쟁이 있기 100년 전, 미국에 존 울먼(John Woolman, 1720~1772)이라는 하나님의 사람이 있었습니다. 그는 뉴저지 시골에서 태어나 스물한 살 때 가족들이 살고 있던 농장을 떠나 도시로 나가 견습 재단사가 되었고, 후에 법률 문서를 만들 수 있는 자격을 얻으면서 직장 생활을 시작했습니다. 그러던 어느 날 사장으로부터 노예 판매 문서를 만들라는 지시를 받았습니다. 그는 아직 젊은이였지만 어린 시절부터 하나님의 은혜를 경험한 그리스도인이었습니다. 그래서 당시 누구도 노예 제도에 대해 아무런 문제 제기를 하지 않았던 때였지만, 그는 자신의 사장을 향해 "사장님, 이것은 옳지 않습니다"라고 선포했습니다.

그는 그때부터 하나님의 정의가 실현되는 사회를 만들기 위해 자신의 전 생애를 바쳤습니다. 그 일에 모든 노력을 다 기울였습니다. 퀘이커 교도였던 그는 여러 지역을 다니면서 순회 설교자로서 사역을 시작했습니다. 순회 사역을 하면서 그가 생각했던 것은 '이 사회가 안고 있는 노예 문제가 해결되지 않으면 이 땅에 하나님의 축복이 없다'는 것이었습니다. 그는 그리스도인이 먼저 이 문제를 극복하고 해결해야 한다는 사명감을 가지고 가는 곳마다 "노예를 소유하는 것은 하나님의 뜻이 아닙니다!"라는 설교를 했습니다. 남북전쟁이 있기 이미 100년 전에 일어난 일이었습니다.

그리고 노예로부터 착취한 노동력으로 만들어진 물품을 사지 말자는 불매 운동을 전개했습니다. 이를테면, 당시의 설탕이나 직물, 염료 등은 노예들의 싼 노동력 착취로 생산한 저가 물품들이 대부분이었습니다. 존 울먼은 그런 물건들이 아무리 싸더라도 사람의 피가 묻어 있는 상품이니 사지 말자는 운동을 전개한 것입니다.

한번은 존 울먼이 어느 동네에서 설교를 마치고 한 그리스도인의 집에 저녁 식사 초대를 받아 가게 되었습니다. 토마스 우드워즈라고 하는 사람의 집이었습니다. 그 집에 가서 보니, 하인들이 나와서 정중하게 식사를 수발들기 시작했습니다. 자리에 앉아 있던 존 울먼은 하인들에게 이렇게 물었습니다.

"당신은 임금을 받는 일꾼입니까? 아니면 노예입니까?"

그들은 다 노예들이었습니다. 자기 앞에 자신을 초대한 주인이 앉아 있었지만 존 울먼은 "저는 이분들이 착취 받으며 차린 음식을 먹을 수 없습니다"라고 말하고는 자리에서 일어나 나가버렸습니다. 주인 입장에서 보면 얼마나 무례한 행동입니까? 보통 사람 같았으면 존 울먼의 무례한 태도를 욕하며 굉장히 불쾌해했을 것입니다.

그러나 그 집의 주인이었던 토마스 우드워즈는 그런 사람이 아니었습니다. 그 역시 하나님의 사람이었습니다. 그는 그날 굉장한 충격을 받았습니다. 밤새도록 고민하다가 아내의 강력한 반대에도 불구하고 자기가 소유하고 있던 노예들을 그 다음 날 다 해방시켜주었습니다. 엄청난 손실이었습니다. 그러나 그는 하나님의 명령을 따라 순종했습니다.

그 당시 남부 지역은 농장이 대부분이었는데 노예를 많이 거느린 농장 주인이 하나님의 말씀대로 살기 위해 노예를 풀어준다는 것은 파산을 선언하는 것과 다름없었습니다. 그런 현실적인 문제 속에서 "노예 제도가 무엇이 문제냐? 그들은 저주 받은 함의 후손으로 하나님이 허락하신 것이다"라는 엉터리 성경 해석을 근거로 노예 제도를 합리화하는 그리스도인들과 교회들이 많이 있었습니다.

그러나 그런 가운데서도 노예 제도가 하나님의 뜻에 맞지 않다는 사실을 인식하고 스스로 노예 소유를 포기하는 사람이 있는가 하면 존 울먼처럼 한 걸음 더 나아가 "노예를 소유하는 것은 죄악입니다!"라고 외치며 사회 운동을 펼친 사람들도 있었습니다. 그들의 작은 노력들이 모여 노예 해방이라는 거대한 물결을 이루어낸 것입니다.

하나님의 정의가 강같이 흐르게 하라

하나님께서 아모스서의 말씀을 통해 오늘날 우리에게 말씀하시는 것이 결국 무엇입니까? 하나님의 정의가 강같이 흘러가야 한다는 것입니다.

> 오직 정의를 물같이, 공의를 마르지 않는 강같이 흐르게 할지어다 암 5:24

여기서 '강'이라는 단어는 매우 의미가 깊은 단어입니다. 이스라엘에서는 작은 도랑물 정도라도 1년 내내 물이 흐르는 곳이라면 무조건 강입니다. 아무리 작더라도 사시사철 물이 흐르면 강이고, 건기에는 말라붙어버리고 우기에만 물이 흐르는 곳은 '와디'라고 하는데, 이것이 시편 1편에 '시내'라고 표현된 것입니다.

하나님께서 하나님의 정의가 물같이, 하나님의 공의가 마르지 않는 강같이 흐르는 사회가 되어야 한다고 말씀하신 의미를 잘 생각해보십시오. 시냇물이 아닙니다. 어떤 때는 흐르고 어떤 때는 말라붙어버리는 것이 아니라, 가정에서든 일터에서든 교회에서든 언제 어디서나 계속해서 하나님의 정의가 흐르도록 하는 것을 말합니다. 우리가 이 것을 위해 순종과 사랑을 가지고 살아갈 때 이 땅에 하나님의 평화가 채워질 것입니다. 우리 개개인은 부족하지만 우리 각자가 주님의 뜻을 따라 살아갈 때 이 세상을 주님이 원하시는 공의가 강같이 흐르는 곳으로 만드는 데 일조할 수 있다는 것입니다.

200년 전 미국과 유럽에 있었던 노예 문제처럼 오늘날 우리 사회에도 뜨거운 이슈들이 많이 있습니다. 우리 자신과 주변을 한번 잘 분별하여 살펴보기 바랍니다. 하나님이 말씀하시는 정의로운 사회, 하나님의 평강이 넘치는 사회를 만드는 기초를 이루기 위해서 내가 나의 가정에서, 직장에서, 사회 공동체에서 어떻게 이웃을 내 몸과 같이 사랑할 수 있는지, 그 사랑을 어떻게 실천할 수 있는지 말입니다. 생각나면 한 번씩 행동하는 와디 같은 수준이 아니라 늘 마음에 품으며 어디서든지 강물처럼 계속 흘러가는 정의로운 세상을 향한 꿈과 섬김을 어떻게 이루어나갈 수 있는지 말입니다.

하나님께서는 지금 우리에게 놀랍도록 강하게 도전하고 계십니다.

이런 꿈을 가지고 낯선 땅으로 나아갔던 우리의 형제자매들을 억류시켜놓은 채로 온 세상을 향해 이런 도전을 주고 계십니다. 이 엄청난 도전 앞에서 우리는 우리를 향한 하나님의 마음을 깊이 인식하고 품어야 할 것입니다.

우리가 이런 마음을 가지고 나아갈 때, 하나님께서 우리에게 평강을 주시겠다고 약속하셨습니다. 우리가 이런 마음을 품고 나아갈 때 하나님께서 우리를 통해 하나님의 영광을 드러내시겠다고 약속하셨습니다. 척박한 땅에 흘려진 순교의 피가 결코 헛되지 않을 것입니다. 우리는 다시 한 번 주님의 약속의 말씀을 붙들고 우리가 가야 할 길을 바라보아야 할 것입니다. 그리고 그 길을 걸어가야 할 것입니다!

CHAPTER

6 복음전도,
하나님이 꿈꾸게 하신 거룩한 소망

완전한 헌신

"영원한 것을 위해서 영원하지 않은 것을 버리는 자는 결코 바보가 아니다."

이 말은 짐 엘리엇이 일기에 남긴 말입니다.

"완전한 헌신은 나의 마지막 것을 드리는 것이다."

이 말은 지난 2007년 7월 25일 아프가니스탄에서 순교한 배형규 목사가 그의 책상머리에 붙여두었던 말입니다. 영원한 진리, 그것을 위해서 자신의 마지막 것까지 바칠 수 있는 헌신, 바로 이것이 하나님께서 우리에게 말씀하시는 '복음 전도의 영성'입니다.

여러분의 책상머리에는 무엇이 붙어 있습니까? 혹 책상 앞에 아무것도 붙여두지 않았더라도 당신이 늘 생각하는 소망은 무엇입니까? 생명을 바쳐서라도 꼭 이루고 싶은 일은 무엇입니까? 늘 생각하고 꿈꾸는 간절한 소망은 무엇입니까?

세계일주 여행 한번 하는 것입니까? 지금보다 더 크고 근사한 집으로 이사하는 것입니까? 물론 그런 소망들이 나쁜 것은 아닙니다. 그러나 우리가 평생을 걸쳐서 생명을 바쳐서라도 꼭 이루고 싶은 일, 바로 그것을 발견해야 합니다. 참으로 가치 있는 것, 나뿐 아니라 다른 사람에게도 영원한 가치가 있는 것, 그것을 발견해야 하며 또 그것을 위해 내 삶을 드리는 헌신을 하나님 앞에 드릴 수 있어야 합니다.

심성민 군이 세상을 떠난 후에 가족들을 통해 미처 몰랐던 이야기를 들었습니다. 성민 군이 아프가니스탄으로 떠나기 전, 직장을 그만두었다는 것입니다. 그는 직장을 그만두면서 "이번에 아프가니스탄에 다녀오면 신학대학원에 진학해서 평생 전도자로 살겠다"라는 고백을 했다고 합니다. 아직 부모님이 예수님을 믿지 않는 상황이었기 때문에 그리스도인인 이모님 한 분에게 그렇게 털어놓고 아프가니스탄으로 떠났다고 합니다.

저는 그 이야기를 듣기 전만 해도 성민 군이 지금까지 초신자로 살다가 이제 막 은혜 받아서 힘들고 어려운 사람을 돕기 위해 잠깐 다녀오겠다는 마음으로 아프가니스탄에 간 것으로 생각했습니다. 그러나 성민 군은 그 정도의 생각을 넘어서서 자신의 생애 전체를 하나님 앞에 전도자로 드리기로 결단하고 아프가니스탄으로 향했던 것입니다.

비록 신학교 문턱도 밟아보지 못하고 천국으로 갔지만, 그가 품었던 꿈은 이미 놀랍게 이루어졌습니다. 그리고 배형규 목사나 심성민 군이 꾸었던 꿈은 이제 우리의 몫이 되었습니다.

배형규 목사와 심성민 군의 순교 이후 샘물교회 청년회 리더들과 만나서 이야기를 나누던 중에, 한 청년이 이런 고백을 하는 것을 들었습니다. 하나님께서 왜 우리에게 이런 고통을 주셨는지 많이 원망하고 고민하고 아파하던 중에 문득 하나님께서 이런 마음을 주셨다는 것입니다.

"나는 한 사람의 배형규를 원하는 것이 아니라 300명의 배형규를 원한다."

그것이 자신과 교회 공동체를 향한 하나님의 마음임을 깨닫고 그 청년이 깜짝 놀랐다는 것입니다.

그렇습니다. 하나님께서 배형규 목사와 심성민 군을 통해 우리에게 보여주신 것은 그들이 가지고 있던 '복음 전도의 영성'입니다. 그리고 그들이 그곳에서 피를 흘리게 하심으로 우리에게도 동일한 마음을 품도록 하신 것이 틀림없습니다. '300명의 배형규' 뿐 아니라 한국교회를 향해 '수백만 명의 배형규'를 원하시는 주님의 메시지가 선포되고 있는 것입니다.

네가 이 모든 것보다 나를 더 사랑하느냐?

그렇다면 우리는 '복음 전도의 영성'을 어떻게 마음에 품고 또 어떻게 그 길을 가야 합니까?

먼저 우리가 기억해야 할 것은 복음 전도의 영성을 품기 원하는 사람은 세상에 존재하는 어떤 것보다 예수 그리스도를 소중히 여길 줄 아는 사람이어야 한다는 것입니다.

부활하신 예수님은 갈릴리로 가서 베드로를 만나 세 번씩이나 같은 질문을 하셨습니다. 그 질문이 무엇이었습니까?

"네가 이 사람들보다 나를 더 사랑하느냐?"(요 21:15-17)

바로 이 질문이었습니다. 이 부분을 원문으로 보면 "이 사람들보다 나를 더 사랑하느냐?"가 아니라 "이것들보다 나를 더 사랑하느냐?"라는 중성적인 표현으로 되어 있습니다. 그 대상이 곁에 있는 친구들이나 동료들과 같은 사람일 수도 있고, 아니면 다른 것일 수도 있다는 말입니다.

베드로는 갈릴리 호수에서 고기잡이를 하던 사람입니다. 그리고 그 때는 예수님이 부활하신 것을 알았지만 다시 갈릴리로 와서 남은 생을 그냥 어부로 살아야 하나 고민하던 때였습니다. 그런 베드로를 향한 예수님의 질문은 "네가 늘 고기를 잡아 생계를 꾸려가던 이 일터보다 나를 더 사랑하느냐?"라는 의미였는지도 모릅니다. 또 그날 베드로는 엄청난 양의 물고기를 잡은 터였습니다. 그런 상황에서 예수님이 "이것들보다 나를 더 사랑하느냐?"라고 물으셨을 때는 그 물고기들을 염두에 두고 하신 질문일 수도 있습니다.

주님은 우리 모두에게 똑같이 묻습니다.

"이 세상에 존재하는 모든 것보다, 네가 가지고 있는 모든 것보다, 네가 꿈꾸는 그 모든 것보다 나를 더 사랑하느냐?"

그 질문에 베드로처럼 "주님 그러하나이다 내가 주님을 사랑하는 줄 주님께서 아시나이다"라고 답할 수 있는 사람이 아니라면 복음 전도의 영성을 품을 수 없습니다.

밭에 감추인 보화를 발견한 사람

예수님은 마태복음 13장에서 이렇게 말씀하셨습니다.

> 천국은 마치 밭에 감추인 보화와 같으니 사람이 이를 발견한 후
> 숨겨두고 기뻐하며 돌아가서 자기의 소유를 다 팔아 그 밭을 사
> 느니라 마 13:44

천국은 마치 밭에 감추인 보화를 발견한 것과 같다는 말씀입니다. 한 사람이 길을 가다가 어느 밭에 보물이 감춰져 있는 것을 발견했습니다. 당장이라도 그 보물을 꺼내어 가져가고 싶지만, 그 보물을 그냥 가져가면 안 됩니다. 당시 관례는 밭주인이 그 밭에서 나오는 보물의 소유권을 갖게 되어 있었습니다. 보물을 발견한 사람이 가장 우선적으로 해야 하는 것은 다른 사람이 그 보물을 발견하지 못하도록 감춰둔 다음 최대한 빨리 그 밭을 사는 것이었습니다. 자기 집을 처분하고 팔 수 있는 것을 다 팔고 돈을 빌려서라도 자신이 할 수 있는 모든 노

력을 다 기울여 그 밭을 사야 하는 것입니다.

평당 2천 원이면 살 수 있는 땅을 평당 5천 원 아니 평당 만 원을 줄 테니 팔라고 극성을 부리는 모습을 보고 주변 사람들은 정신이 나갔다고 이야기할 것이 분명합니다. "심어 봐야 고구마나 좀 캘까 한 별 쓸모없는 땅을 사겠다고 왜 저렇게 난리인 거지?" 하고 비웃을 것입니다. 그러나 그 사람은 압니다. 그 밭에 보물이 있다는 사실을 말입니다. 그것이 바로 천국을 사모하는 사람들의 마음이라고 주님은 말씀하십니다.

예수 그리스도 안에 있는 보물을 발견한 사람들은 자신이 그 보물 때문에 부요해질 뿐 아니라, 세상 어떤 것보다 그것이 소중하다는 것을 아는 사람입니다. 그리고 그 소중한 것을 주변 사람들에게 전하고 싶은 마음으로 가득한 것, 바로 그것이 '복음 전도의 영성'이며 우리가 품고 가꿔가야 할 마음입니다.

영원한 것을 위한 헌신

짐 엘리엇은 20대 초반에 자신의 일기에 "영원한 것을 위해서 영원하지 않은 것을 버리는 자는 결코 어리석은 자가 아니다"라고 썼습니다. 짐 엘리엇은 1955년 9월에 친구 네 명과 함께 아우카 부족 전도를 위해 에콰도르로 향했습니다. 그들은 에콰도르의 한 마을에 짐을 내리고 경비행기를 타야 들어갈 수 있는 오지에 살고 있는 아우카 부족과 접촉을 시도했습니다. 그렇게 석 달이 지났습니다.

1956년 1월 6일, 그들은 약 석 달 동안 서로 얼굴도 익히고 먹을 것도 가져다주면서 접촉을 해왔기 때문에 이제 아우카 부족의 마을로 진입을 시도해도 괜찮지 않을까 하는 생각을 했습니다. 그래서 네이트 세인트, 로즈 유드리안, 피터 플레닝, 에드 맥클리, 그리고 짐 엘리엇 모두 다섯 명의 젊은 선교사들은 경비행기를 타고 들어가 아우카 부족이 살고 있던 마을의 인근 모래톱에 내렸습니다.

그러나 1월 6일에 그곳에 도착했던 다섯 명의 젊은 선교사들은 1월 8일에 모두 죽음을 당했습니다. 그 소식을 모르고 있던 본부 측에서 일주일 후에 가보니 그들 몸에는 무수히 많은 화살이 박혀 있었고 이미 다섯 명 모두 죽은 상태였습니다. 젊은 선교사가 다섯 명이나 그렇게 무참히 살해당하자 미국 언론이 난리가 났습니다. "아직 창창한 젊은이 다섯 명이나 죽게 내버려두다니, 이런 어리석은 낭비가 어디 있느냐? 누가 그들을 그런 사지(死地)로 보냈느냐?" 등의 논조로 비판한 언론이 대부분이었습니다. 예수 그리스도라고 하는 보물을 발견하지 못한 자들에게는 그저 낭비라고밖에 볼 수 없는 사건이었습니다. 다섯 명의 젊은이들의 노력은 아무런 성과없이 그렇게 무위(無爲)로 끝나는 것 같아 보였습니다. 그러나 그렇지 않았습니다.

짐 엘리엇의 부인이었던 엘리자베스 엘리엇이 남편에 이어 그 마을로 들어간 것입니다. 엘리자베스 엘리엇은 짐 엘리엇이 그 마을에 들어갈 당시 비행기 조종사였던 네이트 세인트의 여동생 라헬 세인트와 함께 남편이 죽고, 오빠가 죽은 그 땅으로 여러 사람의 도움을 받아 다시 들어갔습니다. 다행히 그들은 죽지 않았습니다. 우여곡절 끝에 마을 사람들과 접촉할 수 있게 되었고, 그 마을에 예수님의 진리가 선포되기 시작했습니다.

그로부터 35년이 흐른 1995년 6월 11일, 아우카 족의 언어로 신약성경이 만들어져 봉헌예배가 드려졌습니다. 그 예배에 75명의 아우카 원주민들이 참석했는데, 그 75명 중에 지도자였던 세 명은 다섯 명의 선교사를 죽였던 장본인들이었습니다. 선교사들을 죽였던 살인자들이 복음을 받아들이고 예배에 참석한 것입니다.

세상은 이 이야기에 별로 주목하지 않습니다. 그때 당시 젊은이들의 죽음을 낭비라고 비난했던 사람들은 세월이 흐른 지금도 낭비라고 생각합니다.

"원주민 몇 명이 예수 믿은 것이 뭐 그렇게 대단하단 말인가? 전도 유망한 젊은이들의 생명이 그보다 더 소중하지 않은가?"

예수 그리스도가 그들의 가슴 속에 심기는 것이 얼마나 엄청난 일인지 모르는 사람들은 지금도 그 일을 이렇게 과소평가합니다.

그러나 한번 생각해보십시오. 인류 역사 속에 이런 기적이 얼마나 있었습니까? 그렇게 사나운 부족, 다른 부족들이 접근할 수 없을 정도로 용맹스럽고 폐쇄적인 집단이 다섯 명의 선교사의 죽음 이후 마음을 열게 되었고, 죽은 선교사의 부인과 여동생이 남편과 오빠의 뒤를 이어 그 땅에 들어가 그들의 어머니 노릇을 하며 그들을 섬기는 놀라운 일이 그 땅에 일어났습니다. 죽이고 죽임 당한 자들의 가족들이 모두 하나님의 자녀가 되어 형제가 되었으며, 그들의 자녀들이 서로 친구가 되고 함께 소꿉장난을 하며 뛰노는 기적이 임한 것입니다. 이는 인류 역사에서 찾아보기 힘든 놀라운 화해와 평화입니다. 바로 그 기적이 그 땅에 임한 것입니다.

다섯 명의 젊은 선교사들이 가슴에 품었던 꿈과 마찬가지로 배형규 목사가 "완전한 헌신은 나의 마지막 것을 드리는 것이다"라고 책상 앞에 붙여두고 자신의 전 삶을 드려 이루고자 했던 꿈은, 그가 품은 것 이상으로 놀랍게 이루어진 것 같아 보입니다. 소중한 형제들의 죽음이라는 가슴을 칠 수밖에 없는 비극 앞에서 우리가 할 수 있는 일은 아우카 부족에게 일어났던 기적이, 그들에게 임했던 놀라운 화해와 평화가 아프가니스탄에서도 일어나기를 기도하는 것밖에 없습니다.

하나님께서 배형규 목사와 심성민 형제의 피를 요구하셨던 땅, 스물한 명의 피랍의 고통과 수많은 사람들의 눈물을 요구하셨던 그 땅에 대해 하나님이 원하시는 것은 무엇일까를 깊이 생각하다가 결국 하나님이 원하시는 것은 그 땅과 그 백성에 대한 관심이라는 생각이 들었습니다. 그래서 저는 이렇게 기도하기 시작했습니다.

"주님, 제 남은 생애에 어떤 선교보다 아프가니스탄을 향한 선교와 그들을 섬기는 일을 최우선 과제로 삼으며 살겠습니다."

하나님 앞에 엎드리면 엎드릴수록 저는 이런 고백을 하지 않을 수 없었습니다. 하나님이 그것을 위해서 우리 가족과 같은 형제자매들을 그 땅으로 부르셨고, 피 흘리게 하셨고, 울게 하셨기 때문입니다.

사명을 주시기 전에 먼저 치유하시는 주님

요한복음 21장의 말씀에서 우리가 또 한 가지 발견할 수 있는 것은 예수님이 베드로에게 사명을 새롭게 하시기 전 그에게 먼저 치유를 허락하셨다는 것입니다.

앞에서 살펴본 것처럼 예수님은 "요한의 아들 시몬아 네가 이 사람들보다 나를 더 사랑하느냐"라고 세 번 물으셨습니다. 예수님이 같은 질문을 세 번이나 반복하신 이유가 무엇이겠습니까? 예수님을 세 번 부인했던 베드로를 부끄럽게 하기 위해서였을까요? 아닙니다. 주님이 세 번이나 그렇게 물으신 것은 베드로를 치유하기 위해서라고 보는 것이 더 옳습니다. 왜냐하면 예수님이 그 질문을 하실 때마다 "주님 그러하나이다 내가 주님을 사랑하는 줄 주님께서 아시나이다"라고 겸손히 대답하는 베드로를 향해 "네 어린 양을 먹이라"라고 사명을 맡기셨기 때문입니다.

주님은 베드로의 아픈 마음을 알고 계셨습니다. 누구보다 예수님을 사랑한다고 자신했던 베드로는 세 번이나 예수님을 부인한 자신에 대해 깊은 상처를 가지고 있었습니다. 흔히 "상처 받은 자가 다른 사람의 상처를 치유할 수 있다"는 말을 합니다. 헨리 나우웬이 '상처 입은 치유자'라는 말을 사용했을 때 역시 그런 의미가 담겨 있습니다.

그러나 상처 입은 그대로 쓰임 받을 수는 없습니다. 내가 지금 상처 입고 피를 철철 흘리고 있는데 그 상태로 어떻게 다른 사람의 상처를 치유하고 섬길 수 있겠습니까? 내가 앞을 보지 못하는 상태에서 다른 사람을 인도할 수 없는 것과 마찬가지입니다. 내 다리가 약해 후들거리고 있으면 내 한 몸 건사하기도 힘들어 다른 사람을 붙들어줄 수 없습니다. 내가 먼저 치유 받아야 합니다. 그래야 그 상처를 통해 다른 사람을 도울 수 있습니다. 베드로가 그런 경험을 한 것입니다.

우매한 고백을 했던 베드로

베드로는 예수님이 살아 계셨을 당시 변화산 위에서 예수님이 놀랍도록 영광스러운 모습으로 변화되시어 엘리야와 모세와 더불어 이야기 나누시는 장면을 목격했습니다. 그 모습을 보고 난 다음에 베드로는 이렇게 이야기합니다.

"주님, 저 골치 아픈 산 밑으로 내려가지 말고 이 산 위에 집 세 개를 지어서 그냥 이곳에서 삽시다!"

그 모습이 얼마나 영광스럽고 얼마나 좋았으면 그렇게 말했겠습니까? 또 베드로가 3년 정도 예수님을 따라다니면서 얼마나 힘들고 고된 일들을 많이 보고 겪었으면 산 위에서 살자고 했겠습니까? 오늘날 우리의 모습은 어떻습니까? 많은 사람들이 주일에 교회에 와서 "매일이 주일이었으면 좋겠어요"라고 말합니다. 세상에 나가면 치열하게 싸우며 돈 벌어야 하고, 속이기도 하고, 속임도 당하며, 얼굴 찌푸리기도 하고, 자존심을 굽히기도 해야 하는 하루하루가 전쟁 같기 때문입니다.

그에 비해 주일의 풍경은 얼마나 평화롭습니까? 해맑은 얼굴로 찬송을 부르고 말씀을 들으며 교제 나누는 시간이 얼마나 행복합니까?

물론 그 내면은 전쟁 같을지라도 겉모습만큼은 평화롭기 그지없습니다. 상사 눈치 안 봐도 되고, 세상에서처럼 저 사람이 나를 속여서 이용하지 않을까 염려하지 않아도 되고, 얼굴 찌푸리며 소리 지르지 않아도 되니 얼마나 편합니까? 그러나 교회 문 밖에만 나가도 그 평화는 곧 깨지고 맙니다. 그래서 자신도 모르는 사이에 매일 주일이면 좋겠다는 생각을 하게 되는 것입니다. 베드로가 그냥 산꼭대기에 집 지어놓고 예수님과 살았으면 좋겠다고 생각한 것처럼 말입니다.

물론 그런 생각이 들 수는 있습니다. 그러나 성경은 그런 베드로를 향해 뭐라고 말합니까?

> 자기가(베드로가) 하는 말을 자기도 알지 못하더라 눅 9:33

베드로가 자기가 하는 말이 무엇인지도 모른 채 하고 있다는 것입니다. 이것은 베드로가 말을 잘했다는 것입니까, 아니면 잘못했다는 것입니까? 한마디로 주님은 산꼭대기에 집 세 개 지어놓고 베드로와 살기 위해 오신 분이 아니라는 것입니다. 주님은 산 밑의 고통 받고 있는 수많은 사람들을 위해 오신 분입니다. 편하게 살 것 같으면 주님이 뭐 하러 이 땅에까지 내려오셨겠습니까? 베드로는 그때까지만 해도 자신이 하는 말이 무슨 뜻인지도 모른 채 그저 내뱉고 마는 어린 영성의 그리스도인이었던 것입니다. 전도서의 표현을 빌리자면 '우매자의 말'이었던 것입니다.

우리 역시 이런 어리석은 말을 수도 없이 내뱉으며 삽니다. 한번 곰곰이 생각해보십시오. 우리도 '그냥 편하게 살고 싶다, 복잡한 것 다 버리고 예수님 덕분에 좀 편하게 살았으면 좋겠다, 그저 예배드리면서 성경 읽고 남들 좀 도와주며 살면 되지 않는가?' 이런 생각을 하고 있지는 않습니까? 그렇다면 우리 자신도 베드로처럼 우리가 하는 말이 뭔지도 모른 채 내뱉는 것은 아닌지 잘 분별해봐야 합니다. 혹시 이런 생각은 해본 적 없습니까?

"아프가니스탄에서 사고가 났다는데 우리 아이가 그곳에 가지 않아서 참 다행이다! 이것이 얼마나 큰 하나님의 은혜인지 모르겠다!"

물론 인간적으로 이해할 수 없는 것은 아닙니다. 그러나 우리가 이미 예수 그리스도가 누구인지 안다면, 그리고 그분을 전하는 일이 얼마나 소중한 일인지 안다면 이런 말을 할 수 없을 것입니다.

아프가니스탄 피랍 사건이 있은 직후에 샘물교회 청년 한 명에게서 이메일 한 통을 받았습니다. 그 메일에는 이렇게 적혀 있었습니다.

"목사님, 제가 그곳에 있어야 하는데, 저는 그곳에 있지 않고 여기 한국에 있습니다."

얼마나 위로가 되고 감사한 고백이었는지 모릅니다. 당신은 어떻습니까? "내가 그곳에 없어서 유감이다"라는 고백까지는 못할지라도 최소한 "내가, 혹은 우리 아이가 그곳에 가지 않아서 다행이다"라는 우매자의 고백은 하지 말아야 하지 않겠습니까?

하나님은 믿음을 요구하신다

그러나 저 역시 이 같은 우매자의 고백을 얼마나 많이 했는지 모릅니다. 아프가니스탄 피랍 사건이 일어나고 그 문제의 해결을 위해 하나님 앞에 기도할 때마다 어리석은 기도를 참 많이 올려드렸습니다. 어느 날 청년 리더들과 함께 모였을 때 한 청년이 제 마음을 그대로 표현했습니다. 그는 하나님께 이렇게 기도했다고 합니다.

"하나님, 하나님께서 이 문제를 해결해주세요. 그래서 모든 사람들이 하나님이 모든 사건의 해결자이심을 보여주십시오!"

그렇게 열심히 기도했는데 상황은 계속 어려워지고 해결의 기미는 보이지 않는 상황에서 하나님을 원망하는 마음이 점점 더 깊어져가고 있었다고 합니다. 그러다 문득 '하나님의 방법은 내가 생각하는 것과 다르구나. 하나님의 방법이 뭔지 내가 알지는 못하지만 하나님께서는 우리에게 신뢰를 요구하시는구나' 라는 것을 깨닫게 되었다고 합니다. 그 청년의 고백을 들으면서 저는 속으로 '아니, 어떻게 나와 똑같은 생각을 하고 있었을까?' 하는 생각이 들어 깜짝 놀랐습니다.

요셉은 형들의 배신으로 애굽에 노예로 팔려갔습니다. 그곳에서의 삶도 그리 평탄하지 않았습니다. 급기야 모함을 받아 감옥에 갇히는 신세가 되고 말았습니다. 오랜 세월 남의 집에서 노예 생활을 하다가 이제 감옥신세까지 지게 된 요셉은 자신의 삶에 일어나는 고통스러운 사건들을 통해 하나님이 이루고자 하시는 것이 무엇인지 도무지 알 수 없었습니다.

그러나 그 시간에 하나님이 요셉에게 요구하셨던 것은 딱 한 가지였습니다. 그것은 하나님에 대한 믿음이었습니다. 모든 것을 선하게 인도하시는 하나님, 우리의 고통과 아픔과 눈물까지도 아름답게 바꾸시는 하나님에 대한 신뢰를 요구하신 것입니다. 요셉은 그 신뢰를 가지고 한 걸음, 한 걸음 따라갔습니다. 그리고 그 결과로 하나님께 영광을 돌릴 수 있었고, 온 애굽이 하나님이 어떤 분이신지를 알게 되었습니다.

베드로의 생애를 통해서도 주님은 동일한 것을 요구하셨습니다. 주님의 뜻을 미처 다 깨닫지 못했던 베드로는 실수도 참 많이 했습니다. 유독 베드로만 성격이 급해서 실수를 많이 한 것이 아닙니다. 다른 제자들도 다 마찬가지였습니다. 성경이 베드로를 예로 삼아 더 자세히 기록했을 뿐입니다. 성격이 차분한 바울은 베드로와 같은 실수를 하지 않았을까요? 아닙니다. 덤벙대는 사람이나 차분한 사람이나 인간은 다 죄인이기 때문에 달라질 것이 아무것도 없습니다.

우리 역시 마찬가지입니다. 우리는 평소 어떤 기도를 하나님께 올려드립니까?

"하나님, 우리 가족이 편하게 살 수 있는 아파트 하나 주시고, 우리 아이 대학에 붙게 해주시고, 새로운 차를 살 수 있게 해주시고…."

우리가 날마다 구했던 것들이 이런 것들 아닙니까? 성경은 그런 우리를 향해 "자기가 하는 말을 자기도 알지 못하더라"라고 책망합니다.

아프가니스탄에 뿌려진 피를 바라보면서 우리는 무엇을 생각해야 합니까? 그들의 피가 그 땅에 뿌려져야 했던 이유가 도대체 무엇이란 말입니까? 그들이 전하고자 했던 예수 그리스도가 그토록 존귀한 분이 아니라면, 그들의 피와 맞바꾸어도 결코 아깝지 않을 만큼 주께서 존귀한 분이 아니라면, 이 땅에 존재하는 가장 존귀한 보배가 예수 그리스도 그분의 이름이 아니라면 그 사건은 설명할 길이 없습니다. 만약 그렇다면, 예수 그리스도의 이름이 그토록 귀한 것이 아니라면 하나님은 없는 것입니다. 하나님은 무능한 것입니다. 그러나 그렇지 않다는 것을 우리 모두가 알고 있지 않습니까? 그렇다면 우리가 가져야할 태도는 오직 하나입니다. 하나님은 언제나 변함없이 신실하시다는 사실을 굳게 믿는 믿음입니다!

다시 찾아오신 예수님

베드로의 생애를 통해서 하나님께서는 그 사실을 생생히 보여주고 계십니다. 베드로는 주님을 알아가면서 예수님이 정말 자신의 생명을 걸고 따라갈 만한 분인지를 놓고 계속 씨름했습니다. 물론 자신이 정말 좋아했던 예수님을 따르고자 했던 마음의 소원도 있었습니다. 그러나 예수님이 돌아가실 때까지 그는 흔들리고 있었습니다. 예수님의 이름을 세 번이나 부인했을 때, 그것도 저주하면서 부인했을 때 그의 흔들림은 극에 달했을 것입니다.

그러나 부활하신 예수님이 그를 다시 찾아오셨습니다. 심히 통곡하고 울었던 베드로를 만나기 위해 갈릴리 호수로 다시 찾아오셨습니다. 그곳에서 예수님은 베드로에게 손수 아침 식사 준비를 해주셨습니다. 그리고 "네가 이 모든 사람, 이 모든 것들보다 나를 더 사랑하느냐? 그렇다면 내 양을 먹여라. 내가 하고 싶은 그 일을 네가 대신 해다오"라고 말씀하셨습니다. 주님은 베드로의 아픈 마음을 싸매주시면서 그렇게 부탁하셨습니다. 베드로의 연약함을 돌아보시면서 그에게 사명을 주신 것입니다.

예수님으로부터 이런 부탁을 받은 사람들이 "예, 주님. 제가 부족하지만 주님의 명령을 따라 살아보겠습니다. 그런 마음을 가지고 살아가겠습니다" 하며 응답하는 것, 바로 그 영성이 우리가 가져야 할 '복음 전도의 영성'이자 모든 그리스도인이 걸어야 할 '복음 전도의 삶'입니다.

이런 복음 전도의 영성을 가진 사람들을 위해서, 그리고 그런 사람들을 통해서 하나님께서는 기적을 베푸십니다. 아우카 부족을 향해 나아갔던 다섯 명의 젊은 선교사를 통해 하나님이 어떤 기적을 베푸셨는지 기억하십시오. 그런 일은 이미 성경에 많이 기록되어 있습니다.

기적이 있을 때나 없을 때나!

특히 사도행전에는 베드로와 같이 주님으로부터 "내 양을 치라"는 명령을 받은 사도들이 교회를 세워가는 과정을 상세히 기록하고 있습니다. 성령이 임하시고, 그 성령의 인도하심을 따라 예루살렘 교회가 세워졌습니다. 열심히 나가서 예수 그리스도가 어떤 분이신지 전하고 오직 그분만이 우리의 유일한 소망이라고 선포했을 때 놀라운 일들이 벌어졌습니다.

그러나 힘들고 고통스러운 일들도 많이 벌어졌습니다. 예수 그리스도를 전했던 많은 이들이 핍박을 받고 투옥을 당했습니다. 베드로와 요한이 잡혀가고, 스데반은 돌에 맞아 순교했고, 야고보 역시 죽었으며, 하나님의 교회는 뿔뿔이 흩어져야 했습니다.

그 수많은 사건 가운데 베드로와 요한이 체포되었던 사건이 벌어졌습니다. 초대교회의 가장 중추적인 역할을 담당했던 그 두 사람이 체포되자 교회가 얼마나 놀랐겠습니까? 그들이 산헤드린에 끌려가 잡혀 있는 동안 교회가 하나님 앞에 뭐라고 기도했는지 우리는 기억해야 합니다. 그들은 "하나님, 하나님의 능력으로 베드로와 요한을 풀어주시옵소서"라고 기도하지 않았습니다. 사도행전 4장 29절에 그들의 기도가 기록되어 있습니다.

주여 이제도 그들의 위협함을 굽어보시옵고 또 종들로 하여금
담대히 하나님의 말씀을 전하게 하여주시오며 행 4:29

그들은 하나님께 베드로와 요한을 빨리 석방시켜달라고 구하지 않았습니다. 그런 기도 이전에 "저 어리석은 사람들, 저 연약한 사람들을 향해 더 담대히 하나님의 복음을 전하게 하옵소서"라고 구하고 있습니다.

물론 하나님께서 어떤 경우에는 말 그대로 '짠' 하고 나타나서서 성도들을 위험에서 구해주기도 하셨습니다. 그러나 그런 경우보다는 더 많은 성도들이 피를 흘려야 했고, 직장에서 쫓겨나야 했으며, 재산을 몰수당해야 했고, 모진 핍박을 피해 어두컴컴한 지하 카타콤으로 들어가 살아야 했으며, 산속으로 피신하여 토굴을 파고 살아야 했습니다. 그런 세월을 보내는 동안 하나님께서 어떻게 역사하실지 그들은 전혀 알 수 없었습니다.

그러나 하나님은 동일하게 선하신 분이라는 것을 기억해야 합니다. 감옥에서 놀라운 방법으로 풀려나는 것만이 기적이 아니었습니다. 모든 것을 다 잃은 것 같았고 아무것도 갖지 못한 자 같았지만, 모든 것을 다 가진 사람처럼 부요하고 아름답고 넉넉하게 살았던 카타콤의 그리스도인들 역시 기적이었습니다.

오직 주로 인해 내 영혼이 만족합니다

사도 바울 역시 그렇게 고백했습니다. 사실, 객관적으로 바울을 따져보면 그에게 무엇이 있었습니까? 돈이 있었습니까, 가족이 있었습니까, 아니면 건강이 있었습니까? 외모도 시원치 않았던 것 같습니다. 바울을 묘사하는 글들을 참고해보면, 그는 키가 작고 몸은 구부정했으며 머리는 대머리였고 얼굴도 못생긴, 볼품없는 인물이었습니다. 그나마 좀 가지고 있었다고 할 만한 그의 지식이나 사회적 지위마저 그는 다 배설물처럼 버렸습니다. 세속적인 관점에서 보면 그는 정말 아무것도 없는 사람이었습니다.

그런 그가 거대한 도시인 에베소에 나타났을 때, 아름다운 건물로 가득한 고린도에 나타났을 때 누가 그를 주목해 보았겠습니까? 명함에 찍어 내세울 만한 근사한 이름 하나 없었던 그가 가진 것은 오직 예수 그리스도뿐이었습니다. 그러나 그가 전한 예수 그리스도의 이름을 통해서 이루어진 수많은 기적들을 우리가 알고 있고 또 지금도 경험하고 있지 않습니까? 하나님께서는 지금 이 시간에도 바로 그런 꿈을 꾸고 계십니다.

아프가니스탄에서 일어난 가슴 아픈 사건을 통해 하나님이 이루실 놀라운 기적을 우리가 기대합시다. 그리고 그 사건을 통해 이루어질 우리 자신의 변화를 기대합시다. 그저 산 위에 아름다운 집이나 짓고 살고자 했던 보잘것없는 생각을 버리고 주님이 이끄시는 길을 따라 예수 그리스도의 이름을 전하며 살고자 하는 결단이 우리 안에서 새롭게 되기를 기대합시다.

그리하여 우리를 통하여 예수 그리스도가 없어서 고통 받고 있는 자들에게 예수 그리스도의 이름이 전해지고, 예수 그리스도로 인하여 참 평강과 참 만족을 누리는 그런 세상을 꿈꿉시다. 이것이 바로 우리 주님의 꿈입니다.

그 꿈을 위하여 주님은 우리에게 우리 자신의 변화라는 기적을 먼저 요구하고 계십니다. 그리고 우리를 통하여 우리 가정에 먼저 하나님의 놀라운 평화가 있기를 원하십니다. 우리는 늘 돈이 많고 넉넉하면 우리 가정이 평안하고 행복할 것이라고 생각했습니다. 아닙니다. 하나님께서는 우리에게 돈이 주는 평화를 꿈꾸라고 말씀하지 않으십니다. 예수 그리스도의 이름이 가져다주는 참 평강을 우리가 꿈꾸고 바라면서 우리 가정에서 먼저 그 기적을 체험해야 합니다. 우리 가정에서부터 시작된 그 기적이 대한민국 전체로, 아프가니스탄 땅으로, 인류 사회로 흘러가게 되기를, 그리하여 예수 그리스도의 평화로 더 큰 기쁨과 만족을 누리는 그런 세상이 이 땅에 임하기를 우리가 꿈꾸어야 할 것입니다.

이런 꿈을 가지고 나아가는 사람들에게 하나님께서는 평강을 약속하셨습니다. 이런 꿈을 가지고 나아가는 사람들을 통해서 하나님께서 영광을 나타내시겠다고 말씀하셨습니다. 이런 꿈을 가지고 나아가는 사람들에게 하늘과 땅의 권세를 가지신 분이 함께하겠다 약속하셨습니다. 그 약속을 붙들고 하나님의 마음을 품는 우리 모두가 되기를 바랍니다.

—
오직 예수 그리스도를 통해서만,
그분이 지신 십자가를 통해서만 우리가 이 땅에서
그리스도인으로 살아갈 수 있는 길이 열립니다.

우리가 굳건히 할
온전한 신앙의 길

No cross, No crown

7 출발선,
신앙의 시작은 십자가 앞에 있다

인생의 3단계

덴마크의 실존철학자 키에르케고르는 인생에 3단계가 있다고 주장했습니다. 첫 번째 단계는 '감정적 인생의 단계'입니다. 인간이 감정을 따라 사는 단계를 말합니다. 즉, 좋아하는 것, 싫어하는 것, 예쁜 것, 추한 것 등 마음에 느껴지는 감정을 따라서 사는 단계가 인생의 첫 단계라는 것입니다.

두 번째 단계는 '도덕적 실존의 단계'입니다. 나한테 좋고, 내 기분에 좋고, 내 눈에 좋은 것이 좋지만, 그보다 내게 좋은 그것이 선한 것이냐 악한 것이냐, 옳은 것이냐 옳지 않은 것이냐가 더 중요해지는 단계입니다. 그래서 이 두 번째 단계에서 인간은 나의 호불호(好不好)를 떠나서 그것이 선한 것이냐 악한 것이냐를 놓고 생각하고 고민하는 단계에 들어가게 됩니다.

세 번째 단계는 신(神)에 눈뜨는 '종교적 실존의 단계'입니다. 선악(善惡)의 문제를 떠나서 사람이 신적인 존재에 대해 눈을 뜨고 종교적 실존으로 나아가는 단계입니다.

개인적으로는 모든 사람은 이 세 단계를 혼재하여 지니고 있다고 생각합니다. 사실, 특별한 경우를 제외하고는 누구도 키에르케고르가 말하는 인생의 첫 번째 단계에만 머물러 있지 않기 때문입니다. 또 감정에 따라서 사는 단계를 지나 옳은 것과 옳지 않은 것을 중요하게 생각하는 2단계의 사람일지라도 여전히 자신의 감정에 따라 살고 있기 때문입니다.

우리 자신의 모습을 보면 알지 않습니까? 우리는 다 내게 좋은 것, 내 기분에 좋은 것에 따라 살면서도 그 내면에서는 '아, 이렇게 살면 안 되는데, 더 착하게 살아야 하는데' 하는 마음을 갖고 있기 마련입니다. 악하다 하는 사람들이라 할지라도 말입니다.

그리고 그런 마음을 가지고 있는 대부분의 사람들은 그 마음속에 신적인 존재를 향한 갈망을 가지고 있습니다. 이는 문화인류학자들의 보고가 증명합니다. 그들의 보고에 따르면, 문화와 문명에 따라 목욕탕이 발달한 문화, 목욕탕이 없는 문화, 도서관이 발달한 문화, 도서관이 없는 문화를 찾아볼 수는 있어도 신전(神殿)이 없는 문화는 인류 유적 가운데 단 한 번도 발견된 적이 없다는 것입니다.

이것이 의미하는 바가 무엇입니까? 지금까지 살았던 모든 인간들이 신적(神的)인 존재를 향한 갈망을 가지고 있었으며, 그것이 '종교'라는 이름으로 표현되어 왔다는 것입니다.

갈망한다고 다 만나는 것은 아니다

그러나 인간이 신적 존재를 갈망한다고 해서 모두가 그 존재를 제대로 만나는 것은 아닙니다. 심지어 성경은 하나님의 이름을 부르며 평생 교회 생활 했던 사람일지라도 그가 하나님을 제대로 만나지 못하는 경우가 얼마든지 있다고 지적합니다. 마태복음 7장에서 우리는 가장 피하고 싶은 구절 하나를 만나게 됩니다.

> 그날에 많은 사람이 나더러 이르되 주여 주여 우리가 주의 이름
> 으로 선지자 노릇 하며 주의 이름으로 귀신을 쫓아내며 주의 이
> 름으로 많은 권능을 행하지 아니하였나이까 하리니 그때에 내
> 가 그들에게 밝히 말하되 내가 너희를 도무지 알지 못하니 불법
> 을 행하는 자들아 내게서 떠나가라 하리라 마 7:22,23

이 말씀에 언급된 자들은 평생 교회 생활을 한 자들입니다. 평생 하나님의 이름을 부르며 살았습니다. 주의 이름으로 놀라운 권능을 행하기도 했던 자들이었습니다.

그런데도 그들 중 누군가는 훗날 주님 앞에 서는 그날에 주님으로

부터 "너는 나와 아무 상관없다. 너는 불법을 행했다"라는 말을 듣게 될 것이라는 말씀입니다. 도대체 무엇이 문제입니까?

그들은 '하나님'이라는 이름을 제대로 알지 못했습니다. 또 그 이름을 붙들고도 '불법'을 행했습니다. 원어 성경에 보면 '불법'(不法)이라는 단어가 '무법'(無法)으로 표현되어 있습니다. '무법'은 '법이 없다'는 뜻입니다. '법'은 하나님의 말씀이자 하나님 자신이기도 합니다. 하나님도 지켜야 할 어떤 법이 있는 것이 아니라 하나님 자신이 법 그 자체이시고 법을 만드신 분이기 때문입니다. 따라서 여기서 '무법하다'는 말은 '하나님이 없다'는 뜻입니다. 겉으로는 "주의 이름으로" 이런저런 일을 행했지만, 실상은 그 사람의 삶 속에 하나님도 없었고 하나님의 법도 없었다는 것입니다. 그들은 결국 자기 자신의 법을 가지고 살았던 것입니다.

그렇다면 우리가 어떻게 해야 하나님의 법을 따라서 우리가 갈망하는 신적 존재 앞으로, 곧 하나님 앞으로 제대로 나아갈 수 있겠습니까? 그 진정한 길을 찾는 것이 신앙생활의 여정에 있어서 '출발점'이 될 것입니다.

다시 태어나는 것이 출발점

우리는 요한복음 3장에 나오는 니고데모와 예수님과의 대화에서 그 출발점에 대한 힌트를 얻을 수 있습니다.

예수님이 예루살렘에 오셨습니다. 이때는 예수님의 사역 초기로,

아직 예수님의 이름이 그리 널리 알려지지 않았을 때입니다. 그렇지만 예루살렘에 있던 기득권층들은 벌써 예수님을 경계하기 시작했습니다. 그런 상황에서 산헤드린 공회 의원이자 율법사이자 바리새인인 니고데모가 예수님을 찾아왔습니다.

니고데모는 기득권층 중에서도 상위클래스에 속하는 사람으로, 나이도 지긋했으며 성경에 익숙한 사람이었습니다. 그런 사람이 자기보다 한참이나 어린 30대 초반의 갈릴리 시골 출신의 랍비를 만나기 위해 한밤중에 찾아온 것입니다. 그 사실만으로도 주변 사람들에게는 굉장한 뉴스거리가 되었을 것입니다.

그날 밤, 예수님과 니고데모는 많은 대화를 나누었을 것입니다. 하지만 성경은 두 사람의 대화를 간략하게 전하고 있습니다. 그러나 그 짧은 대화의 기록에 '신앙의 출발점'에 대한 가장 핵심적인 내용이 담겨 있습니다. 예수님은 니고데모에게 이렇게 말씀하셨습니다.

> 예수께서 대답하여 이르시되 진실로 진실로 네게 이르노니 사람이 거듭나지 아니하면 하나님의 나라를 볼 수 없느니라 요 3:3

믿음의 조상인 아브라함의 피를 타고난 유대인으로서 나름대로 신실하게 하나님을 믿어왔으며, 성경 지식에 해박했음에도 니고데모는 예수님의 말씀을 도무지 이해할 수 없었습니다. 이미 어머니의 태(胎)에서 난 지 오래되었는데 어떻게 다시 태어나라는 것인지 말입니다.

그래서 니고데모는 이렇게 되묻습니다.

> 니고데모가 이르되 사람이 늙으면 어떻게 날 수 있사옵나이까
> 두 번째 모태에 들어갔다가 날 수 있사옵나이까 요 3:4

그 질문에 예수님은 이렇게 말씀하십니다.

> 예수께서 대답하시되 진실로 진실로 네게 이르노니 사람이 물
> 과 성령으로 나지 아니하면 하나님의 나라에 들어갈 수 없느니
> 라 요 3:5

이 말씀의 핵심은, 하나님나라에 들어가기 위해서는 성령으로 다시 태어나야 한다는 것입니다. 이미 어머니의 배 속에서 태어난 지 오래된 사람일지라도, 하나님이 택하신 민족 유대인으로 났을지라도, 아브라함의 후손일지라도 성령으로 다시 한 번 태어나지 않으면 하나님나라에 이르지 못한다는 말입니다.

성령으로 다시 한 번 태어나는 것, 이것이 바로 신앙의 출발점입니다. 그곳이 하나님나라를 보게 되는 출발점입니다. 이 지점을 통과하지 않으면 우리는 하나님을 만날 수 없습니다. 우리 안에 아무리 신적(神的) 존재에 대한 갈망이 크더라도 그 갈망에 다다를 수 없으며, 우리 자신이 신적 존재가 될 수 없다는 것입니다.

성경은 이 말씀을 여러 가지 관점에서 설명합니다. 그렇지만 여기서는 다음과 같은 관점에서 생각해보려고 합니다.

성령님이 오신 이유

사도 바울은 고린도교회에 편지를 쓰면서 이런 말을 전했습니다.

> 그러므로 내가 너희에게 알리노니 하나님의 영으로 말하는 자
> 는 누구든지 예수를 저주할 자라 하지 아니하고 또 성령으로 아
> 니하고는 누구든지 예수를 주시라 할 수 없느니라 고전 12:3

고린도는 지금의 그리스 남쪽에 있던 도시입니다. 거리상으로 보면 예수님이 활동하셨던 팔레스타인 지역과 그리 먼 지역은 아니지만, 당시 정황상 가깝다고도 말할 수 없는 곳이었습니다. 비행기가 있던 시절도 아니고 자동차가 있던 때도 아니었으니 말입니다. 그런데 그곳까지 예수님의 소식이 전해지고 있었습니다.

"팔레스타인 지역에 한 번 설교하면 군중이 수만 명 모이는 설교자가 있다!"

듣기만 해도 놀라운 뉴스였습니다. 예수님의 명성이 그만큼 대단했습니다. 오늘날 누군가 설교만 하면 광장에 수만 명이 모인다고 생각해보십시오. 70억 명의 인구가 살고 있는 지금도 어느 도시에서 그런 일이 벌어진다면 아마도 전 세계가 핫이슈로 보도할 것입니다. 그런

데 2천 년 전, 세계 인구가 그리 많지 않던 시대에 그런 일이 벌어졌으니 이것은 빅뉴스가 틀림없었습니다.

고린도 사람들도 예수님에 관한 소식을 들었습니다. 처음에는 예수라는 사람이 대단하다는 소문이 들리더니, 조금 시간이 흐르자 그가 십자가에 달려 비참하게 죽었다는 소식이 들려왔습니다. 그것도 젊은 나이에 말입니다. 대단한 사람인 줄 알았는데 알고 보니 그는 저주 받은 자였습니다(신 21:23 참조).

그런데 성령으로 이 소식을 들은 자들은 예수님을 '저주 받은 자'라고 말하지 않습니다. 오히려 '그분만이 진정한 우리의 주님'이라고 고백하게 됩니다. 그것이 성령님이 하시는 일이기 때문입니다.

성령님이 오신 까닭이 무엇입니까? 성령님은 우리를 위로하는 분으로, 회개하게 하는 분으로, 세상을 책망하는 분으로, 여러 가지 사역을 하는 분으로 이 땅에 오셨지만 그분이 하시는 가장 중요한 일은 예수 그리스도께서 누구신지 우리에게 가르치는 것입니다. 그 일을 위해 성령님이 우리에게 오셨습니다.

우리는 "예수 그리스도께서 우리의 주인이시다"라는 사실을 어떻게 알았습니까? 어떻게 그 고백을 주님께 올려드리게 되었습니까? 어떤 전도자의 입을 통해 듣게 되었습니까? 누군가의 설교를 통해 알았습니까? 친한 친구의 전도로 알게 되었습니까? 아니면 성경을 읽다가 스스로 깨닫게 되었습니까?

어떤 것도 정답이 아닙니다. 성령님이 친히 가르쳐주신 것입니다.

그렇지 않았다면 우리 중 누구도 예수님을 주(主)라고 고백할 수 없습니다. 다른 것들은 다 성령님의 도구요, 수단일 뿐입니다.

성령님이 오시지 않았다면 우리에게 예수 그리스도는 그저 가난하게 살면서 좋은 일 하다가 젊은 나이에 결혼도 한번 못 해보고 십자가에 달려 비참하게 죽은 갈릴리 출신의 한 랍비일 뿐입니다. 이것이 세상이 가르치는 예수님의 죽음의 모습입니다. 세상은 결코 예수님이 십자가에 못 박혀 죽으신 사건을 제대로 깨달을 수 없습니다. 이유가 무엇입니까? 성령님이 말씀하시는 것을 듣지 않기 때문입니다. 또 들어도 받아들이지 않기 때문입니다.

성경은 예수님의 죽음에 대해 어떻게 말합니까? 그분은 죄 없으신 분이라고 증언합니다. 자신의 죄 때문에 죽음을 당한 분이 아니라는 것입니다. 죄 없으신 하나님의 아들이 우리의 죄 값을 치르기 위해 이 땅에 오셔서 십자가의 길을 가셨다고 증거합니다. 정의감에 불타는 의로운 청년 한 명이 멋진 세상 한번 만들어보자고 사람들을 선동하다가 권력자들에 의해 짓밟혀 억울하게 죽은 것이 아니라는 것입니다. 그분의 죽으심으로 인해 우리의 죄가 사함을 얻는 놀라운 역사와 축복이 십자가 죽음 속에 담겨 있습니다. 이것이 성경이 가르치는, 또 성령께서 가르치시는 예수님의 죽음에 대한 진리입니다.

죄의 문제를 위해 오신 예수님

이 놀라운 이야기는 인류 최초의 범죄 사건과 맞물려 있습니다. 창세기 3장에 우리가 잘 아는 아담과 하와의 범죄 사건이 기록되어 있습니다. 아담과 하와가 하나님의 명령을 거역하고 선악과를 따 먹은 사건입니다. 이 사건이 내포하는 의미가 무엇입니까? 창세기 3장 5절에서 분명하게 볼 수 있습니다. 뱀의 모습으로 나타난 사탄은 하와에게 이렇게 말합니다.

> 너희가 그것을 먹는 날에는 너희 눈이 밝아져 하나님과 같이 되어 선악을 알 줄 하나님이 아심이니라 창 3:5

아담과 하와는 선악과를 따 먹음으로써 하나님과 같이 되고 싶었습니다. 이것이 이 사건의 본질입니다. 우리는 이 사실을 명확히 알아야 합니다. '하나님과 같이 된다'는 말이 의미하는 것이 무엇입니까? 지금까지는 내 삶의 주인이 내가 아닌 하나님이었습니다. 그런데 하나님이 먹지 말라고 하신 선악과, 곧 먹으면 하나님과 같이 된다고 사탄이 달콤하게 속삭였던 그 선악과를 따 먹은 순간, 아담과 하와는 스스로 자기 인생의 주인이 되고자 했던 것입니다.

지금까지 아담과 하와는 하나님께서 선악과를 먹지 말라고 하셨기 때문에 먹지 않았습니다. 하나님이 먹지 말라고 명령하신 것을 먹지 않았다는 것은 '하나님이 내 삶의 주인'이라는 고백입니다. 하나님이 인도하시는 길을 따라 걸어왔다는 것입니다. 그런데 사탄의 달콤한 속삭임 앞에서 아담과 하와는 흔들리고 말았습니다.

'나도 하나님처럼 되고 싶다. 하나님이 먹지 말라고 하셨어도 내가 먹고 싶으면 먹는다. 그 결정은 내가 한다.'

결국 하나님처럼 된다는 것은 내 인생의 주인이 하나님이 아닌 나 자신이기를 바란다는 뜻입니다. 아담과 하와는 하나님처럼 되기를 원하여 하나님이 제시하신 길을 버리고 사탄이 제시한 길로 들어서버렸습니다.

이것이 인류 최초의 범죄 사건의 내막입니다. 이 사건은 단순히 식탐을 못 이겨 먹고 싶은 과일을 하나 따 먹은 사건이 아닙니다. '누가 내 삶의 주인이 되느냐'의 문제가 바로 이 사건의 핵심입니다.

예수 그리스도께서는 바로 이 문제 때문에 이 땅에 오셨습니다. 이 땅에 오신 예수님이 병자를 고치시고 귀신을 내어 쫓으시고 수많은 기적과 이사를 베푸시며 많은 일들을 행하셨지만, 그분이 이 땅에 오신 궁극적인 목적은 우리의 죄 문제를 해결하시기 위함이었습니다. 그것을 위해 십자가에 달려 비참하게 돌아가신 것입니다.

하나님의 잔혹함? 나의 죄악의 잔혹함!

십자가를 제대로 보지 못하고 그 의미를 온전히 알지 못하는 자들은 종종 하나님에 대해 큰 오해를 하곤 합니다. 그런 사람들 중 가장 대표적인 인물이 버트런드 러셀(Betrand Russel)과 같은 사람입니다. 그가 쓴 기독교 비평서 《나는 왜 기독교인이 아닌가》라는 책은 1970년대 세계적인 반향을 불러 일으켰습니다.

그가 주장하는 것은 이렇습니다. 성경의 기록을 보면 예수 그리스도라는 사람을 그의 아버지, 즉 신(神)이라고 하는 하나님이 비참하게 십자가에 못 박아 죽이는데, 자비로운 신이 어떻게 자기 아들을 그렇게 참혹하게 죽일 수 있느냐 하는 것입니다. 그러면서 자기는 설령 하나님이라는 신이 있다 하더라도 자기 아들을 그렇게 비참하게 죽이는 그런 잔인한 신은 믿지 않겠다는 것입니다. 그는 이런 논리로 십자가를 반박하고 공격합니다.

논리적으로만 따져보자면 반기독교 사상가들의 이런 주장은 일면 타당해 보이기도 합니다. 그러나 예수님이 십자가에 달려 돌아가신 사건은 하나님의 잔인함을 보여주는 사건이 아닙니다. 그런 생각은 성령님의 조명하심을 받지 못한 세상 사람들의 왜곡된 생각입니다.

예수님이 십자가에 달리신 까닭은 우리의 죄 값을 치르기 위해서입니다. 내가 치러야 할 죄 값, 하나님을 떠난 내가 당해야 할 고통, 바로 그것이 십자가에서 예수님이 당하신 고통입니다. 따라서 예수님의 십자가는 하나님의 잔인함을 보여주는 것이 아닌 바로 우리 죄악의 잔혹함을 보여주는 것입니다. 성령님은 바로 그 십자가의 비밀을 우리에게 가르쳐주십니다. 그 가르침을 받을 때 우리는 비로소 우리가 죄인인 것을 깨닫고 예수 그리스도를 내 삶의 주인으로 모셔들일 수 있습니다.

내가 다 이루었다

예수님이 십자가 위에서 숨을 거두시면서 마지막으로 하신 말씀이 "다 이루었다"(요 19:30)입니다. '다 이루었다'는 원어로 '테 텔레스타이'인데, 이 말은 당시 사람들이 흔히 쓰던 말입니다. 가장 흔하게 쓰이는 경우가 시장에서 물건을 살 때 물건 값을 지불하면 주인이 하던 말이었습니다. 예를 들어, 2만 원짜리 물건을 사면서 2만 원을 지불하면 주인이 그 돈을 받고 "테 텔레스타이"라고 말했습니다. "당신이 그 물건에 대한 값을 지불했으니 이제 그 물건은 당신의 것입니다"라는 의미입니다.

또 다른 경우는, 누군가 빚 진 사람이 빚을 모두 갚았을 때 돈을 빌려주었던 사람이 "테 텔레스타이"라고 말합니다. "이제 당신은 빚을 다 갚았으니 빚에서 자유를 얻게 되었습니다. 모든 것이 다 치러졌습니다"라는 뜻입니다.

예수님이 십자가 위에서 "테 텔레스타이"라고 외치신 것은, 자신이 십자가에 달려 고통당하시고 죽으심으로 말미암아 우리의 죄 값을 다 치르셨다는 의미입니다.

우리가 세상에서 억눌려 사는 이유는 다른 데 있지 않습니다. 내가 건강하지 못해서, 돈이 없어서, 혹은 배우자를 잘못 만났기 때문이 아닙니다. 물론 현실적인 문제 역시 우리가 극복해야 할 과제인 것은 틀림없지만, 우리가 인생에서 겪는 깊은 억눌림은 그런 차원의 것이 아닙니다.

내 안에 계신 하나님을 부인하고 하나님의 생명을 공급받지 못하는 어리석고 이기적이고 자기중심적인 나 자신 때문입니다. 하나님을 삶의 주인으로 인정하지 않고 스스로 자신이 인생의 주인이 되고자 애쓰며 세속적인 삶을 살고자 하는 우리의 죄 때문입니다. 바로 그 죄 때문에 우리의 삶이 그토록 고통스럽다는 사실을 알아야 합니다.

우리의 죄악 된 그 모습을 인정하고 나의 죄 값을 치르기 위해 죽으신 예수 그리스도의 십자가를 받아들일 때, 하나님이 행하신 그 구원의 역사를 믿을 때 우리 안에 성령님이 내주(內住)하십니다. 그때 비로소 우리가 하나님의 자녀가 되는 것이며, 바로 여기가 신앙의 출발점입니다!

오직 유일한 길, 십자가의 길

오직 예수 그리스도를 통해서만, 그리고 그분이 지신 십자가를 통해서만 우리가 이 땅에서 그리스도인으로서 살아갈 수 있는 길이 열립니다. 하나님께서는 그 길 외에 다른 길을 열어놓지 않으셨습니다.

우리가 그리스도인으로 산다는 것은, 훗날 세상을 떠나 영원한 나라에서 맛보는 천국의 기쁨에만 그치는 문제가 아닙니다. 그것 역시 소중한 우리 장래의 일이지만, 하나님께서는 신앙의 출발점을 제대로 출발하는 자들에게 바로 지금 이 순간, 이 땅에서 우리가 누리고 머무는 모든 처소와 일 가운데 천국의 기쁨이 임하는 삶을 약속하셨습니다.

바로 오늘 우리가 일과를 마치고 돌아가게 될 가정에서, 내일 출근하게 될 직장에서, 학교에서, 교회 공동체에서, 사회에서 천국의 기쁨을 누리게 된다는 것입니다. 하나님께서는 그 큰 축복을 약속하시면서, 바로 그 출발점이 예수 그리스도의 십자가라고 말씀하십니다. 십자가 외에 다른 길은 없다고 말씀하십니다.

신을 찾아 산을 오르는 사람들

그런데 많은 사람들이 바로 이 부분에서 당황하곤 합니다. 특히 기독교에 반감을 가진 사람들은 이 때문에 기독교와 그리스도인이 독선적이며 배타적이라고 비난하기도 합니다.

세상 대부분의 종교는 흔히 말하는 '종교적 구원'을 얻기 위해서는 선행을 쌓아야 한다고 말합니다. 그렇기 때문에 사는 동안 선행을 쌓는 것이 무엇보다 중요한 문제로 여겨집니다. 로마 가톨릭에서는 우리가 쌓은 선행 반, 하나님의 은혜 반으로 구원을 얻는다고 말합니다. 따라서 천주교 신자들에게 선행은 구원과 직결되는 매우 중요한 문제입니다.

불교에서는 적선을 많이 해야 한다고 가르칩니다. 이생에서 선을 많이 쌓아야 다음 생에서 벌레나 짐승으로 태어나지 않고 인간으로 태어날 수 있으며, 인간으로 태어나는 경우에도 종이나 비천한 신분이 아닌 존귀한 집안의 자제로 태어날 수 있다고 믿는 것입니다. 그 윤회 속에서 계속해서 선을 쌓으며 착실하게 살면 억겁(億劫)의 세월을 지나는 동안 언젠가는 부처로 열반에 이르게 된다고 합니다. 그래서 불교에서 말하는 구원, 즉 열반에 이르는 것 역시 선행을 기초로 합니다.

이슬람교 역시 마찬가지입니다. 그들은 죽음을 통과해 알라신 앞에 섰을 때 평생 동안 행했던 선행과 악행을 잰다고 합니다. 그 결과, 선행이 조금이라도 더 많으면 천국으로 가고, 악행이 조금이라도 더 많으면 지옥으로 가는 것입니다. 자신의 선행과 악행이 얼마나 쌓였는지 자기 스스로는 점검할 수 없습니다. 저울이 없기 때문입니다. 그래서 그들은 무조건 열심히 선행을 해야 합니다.

그들에게는 같은 선행이라도 특별히 점수가 높은 것이 있습니다. 그중 하나가 하루에 다섯 번 기도하는 것입니다. 회교도들이 하루에 다섯 번씩 그렇게 열심히 기도하는 것은 그것이 선행 점수를 쌓는 일이기 때문입니다. 그렇게 열심히 기도해서 선행 점수를 쌓아놓아도 언제 점수가 깎일지 모르기 때문에 구제도 열심히 해야 하고 코란 암송도 열심히 해야 합니다. 그들에게 있어서 선행 점수는 영원과 직결되는 문제입니다. 가장 점수가 높은 것은 성전(聖戰)에 참여하는 것입니다. 그들은 어린 시절부터 테러를 성전이라고 배우며, 성전에 참여하는 것이 무척 큰 영광이라고 배웁니다. 그렇기 때문에 큰 자부심을 가지고 자살 테러에 참여하는 것입니다.

이같이 대부분의 종교가 유사성을 띠고 있습니다. 그렇기 때문에 많은 사람들이 '모든 종교는 하나의 산을 오르기 위한 여러 갈래의 등산길'이라고 생각합니다. 어차피 같은 산을 오르고 있다는 것입니다. 즉, 기독교는 A코스로, 천주교는 B코스로, 불교는 C코스로, 이슬람은 D코스로 열심히 등산하는 것이라고 이해하는 것입니다.

비록 코스는 다르지만 어차피 정상에 올라가면 다 만나게 된다는 논리입니다. 각자 부르는 신의 이름이 하나님, 알라, 석가로 다 달라도 결국 우리가 원하는 것은 신적(神的)인 경지이고 목표점이 동일하다는 것입니다. 그런 그들이 보기에는 다 똑같은 길인데 기독교만 유난스럽게 자신들의 길만 진리이며 유일한 길이라고 착각하고 있다고 생각하는 것입니다.

산 위에 계시지 않는 하나님

하지만 우리는 분명히 알아야 합니다. 우리는 등산하지 않습니다. 우리는 산을 오르고 있는 것이 아닙니다. 하나님은 우리가 열심히 땀을 흘리고 등산한다고 해서 만날 수 있는 분이 아닙니다. 가끔씩 언론에 10년 혹은 20년 동안 면벽수도(面壁修道) 하는 고승들이 소개되곤 하는데, 정말 놀라운 분들입니다. 그러나 성경은 하나님이 우리가 그렇게 해서 만날 수 있는 분이라고 가르치지 않습니다. 하나님은 인간적으로는 찬사를 받아 마땅한 수행을 계속할지라도 그런 노력으로 만날 수 있는 분이 아닙니다.

우리가 등산하지 않는 또 하나의 이유는 열심히 애쓰고 노력해서 올라간 그 산 위에 하나님이 계시지 않기 때문입니다. 하나님은 2천 년 전 우리와 같은 인간의 몸을 입고 이 땅에 내려오셨습니다. 우리가 하나님을 만나는 길은 선행을 쌓음으로 인해서가 아니라, 내가 죄인인 것을 깨닫고 우리 가운데로 오셔서 우리가 이해할 수 있는 음성으로 우리에게 말씀하시는 하나님의 말씀을 받아들이고 신앙적인 결단을 하는 것입니다. 이것이 하나님이 우리에게 주신 구원의 길입니다. 이 출발점을 놓치면 우리는 올바른 결론에 도달할 수 없습니다.

이 같은 이유로 많은 사람들이 기독교와 그리스도인을 배타적이라고 말합니다. 그러나 세상 사람들이 우리를 향해 배타적이라고 말하는 이유는 사실 우리가 가진 교리 때문이 아닙니다. 정상적인 경우라면 '구원의 교리'를 들을 때 배타적이라고 느끼기보다 충격을 받게 되어 있습니다. 인간이 구원을 얻는 데 어떤 인간적인 노력도 필요 없고 오직 십자가의 은혜만 믿고 받아들이면 된다고 하는데, 그것이 충격적이지 않으면 무엇이 충격적이겠습니까?

그런데도 많은 사람들이 기독교를 배타적이라고 느끼는 이유는 우리가 가진 복음 때문이라기보다 그 복음을 들고 있는 우리 때문입니다. 성경은 복음을 가지고 나아갈 때 '사랑과 섬김'으로 나아가라고 명령합니다. 그런데 우리는 어떻습니까? 사랑과 섬김이 아니라 교리만 들고 나아가는 경우가 더 많지 않습니까? 복음을 그저 입으로만 외치는 것입니다.

복음을 전하는 우리의 모습이 어떤지는 우리의 이웃과 우리의 오랜 친구들이 잘 알고 있습니다. 오랜 친구들이 우리가 어떤 모습으로 복음을 들고 나아가는지 알지 않습니까? 그들은 교리에 대한 이야기를 듣기 전에 우리의 삶을 통해 예수 그리스도가 어떤 분이시며 어떤 역할을 하셨는지 먼저 눈으로 확인하게 됩니다. 그런데 사랑과 섬김 없이 그저 말로만, 입으로만 복음을 전하려는 우리의 잘못된 삶의 모습 때문에 그들에게 복음이 제대로 전달되기는커녕 기독교가 배타적이라는 부정적인 평가를 받게 되는 것입니다.

물론 복음 자체에 오직 십자가의 길 외에 다른 길을 인정하지 않는 배타적인 부분이 있는 것은 틀림없습니다. 그러나 복음이 사랑과 함께 전달되는 모습을 한번 떠올려보십시오. 복음이 배타적이라고 느껴지기 전에 인간의 노력이 아닌 하나님의 전적인 은혜로 주어지는 놀랍고 충격적인 교리로 전해질 것이 틀림없습니다.

예수님과 베드로의 첫 만남

누가복음 5장에는 예수님과 예수님의 수제자 베드로의 첫 만남에 대한 기록이 담겨 있습니다. 베드로가 어떻게 신앙의 출발점을 성공적으로 지나게 되었는지 알 수 있는 장면입니다.

어부였던 베드로는 그날도 갈릴리 호수에서 열심히 그물질을 했습니다. 그러나 밤새도록 수고했어도 어쩐 일인지 물고기 한 마리도 잡지 못했습니다. 얼마나 낙심이 되고 기분이 상했겠습니까? 아침이 되어 이제 그만 포기하고 돌아가기 위해 그물을 씻고 있는데, 그때 예수님이 나타나셨습니다.

밤이 새도록 물고기 한 마리 잡지 못해 낙심하여 집으로 돌아가려는 베드로에게 예수님은 배를 빌려달라고 하십니다. 사실, 베드로의 입장에서 보면 배를 빌려줄 수 있는 상황은 아니었습니다. 밤새 일해서 몸은 피곤하고 돈 한 푼 벌지 못해 기분도 별로여서 얼른 집에 들어가 쉬고 싶은 생각이 간절했을 것입니다. 그러나 베드로는 예수님에게 배를 빌려주었고, 예수님은 베드로의 배 위에서 설교를 시작하셨습니다.

청중들은 해변에 앉아 예수님의 말씀에 귀를 기울였습니다. 베드로도 그 가운데 함께했습니다. 베드로가 예수님의 설교에 관심이 있어서 그 가운데서 함께 설교를 듣고 있었는지, 아니면 예수님에게 빌려준 배 때문에 집에 돌아가지 못한 것인지 모르겠습니다만, 어쨌든 베드로 역시 예수님의 설교에 귀를 기울이고 있었습니다.

설교를 마치신 예수님은 느닷없이 베드로에게 이렇게 말씀하십니다.

깊은 데로 가서 그물을 내려 고기를 잡으라 눅 5:4

이 같은 예수님의 요청은 베드로 입장에서 들으면 말도 안 되는 소리입니다. 갈릴리 호수의 깊은 곳에는 물고기가 안 산다고 합니다. 그곳 어부라면 다 알고 있는 사실입니다. 그래서 그들은 주로 갈릴리 호수 중심이 아닌 호수 주변에서 물고기를 잡습니다. 그런데 깊은 데로 가서 그물을 던지라니, 물정을 몰라도 너무 모르는 소리였습니다.

그런데 놀랍게도 베드로가 그 말씀에 순종합니다. 베드로는 이미 어젯밤에 자신의 경험과 지식을 가지고 해볼 만큼 다 해보았습니다. 하지만 실패했습니다. 그런 베드로가 예수님의 말도 안 되는 말씀에 순종하여 깊은 데로 가서 그물을 던지자 무슨 일이 벌어졌습니까? 엄청난 양의 물고기가 잡혔습니다. 배 한 척에 다 실을 수 없어서 친구의 배까지 동원하여 배 두 척에 가득 싣고도 그 양이 너무 많아서 배가 물에 잠길 지경이었습니다.

우리가 우리의 방법과 경험과 상식에 의존해 뭔가를 해보다가 실패했을 때, 그때 예수님이 새로운 방법을 제시하신다면 그것도 우리가 받아들이기 어려운 방법을 제시하신다면 우리는 어떻게 행동합니까? 생각해보면 하나님은 이 같은 방법을 즐겨 사용하십니다. 우리가 받아들이기 어려운 말씀을 하실 때가 많습니다. 우리의 상식과 판단으로는 받아들이기 어려운 이야기로 가득한 것이 성경책 아닙니까? 그러니 그럴 때 우리는 어리석은 판단으로 "이것은 안 되는 일이다. 말도 안 되는 요구야"라고 판단하지 말고 베드로처럼 말씀에 의지하여 순종하는 믿음을 보여야 할 것입니다.

주님만이 나의 주님이라는 자각

예수님의 말씀에 순종한 베드로가 놀라운 경험을 하고 해변으로 나왔습니다. 그때까지 예수님은 해변에 계셨습니다. 그 상황에서 베드로가 예수님에게 무슨 말을 합니까? 사실 이런 상황에서 사업 수완이 조금만 있는 사람이라면 예수님 덕분에 돈을 많이 벌게 되었으니 동업을 제안했을 것입니다. 그런데 베드로의 머릿속에 이미 돈 생각은 사라지고 없었습니다. 베드로는 예수님 무릎 아래에 엎드려 이렇게 고백합니다.

> 주여 나를 떠나소서 나는 죄인이로소이다 눅 5:8

과연 그가 무엇을 봤기에 이렇게 반응하는 것입니까? 그는 표면적으로는 예수님의 말씀에 순종했더니 엄청난 물고기가 잡히는 것을 경험했을 뿐입니다. 그러나 그 일을 통해서 그는 예수님이 누구신지를 보았습니다. 자신의 경험을 뛰어넘으시는 분, 물고기를 다스리고 세상 모든 것을 다스리시는 예수님을 본 것입니다. 그런 예수님 없이 살았던 자신의 지금까지의 삶은 아무것도 아니었다는 것을 깨닫고 "나는 죄인입니다"라고 고백했던 것입니다.

이것이 출발점입니다. 하나님께서는 우리가 바로 이렇게 시작할 것을 가르치고 계십니다. 우리에게 주님은 없어도 되고 있어도 좋은 그런 분이 아닙니다. 오직 예수 그리스도만이 우리의 구주이시고 주인이시라는 그 출발점에 서서 우리의 신앙생활이 시작되어야 하는 것입니다.

이제 당신 자신에게 한번 정직하게 질문해보십시오. 정말 하나님만이, 예수 그리스도만이 당신의 삶의 주인이 맞습니까? 만약 정말 그렇다면 예수님이 우리에게 무엇을 가르치시는지를 생각하면서 계속 앞으로 달려가십시오. 혹시 예수님만큼 중요한 무언가가, 아니면 예수님보다 더 중요한 무언가가 우리 마음속에 있다면 우리는 다시 한 번 우리 신앙생활의 출발점을 점검해보아야 합니다. 그리고 예수님만이 우리 삶의 주인 되심을 고백해야 합니다.

예수님만이 우리의 주인이십니다. 주님만이 신앙생활의 진정한 출발점입니다. 그 출발점을 새롭게 하는 은혜가 우리 모두에게 있기 바랍니다.

8 자녀됨,
하나님을 아빠 아버지로 부르는
가장 귀한 은혜

하나님 아버지입니까? 하나님 아바마마입니까?

"하나님 아버지!"

우리가 기도할 때마다 하나님을 부르는 호칭입니다. 우리는 예배 때마다, 기도할 때마다 "하나님 아버지"라는 말로 하나님을 부릅니다. 하루에도 몇 번씩 이 표현을 사용합니다. 그런데 실상은 어떻습니까? 혹시 말로만 '하나님 아버지'이고 실제로는 '아바마마' 정도의 관계를 맺고 있지는 않습니까? 말로는 친근하게 '하나님 아버지'라고 부르면서 실제로는 '아바마마' 이상으로 거리감이 느껴지는 어려운 관계를 맺고 있지 않느냐는 말입니다.

성경은 하나님을 그냥 '아버지'도 아닌 '아빠 아버지'(갈 4:6 ; 롬 8:15

참조)라고 가르칩니다. 어린아이가 사랑하는 마음을 가득 담아 제 아버지를 "아빠"라고 부르는 것처럼 우리 역시 하나님을 친밀한 관계 속에서 "아빠"라고 부를 수 있다는 것입니다. 저희 집의 세 아이들 역시 저를 '아빠'라고 부릅니다. '아빠'만큼 아이들이 제게 친근하게 부를 수 있는 호칭은 없는 것 같습니다.

안타깝게도 저는 개인적으로 아버지를 '아빠'라고 불러본 적이 없습니다. 이미 돌아가신 지 오래되었지만 어릴 때부터 늘 '아버지'라고 불러야 했습니다. 아버지와 친밀하지 않은 것은 아니지만, 하나님이 말씀하시는 아빠와 자녀의 관계 같지는 않았습니다. 많은 사람들이 육신의 아버지와의 친밀하지 않은 관계로 인해 하나님 아버지와 관계를 맺는 데 적지 않은 어려움을 겪기도 합니다. 우리가 맺는 육신의 아버지와의 관계가 많은 경우 하나님 아버지와 맺는 관계에 영향을 끼치기 때문입니다.

그러나 우리가 비록 육신의 아버지와 어려운 관계에 있다 하더라도 그런 어려움을 극복하고 하나님과의 새로운 관계로 들어가야 합니다. 하나님께서 친밀한 관계로 우리를 부르고 계십니다. 하나님께서는 우리에게 자신을 '아빠'라고 부르도록 하셨습니다. 이 말 안에는 하나님이 우리를 '아들딸'로 여기신다는 의미가 담겨 있습니다. 혹시 자신을 하나님의 자녀가 아닌 조카쯤으로 여기는 사람이 있습니까? 우리는 그분의 조카나 이웃집 아들이 아니라 자녀입니다. 하나님이 우리를 아들로, 딸로 부르셨습니다.

하나님과 나와의 관계

성경은 하나님과 우리와의 관계를 설명하기 위해 여러 가지 표현을 사용합니다. 예를 들어, 예수 그리스도를 신랑, 우리를 신부라고 표현하는 것을 많이 들었을 것입니다. 이것은 신랑 신부의 관계를 통해 하나님과 우리와의 '친밀함'을 강조하는 표현입니다. 세상에서 부부 관계만큼 친밀한 관계가 없기 때문입니다.

이런 이야기를 들으면 "우리 부부 관계를 몰라서 하는 말이에요. 차라리 남이 나아요" 하는 분들이 있을지 모르겠습니다. 그러나 그것은 서로 간에 어긋난 부분이 있어서 생긴 문제이지 본래 정상적인 부부란 세상 어떤 관계보다 더 친밀해야 하는 관계입니다. 그런 분들이 있다면 어서 빨리 정상적인 관계를 회복하기 바랍니다. 하나님께서 하나님과 우리와의 관계를 그토록 친밀한 부부 관계에 빗대어 말씀하실 때는 "우리는 금실 좋은 부부처럼 친밀해야 한다"는 뜻을 담아서 표현하신 것입니다.

하나님과 우리와의 관계를 말하는 또 다른 표현으로 '양과 목자'가 있습니다. 하나님이 우리의 목자 되시고 우리가 양이라는 표현을 사용할 때, 그 안에 담긴 가장 중요한 의미가 무엇입니까? 바로 '인도하심'입니다.

양은 목자가 목소리나 피리를 불어 소리를 내면 그 소리가 들리는 대로 그저 따라간다고 합니다. 양이 목자를 향해 "정신 똑바로 차리고 제대로 인도하세요"라고 따질 수 없고 또 그럴 입장도 아닙니다. 목자가 자기를 풀과 물이 있는 곳으로 인도해줄 것을 믿고 목자의 소리가 들리면 그 소리가 나는 방향으로 무조건 따라가는 것입니다. 따라서 "하나님이 우리의 목자이시고 우리는 그분의 양이다"라는 말씀 안에는 우리가 하나님이 이끄시는 대로만 따라가면 부족함 없는 삶을 살 수 있다는 의미가 담겨 있습니다. 그것을 '목자와 양'이라는 말씀으로 표현하는 것입니다.

성경이 사용하는 하나님과 우리의 관계를 나타내는 또 다른 표현으로 '주인과 종'이 있습니다. '하나님은 주인이시고 우리는 그분의 종'이란 표현입니다. 종이나 노예와 같은 단어를 들을 때 대개는 거부감을 갖게 됩니다. 채찍에 맞아가면서 임금도 못 받고 일만 하는 노예의 부정적인 이미지가 떠오르기 때문입니다. 그러나 하나님께서는 그런 의미로 말씀하신 것이 아닙니다. '주인과 종'이라는 관계에 담긴 의미는 '철저한 순종'입니다.

종에게는 자신의 뜻이 없습니다. 그저 주인의 일을 하는 사람입니다. 주인이 어떤 일을 시켰는데 "주인님, 제 생각은 이렇습니다"라고 말했다가는 큰일 납니다. 지혜로운 종은 그렇게 행동하지 않습니다. 철저히 주인의 뜻을 따라 주인의 일을 대행하는 자입니다. 만약 우리가 하나님보다 뛰어나서 하나님이 하시는 일이 걱정되면 "하나님, 그렇게 하지 마십시오"라고 말할 수 있겠지만, 세상 어떤 사람이 하나님보다 지혜로울 수 있습니까? 우리는 그렇게 말할 입장이 아닙니다. 하나님은 가장 지혜로우신 분이십니다. 우리는 우리의 주인 되신 하나님의 뜻에 따라 그대로만 행하면 되는 것입니다. 그렇게 할 때 우리의 삶이 영광스러운 빛을 발하게 될 것입니다. 이것이 '주인과 종'이라는 단어 속에 담긴 뜻입니다.

이 모든 표현 중에서 우리에게 가장 익숙한 것은 '아버지와 자녀'입니다. 우리가 기도하고 묵상할 때마다 입에 올리는 표현이 '하나님 아버지, 아빠 하나님'이기 때문입니다. 사도 바울 역시 에베소서 1장 5절에서 하나님과 우리와의 관계를 '아버지와 아들'로 표현하고 있습니다.

> 그 기쁘신 뜻대로 우리를 예정하사 예수 그리스도로 말미암아
>
> 자기의 아들들이 되게 하셨으니 엡 1:5

여기에 '딸이 되게 하셨다'는 말이 없다고 서운해하는 여성분이 없기 바랍니다. 이것은 대표형 표현입니다. 마찬가지로 "예루살렘의 딸들아, 나를 위해서 울지 말고 너희 자녀를 위해서 울라"라는 말씀을 남자들은 자녀를 위해 기도하지 않아도 된다고 이해하는 분들은 없을 것입니다.

하나님께서는 지금 "내 아들아, 내 딸들아"라는 호칭을 사용하시어 에베소교회 성도들을 부르고 계십니다. 여기에 나오는 '아들들'이란 단어를 원어로 보면 '법적 아들', 즉 '양자(養子)'라는 단어입니다. 하나님이 우리를 향해 "너희는 내 양자들이다"라고 말씀하시는 것입니

다. 그리고 그 단어에 담긴 가장 중요한 일차적 의미는 '상속자'라는 개념입니다. 따라서 우리는 '상속과 상속자'의 개념에 대해 더 깊이 생각해봐야 합니다.

하나님의 형상으로 지음 받은 존재

처음부터 우리가 하나님의 양자였던 것은 아닙니다. 하나님께서는 처음에 우리를 양자가 아닌 친 자녀로 지으셨습니다. 그 사실을 어떻게 알 수 있습니까?

창세기 1장을 보면 하나님이 사람을 지으시되 하나님의 형상을 따라 지었다고 기록하고 있습니다(창 1:26,27 참조). 사람이 처음 지음 받을 때 하나님이 가지고 계신 형상, 곧 하나님의 성품을 따라 지음 받았다는 것입니다. 여기서 '형상'이란 단어는 하나님의 얼굴 모양이나 생김새 등의 외형을 뜻하는 단어가 아닙니다. '성품'이라고 번역하면 더 좋은 단어입니다. 기원전 277년 히브리어로 기록된 구약성경을 당시 세계어였던 헬라어로 번역한 성경인 '70인역'에 보면 '하나님의 형상'이라는 단어를 헬라어 '이콘'(ikon)으로 번역해놓았습니다. 이 단어가 영어단어 '아이콘'(icon)이 된 것입니다.

오늘날 '아이콘'은 어떤 의미로 사용됩니까? 가장 대표적인 경우가 컴퓨터 아이콘을 지칭할 때입니다. 저도 설교를 마치고 제 방으로 올라가면 가장 먼저 하는 것이 컴퓨터를 켜는 것입니다. 제 눈에 보이는 것은 'e'라고 쓰인 작은 아이콘뿐이지만, 그것을 클릭하면 우리 교회

홈페이지가 뜨고 그 안에 정말 다양한 정보들이 담겨 있습니다. 이것이 아이콘입니다. 눈에 보이는 것은 작은 형상일 뿐이지만 그 뒤에 숨은 본체가 있다는 것입니다.

우리가 하나님의 형상대로 지음 받았다는 것은 우리가 하나님의 '아이콘'이라는 것입니다. 그렇다면 '박 아무개', '이 아무개'라는 사람을 클릭하면 무엇이 나타나야 합니까? 하나님이 나타나야 합니다. 그것이 본래 우리의 신분입니다.

그런데 우리의 조상인 아담과 하와가 하나님과의 관계를 끊어버리고 자기 자신이 스스로 인생의 주인 노릇하며 하나님과 상관없는 삶을 살겠다고 결정하는 사건이 벌어졌습니다. 아담과 하와가 선악과를 따 먹은 사건이 그토록 엄청난 사건이었습니다. 그때부터 인간과 하나님과의 관계는 깨어졌고, 우리 속에 있는 하나님의 형상이 망가졌습니다. 하나님으로부터 오는 공급이 사라졌으며 인간은 이기적이고 자기중심적인 존재가 되고 말았습니다. 그리고 거기서부터 인류의 불행이 시작되었습니다.

하나님의 형상으로 지음 받은 인간은 태초의 죄악으로 말미암아 하나님과 상관없는 자가 되어버렸습니다. 하나님이신 예수 그리스도께서 친히 이 땅에 오신 것은 하나님과 상관없는 자가 되어버린 우리 인간을 다시 하나님의 아들딸로 삼으시어 하나님 집의 식탁에 앉히기 위해서입니다. 하나님과의 끊어진 관계를 다시 잇고 우리 안에 망가진 하나님의 형상을 회복시키기 위해 예수님이 오신 것입니다.

우리의 신분을 회복하는 방법

그렇다면 우리가 다시금 하나님의 자녀가 되는 방법은 무엇입니까? 한 가지 방법밖에 없습니다. 하나님을 인정하지 않고 스스로 자기 인생의 주인이 되어 사는 것이 죄인 줄 알고 거기에서 돌이키는 것입니다.

'죄'라는 것은 '불법'(不法)이요, 곧 '무법'(無法)을 뜻합니다. 예수님이 "불법을 행하는 자들아 내게서 떠나가라"(마 7:23)라고 말씀하셨을 때 '불법'은 '무법'을 가리키는 것입니다. 즉, 하나님의 법이 없다는 뜻입니다. '하나님의 법'의 핵심은 하나님이 주인이심을 인정하는 것입니다. 하나님이 먹으라는 것을 먹고 먹지 말라는 것을 먹지 않는 순종을 말합니다. 그 안에 참 자유와 참 평안이 있으며 하나님이 공급하시는 모든 것을 누릴 수 있는 은혜가 있습니다.

우리가 하나님과의 끊어진 관계를 회복하고 다시금 하나님의 자녀가 되는 유일한 길은 하나님만이 내 삶의 주인이심을 인정하는 것입니다. 예수 그리스도만이 내 삶의 주인임을 고백하는 것입니다. 이런 고백이 있을 때 우리는 하나님과의 깨어진 관계를 회복하고 하나님의 자녀가 될 수 있습니다.

이렇게 하나님의 자녀가 된 사람들에게 하나님께서는 법적 아들, 곧 '양자'의 신분을 회복시키셨습니다. 하나님의 모든 좋은 것을 함께 나누는 자녀로 우리를 삼으셨다는 것입니다. 이런 이야기를 들으면 당장 이렇게 묻고 싶은 분들이 있을 것입니다.

"모든 것을 다 가지고 계신 하나님의 자녀라고 하면서 왜 내 소원은 번번이 안 들어주시는 거죠? 하나님의 것이 다 내 것이라고 하는데 왜 나는 늘 이렇게 삶이 힘든가요? 예수 안 믿는 사람들보다 오히려 힘든 삶을 사는 이유는 무엇입니까?"

이 질문의 답은 그리 어렵거나 복잡하지 않습니다. 그러니 아직도 이런 의문을 가지고 있는 분이 있다면 빨리 그 답을 찾기 바랍니다. 자녀를 키우고 있는 부모라면 다 경험하겠지만, 자녀가 원하는 것과 부모가 원하는 것 사이에는 항상 차이가 있게 마련입니다. 그럴 때 어떻게 합니까? 자녀가 원하는 대로 다 해줍니까? 자녀를 망치는 지름길이 자녀가 원하는 대로 다 해주는 것입니다. 아이들은 분별력이 부족하기 때문입니다.

물론 부모라고 해서 언제나 옳기만 한 것은 아닙니다. 그래서 부모 역시 올바른 선택을 하기 위해 늘 주님 안에서 깨어 있어야 합니다. 그러나 우리의 하늘 아버지이신 하나님은 언제나 옳으신 분입니다. 그분은 실수하지 않으시는 우리 하나님이십니다. 우리가 원하는 것과 하나님이 우리에게 주고자 하시는 것의 차이를 우리가 제대로 이해하기만 한다면, 그래서 하나님이 공급하시는 것을 내 것으로 제대로 누리기만 한다면 우리는 하나님의 자녀로서 이 땅에서 가장 복된 인생을 살 수 있습니다.

너를 위해 준비했단다

어떤 사람이 사업을 하다가 그만 부도 위기에 처하고 말았습니다. 어려운 상황에서 하루하루 피 말리는 시간을 보내고 있었는데, 어느 날 너무 피곤하여 아침에 평소보다 조금 늦게 집을 나섰습니다. 그때 가 가을이었는데 문득 하늘을 올려다보니 하늘이 정말 파랗고 아름답 더랍니다. 그 순간, 자신도 모르게 "에이, 하늘은 왜 이렇게 파래?" 하고 불평이 나왔다고 합니다. 너무 힘든 나날이 계속되다 보니 순간적으로 푸념이 나온 것입니다.

그리고 차에 올라타 평소처럼 찬송가 테이프를 틀어놓고 운전을 하는데, 찬송가 한 구절이 마음에 와서 탁 부딪히면서 아무 생각 없이 했던 푸념이 하나님께 그렇게 죄송할 수 없었다고 합니다. 하나님은 힘들어하는 자신을 위해 오늘 이렇게 아름답고 파란 하늘을 펼쳐주셨는데, 자신은 그것을 보고 감사하기는커녕 불평만 늘어놓았으니 말입니다. 그는 하나님께 죄송한 마음에 그만 펑펑 울고 말았다고 합니다.

이미 오래전에 들었던 간증인데도 저는 이 간증이 잊히지 않습니다. 당신은 오늘 아침에 하나님께서 바로 당신을 위해 태양이 동쪽에서 떠오르게 하셨다는 사실을 알고 있습니까? 그것을 모른다면 당신은 아직도 아버지의 마음을 모르고 있는 것입니다. 누가 태양을 움직이고, 누가 우주를 다스립니까? 바로 우리의 아버지 되신 하나님이십니다. 그리고 그 하나님께서는 자녀인 우리를 위해 지금도 그 일들을 하고 계신 것입니다.

제가 얼마 전에 미국에 다녀올 일이 있었습니다. 미국에 정말 수많은 사람이 살고 있지만, 제가 LA 공항에 도착하자마자 고개를 두리번거리며 가장 먼저 찾았던 사람은 다른 누구도 아닌 미국에서 지내고 있는 제 아들이었습니다. 공항에는 정신이 없을 정도로 많은 사람들이 지나다니고 있었고, 또 저를 마중 나오기로 한 사람들도 있었습니다. 그러나 저는 누구보다 제 아들이 보고 싶었고 아들을 찾기 위해 한참 동안 이리저리 두리번거렸습니다.

육신의 아버지인 제가 이럴진대, 하나님 아버지는 어떻겠습니까? 하나님이 이 땅을 내려다보실 때 누구에게 눈길이 가겠습니까? 그분의 아들과 딸인 우리에게 시선을 향하지 않으시겠습니까? 바로 이것이 하나님이 우리에게 들려주시는 "너는 내 아들이다. 너는 내 딸이다"라는 표현 안에 담긴 하나님 아버지의 마음입니다. 그러니 그런 하나님 아버지의 마음을 느끼지 못하고 우리가 그분의 자녀인 것이 얼마나 영광스러운 것인지 깨닫지 못한 채 살아간다면 우리는 영락없는 '철딱서니 없는 자식'이 되고 마는 것입니다.

마음껏 구할 수 있는 자녀의 특권

제 아들은 어릴 때부터 우유를 무척 좋아했습니다. 아들이 어릴 때 종종 이런 장면이 연출되곤 했습니다. 밖에 나갔다 돌아온 아들이 가장 먼저 하는 일은 냉장고 문을 여는 일이었습니다. 그것도 꼭 냉장고 문짝을 뜯어낼 것처럼 세게 엽니다. 그리고 우유를 꺼내서 커다란 머

그잔에 '콸콸' 쏟아 붓고는 그것을 단숨에 들이킵니다. 절대 한 잔으로 만족하지 않습니다. 또 한 컵을 가득 따라서 마신 뒤에야 만족스러운 표정으로 제 방으로 들어갑니다.

제가 그 옆에 있어도 아들은 절대로 제게 "아빠, 우유 한 잔 마셔도 돼요?"라고 묻는 법이 없습니다. 그렇다고 제가 아들에게 "너는 내 아들이니 이 집에 있는 것은 뭐든 마음대로 먹어도 좋다"라고 말한 적도 없습니다. 아마 아내도 그런 말을 한 적이 없을 것입니다. 그런데도 아들은 자연스럽게 집안의 모든 것을 자신의 것으로 알고 누리며 먹습니다.

어쩌다가 냉장고 문을 열었는데 우유가 없으면 화를 내며 소리를 지릅니다.

"엄마! 우유가 왜 없어요?"

아니, 우유가 없으면 조용히 물 마시고 방으로 들어갈 것이지, 자기가 돈 벌어서 우유를 사 오는 것도 아니면서 왜 화를 냅니까? 그런데 더 당황스러운 것은 아내의 반응입니다. 아내는 "미안하다. 엄마가 깜빡 잊었구나"라고 말하며 어쩔 줄 몰라 합니다. 그러면 아들은 그런 엄마를 향해 "아니, 미안할 일을 왜 하세요?"라고 쏘아붙입니다. 사실 말을 바로 하자면, 아내가 아들에게 미안할 일이 무엇입니까? 저는 그 장면을 보면서 혼자 웃음을 참지 못하고 피식거리곤 했습니다. 이런 이상한 일들이 집집마다 벌어집니다. 왜 이런 일이 벌어집니까? 부모 자식 간이기 때문입니다.

하나님과 우리의 관계가 바로 이런 '아버지와 자녀' 관계입니다. 그런데 하나님과는 왜 이런 애틋하고 친근한 느낌이 들지 않는 것일까요? 하나님께서는 분명히 우리를 향해 "너는 내 아들이다. 너는 내 딸이다"라고 말씀하시는데, 정작 우리 안에서는 하나님이 아버지가 아니라 삼촌이나 아니면 그보다 더 먼 사돈의 팔촌쯤 되는 것처럼 느껴집니다. 바로 이것이 우리의 문제입니다.

우리 삶에 벌어지는 모든 문제는 하나님과의 관계에서 시작됩니다. 그렇기 때문에 삶의 문제를 만날 때 우리는 무엇보다도 하나님과의 관계를 먼저 진단해보아야 합니다. 하나님이 말씀하신 것처럼 우리가 하나님을 "아빠 아버지"라고 부르는 '아버지와 자녀' 관계 속에서 신앙생활을 한다면 우리가 극복하지 못할 문제가 없고, 우리가 풀지 못할 문제가 없을 것입니다.

그리고 그 관계 안에서 아버지이신 하나님이 우리에게 주고자 하시는 것이 무엇인지 늘 살펴보아야 합니다. 그래서 하나님이 주시겠다고 약속하지 않으신 것들에 마음 쓰지 말고 하나님이 주시겠다고 약속하신 것을 믿음으로 주장하고 구해야 하는 것입니다. 그럴 때 하나님이 약속하신 풍성한 삶을 누리며 살 수 있게 됩니다.

우리를 자녀로 부르신 이유

하나님께서 우리를 자녀로 부르신 목적은 무엇일까요? 부모는 자녀를 위해 모든 좋은 것을 다 주고자 합니다. 이것이 부모의 마음입니다.

우리의 하늘 아버지께서도 마찬가지이십니다. 하나님은 자녀인 우리가 이 세상을 살면서 누구보다 복되게 살기를 바라십니다. 하나님의 모든 좋은 것을 누리게 하시려고 우리를 자녀로 부르신 것입니다.

그런데 가끔은 이런 이야기가 믿기지 않을 때가 있습니다. "정말 그런가?" 하며 의심이 듭니다. 왜냐하면 세상을 살면서 행복하고 건강하고 즐거울 때보다 힘들고 고통스럽고 어려울 때가 더 많기 때문입니다. 그러나 우리는 이 사실을 기억해야 합니다. 오늘날 우리가 건강하지 못하고 행복하지 못하게 하는 모든 요소는 하나님으로부터 온 것이 아니라는 것을 말입니다.

흔히들 "고난이 축복이다"라는 말을 많이 합니다. 그러나 우리는 그 의미를 잘 새겨야 합니다. 이 말은 '고난 자체가 축복'이라고 말하는 것이 아닙니다. 세상을 사는 동안 우리는 여러 가지 이유로 고난과 고통을 만납니다. 부모의 실수나 나의 실수로 고난을 만나기도 하고 이유를 알 수 없는 고난을 만날 때도 있습니다. 그러나 분명한 것은 고난 자체가 축복은 아니라는 것입니다. 만약 고난 자체가 축복이라면 천국에도 고난이 있어야 하는 것 아닙니까?

"고난이 축복이다"라는 말은 그런 뜻이 아니라 우리 삶에 고난이 왔지만 하나님께서 그 고난이 축복이 되게 하시겠다는 의미입니다. 그 고난을 통해 우리를 성장시키고 자라게 하시겠다는 의미이지 고난 자체가 축복이라는 뜻이 아니라는 것입니다. 우리의 아버지 되시는 하나님은 자녀인 우리가 세상에서도 안락한 삶을 누리기 원하십니다.

자녀 양육 잘할 수 있는 안락한 집도 주기 원하시고, 부부간의 금실도 좋기를 바라시며, 자녀들이 잘 자라서 다음세대가 훌륭하게 이어지기를 바라십니다. 하나님은 이 모든 좋은 것들을 자녀인 우리에게 주기 원하십니다.

가장 좋은 것을 주기 원하시는 하나님

그러나 이 모든 것보다 하나님이 진정으로 우리에게 주고자 원하시는 것이 있습니다. 설령 다른 모든 것을 갖지 못하더라도 그것 한 가지만큼은 반드시 주겠다고 약속하신 것입니다. 바로 그것이 아버지 되신 하나님께서 자녀인 우리에게 주고자 하시는 가장 좋은 것이자 또 우리를 그분의 자녀로 부르신 궁극적인 목적입니다.

> 곧 창세 전에 그리스도 안에서 우리를 택하사 우리로 사랑 안에서 그 앞에 거룩하고 흠이 없게 하시려고 엡 1:4

하나님께서는 우리를 거룩하고 흠이 없게 하시려고 자녀로 택하여 부르셨습니다. '거룩하다'는 것이 무엇입니까? '거룩'은 단순히 '착하게 사는 것' 정도를 말하는 것이 아닙니다. '거룩'은 한마디로 하나님의 본성입니다. 따라서 우리가 거룩하게 된다는 것은 아버지인 하나님의 본성을 닮는다는 뜻입니다.

본래 하나님의 자녀였던 우리는 하나님의 집을 떠나버렸습니다. 그러다 예수 그리스도의 십자가 공로로 이제 양자(養子)가 되어 다시금 하나님의 집으로 돌아왔습니다. 하나님의 자녀로서의 신분이 회복된 것입니다. 그렇기 때문에 우리에게는 하나님의 좋은 것이 약속되어 있습니다. 누리며 살아도 괜찮습니다. 오히려 "저는 하나님의 좋은 것을 누릴 자격이 없습니다"라고 말하며 하나님이 주고자 하시는 좋은 것들을 거부하는 것이 도리어 아버지 되신 하나님의 마음을 아프게 하는 것입니다.

그러나 그것이 끝이 아닙니다. 이 세상에서 안락하고 편안하게 하나님이 베푸시는 것들을 기뻐하면서 사는 정도로 끝나서는 안 됩니다. 하나님께서 왜 그렇게 행하셨는지 알아야 합니다. 하나님이 우리에게 주고자 하시는 가장 좋은 것이 무엇입니까? 그것을 알아야 하나님이 우리를 자녀로 부르신 목적대로 우리가 살 수 있기 때문입니다. 그것은 바로 하나님을 닮아가게 하려는 것입니다. 지금까지 우리 삶의 목표가 그저 잘 먹고 잘사는 것에 있었다면 이제는 그 차원에서 벗어나야 합니다. 세상의 자리에서 하나님의 편으로 우리의 자리를 옮겨야 합니다. 그것이 '거룩'의 뜻입니다.

'거룩하다'는 말은 다른 말로 '구별된다'는 의미입니다. 세상에서 구별되어 하나님의 자리에 서는 것입니다. 어둠의 땅에서 빛의 땅으로 옮기는 것입니다. 죽음의 땅에서 생명의 땅으로 옮기는 것입니다. 무분별의 땅에서 지혜의 땅으로 옮기는 것입니다. 이스라엘 백성이 애굽에서 빠져나와 젖과 꿀이 흐르는 하나님의 약속의 땅 가나안으로 옮겨간 것처럼 우리가 세상과 구별되어 하나님의 땅에 서는 것, 그것이 바로 '거룩'입니다.

우리가 세상에서 비록 남들만큼 누리며 살지 못하더라도 그것은 지나가면 다 끝나는 것입니다. 별로 중요한 문제가 아닙니다. 그러나 우리가 결코 놓쳐서는 안 되는 핵심은 '그리스도를 닮는 것'입니다. 이 일에 있어서는 결코 실수하거나 실패해서는 안 됩니다. 그것이 하나님이 우리를 자녀 삼으신 목적이기 때문입니다.

철종 형 신앙생활에서 벗어나라

조선왕조 25대 왕은 철종이었습니다. 그가 어떻게 하여 왕위에 오르게 되었는지는 역사에 자세히 기록되어 있습니다. 그는 강화도령으로 살다가 어느 날 갑자기 조선왕조의 왕이 되었습니다. 철종의 증조할아버지가 사도세자인데, 사도세자가 영조의 손에 죽고 난 후 그의 후궁이었던 숙빈 임씨는 궐 밖으로 쫓겨나 살다가 죽었고, 그의 두 아들 은언군과 은신군도 유배를 갔다가 각각 제주도와 강화도에서 죽었습니다. 철종은 바로 은언군의 손자로 강화도에서 평민처럼 살다가 갑자기 왕위에 오르게 된 것입니다.

당시 권력을 쥐고 있던 신하들은 똑똑한 왕을 원하지 않았습니다. 그렇다고 해서 이성계의 피를 이어받지 사람이 왕이 될 수도 없었습니다. 그래서 왕가의 혈통을 지닌 사람 중에 자신들이 좌지우지할 수 있는 사람을 찾기 위해 애 쓰다가 찾아낸 사람이 바로 철종입니다.

그렇기 때문에 철종은 왕이 되었지만 전혀 왕답게 살 수 없었습니다. 왕이 제대로 왕 노릇 하기 위해서는 많은 것을 배워야 했지만 똑똑한 신하들은 왕을 가르치지 않았습니다. 그러니 자연히 철종은 왕이었음에도 불구하고 왕답게 살지 못하고 후궁들을 희롱하고 술이나 마시며 방탕한 생활을 하다가 일찍 죽고 말았습니다.

우리는 이 같은 '철종 형 그리스도인'이 되는 것을 경계해야 합니다. 실제로 교회 안에 수많은 '철종 형 그리스도인'이 있습니다. 우리가 어떻게 하나님의 자녀가 되며, 어떻게 왕 같은 제사장이 됩니까? 예수 그리스도의 보혈의 은혜로 되는 것입니다. 예수님이 흘리신 피가 나를 위해 흘리신 피라는 사실을 믿기만 하면 우리는 하나님의 자녀가 되고 왕 같은 제사장이 됩니다.

그러나 거기에서 그치면 안 됩니다. 예수 그리스도의 십자가의 은혜로 하나님의 자녀가 된 다음에는 우리를 거룩하게 구별하셔서 하나님의 자녀답게 성장시키려는 하나님의 가르침을 받고 성숙해가야 합니다. 먹고 살기 바쁘다는 이유로, 피곤하다는 이유로 이런저런 핑계를 대며 계속 방탕한 생활을 영위하면 안 됩니다. 그것이 바로 '철종 형 그리스도인'의 모습에 머무는 모습입니다.

아버지의 마음을 아는 자녀

우리는 우리를 자녀로 부르신 하나님 아버지의 마음을 아는 자녀가 되어야 합니다. 그 마음을 날마다 느낄 수 있어야 합니다. 하나님께서는 오늘도 우리를 위해 천지만물을 운행하고 계십니다. 아버지이신 하나님이 행하시는 모든 일이 어찌 자녀인 우리와 상관없는 일이겠습니까? 하나님께서는 그 엄청난 일을 우리를 위해 행하시는 동시에 우리의 작은 신음에도 귀를 기울이시며 염려하시는 분이십니다.

이토록 엄청난 특권을 누리는 자리로 우리를 부르신 하나님의 은혜를 다시 한 번 새롭게 새기기 바랍니다. 또한 하나님을 '아빠 아버지'라고 부를 수 있는 그 커다란 영광을 마음 깊이 새겨야 합니다. 하나님의 자녀로 부름 받은 우리는 다 존귀한 신분입니다. 그러니 신분에 맞게 행해야 합니다. 기분 나쁘다고 술 마시고 행패 부리면서 인생을 함부로 살면 안 됩니다. 우리 한 사람 한 사람이 얼마나 귀한지, 우주만물의 통치자이신 하나님께서 우리 한 사람을 얼마나 귀하게 바라보고 계신지 기억해야 합니다.

기쁨을 이기지 못하시는 하나님 아버지

정상적인 부모라면 자녀를 바라만 보아도 흐뭇하고 기쁩니다. 사실, 생각해보면 자녀라는 존재는 참 불가사의한 존재입니다. 자녀를 돌보고 양육하고 키우는 것이 얼마나 힘든 일입니까? 자녀에게 들어가는 수고며 노력이며 물질이 보통이 아닙니다. 게다가 자녀가 부모의 말을 잘 듣기나 합니까? 그런데도 부모의 마음속에는 자녀를 생각만 해도 밝은 불이 '탁' 켜지는 것처럼 기쁨이 밀려듭니다. 부모에게 자녀란 그런 존재입니다.

하나님께서도 우리를 향해 그런 기쁨을 느끼십니다. 스바냐서의 말씀대로 하나님은 우리가 아무리 부족하고 어리석어도 우리를 바라보시며 기쁨을 이기지 못하십니다.

> 너의 하나님 여호와가 너의 가운데에 계시니 그는 구원을 베푸실 전능자이시라 그가 너로 말미암아 기쁨을 이기지 못하시며 너를 잠잠히 사랑하시며 너로 말미암아 즐거이 부르며 기뻐하시리라 하리라 습 3:17

우리는 그 아버지의 마음을 아는 자녀가 되어야 합니다. 그래서 하나님이 예비하신 좋은 것을 누리는 것뿐 아니라 이제 하나님을 닮아가는 자녀로 성장해가야 합니다. 우리의 목숨이 다하는 그날까지 하나님의 거룩하심을 닮아가고, 하나님의 사랑과 온유와 겸손의 본(本)으로 인간의 몸을 입으시고 이 땅에 오신 예수 그리스도를 닮아가야 합니다. 그것이 우리를 자녀로 부르신 하나님의 목적입니다.

이 땅에서 예수님이 걸어가신 길을 우리도 걸어가야 합니다. 예수님과 우리는 전혀 별개의 존재가 아닙니다. 많은 사람들이 예수님을 닮아야 한다고 할 때 이런 생각을 합니다.

"그분은 하나님의 아들이니까 그럴 수 있는 거지. 나는 할 수 없어!"

그러나 이런 생각을 하는 사람은 하나님의 자녀로서의 자신의 신분과 위치를 제대로 깨닫지 못하고 있는 것입니다. 예수님은 하나님의 맏아들이자 우리의 형제이십니다. 우리는 예수 그리스도의 형제이자 하나님의 자녀로 부름 받은 것입니다. 그러니 우리는 모두 아버지이신 하나님을 닮아가야 하는 존재입니다.

시편 기자는 이렇게 고백합니다.

그(사람)를 하나님보다 조금 못하게 하시고 영화와 존귀로 관을 씌우셨나이다 시 8:5

정말 놀라운 표현 아닙니까? 하나님이 인간을 지으실 때 하나님보다 조금 못하게 지으셨다는 것입니다. 사실, 어찌 생각해보면 불경스럽게 느껴지기도 하는 표현입니다. 어찌 사람을 감히 하나님과 견주어 말한단 말입니까? 그러나 이 표현은 하나님이 친히 다윗에게 부어 주신 표현입니다.

예수님은 마태복음 5장 48절에서 이렇게 말씀하십니다.

그러므로 하늘에 계신 너희 아버지의 온전하심과 같이 너희도 온전하라 마 5:48

왜 우리에게 이런 명령을 주시는 것입니까? 우리가 그분의 자녀이기 때문입니다. 에베소서 2장 10절은 우리를 '하나님이 만드신 바', 곧 그의 작품이라고 표현합니다. 이것이 우리를 향한 하나님의 뜻입니다. 그러니 이 땅에서 자신의 형편이 남들보다 조금 못하다고 해서 마음 상할 것이 전혀 없습니다. 정말 우리가 마음 상해야 할 일은 내가 우리 아버지를 얼마나 닮았느냐 하는 문제여야 합니다. 이것이 우리의 삶의 가장 중요한 주제입니다.

우리는 주님이 다시 오시는 그날까지 하나님을 아버지라 부르며 자녀 된 길을 걸어가야 할 그분의 자녀들입니다. 우리가 얼마나 영광스러운 부름을 받은 것인지, 우리가 걸어가야 할 그 길이 하나님 보시기에 얼마나 복되고 귀한 길인지 다시 한 번 마음에 깊이 새기기 바랍니다. 그래서 주님이 다시 오시는 그날까지 그 길을 기쁨으로 걸어가리라는 고백을 하나님 앞에 올려드리기 바랍니다.

9 가정,

세상을 하나님나라로 세우고자 하시는
하나님의 전략

사탄도 알고 있다

미국의 샌프란시스코에서 달라스로 가는 비행기 안에서 있었던 일입니다. 어느 부인 곁에 턱수염을 멋지게 기른 젊은 청년이 앉아 있었습니다. 비행기가 이륙하자 곧 기내식이 나왔습니다. 승무원이 청년에게 식사를 무엇으로 하겠느냐고 묻자 청년은 금식 기도 중이기 때문에 음식을 먹지 않는다고 대답했습니다.

옆자리에 앉은 부인은 자기 아들 같기도 하고 조카 같기도 한 젊은 청년이 여행 중에 금식 기도를 한다니 기특한 마음이 들어서 이렇게 물었습니다.

"저도 예수님을 믿어요. 당신도 크리스천인가요?"

당연히 그렇다는 대답을 기대한 질문이었습니다. 그런데 들려오는 대답은 놀랍게도 이랬습니다.

"아니오, 저는 사탄 숭배자입니다."

그러면서 그는 미국 전역에 있는 목회자들의 가정과 결혼 생활을 파괴하기 위해 사탄교회 지도자들이 매주 화요일을 금식 기도의 날로 정했다고 설명했습니다.

샌프란시스코에는 특히 사탄의 교회가 많다고 합니다. 아예 드러내놓고 '사탄의 교회'라고 써 붙여놓고 모입니다. 그 부인은 당황한 기색을 감추고 달라스에는 왜 가느냐고 물었습니다. 그랬더니 며칠 후에 달라스에서 미국 전역에서 사탄을 숭배하는 자들이 모이는데, 그 모임에 참석하기 위해 간다는 것입니다. 그런데 그 모임의 목적이 미국 남부지역 교회의 약화를 위해 사탄에게 기도하기 위해서라고 합니다.

미국 동남부 지역은 흔히 '바이블 벨트'라고 불리는 지역으로, 교회의 영적 파워가 강한 휴스턴, 달라스, 애틀랜타로 이어지는 곳입니다. 그곳에 남침례교를 중심으로 보수적이면서도 강력한 교회들이 많이 자리 잡고 있습니다. 그 중심에 가서 교회의 세력이 약해지기를 기도한다는 것입니다.

그러면서 청년은 이런 이야기를 덧붙였습니다. 자기들이 교회를 약화시켜달라고 기도할 때 집중적으로 기도하는 제목이 하나 있는데, 그것은 교회 리더들의 가정을 깨뜨려달라는 것이라고 합니다. 가정이 깨어지면 교회가 깨어지기 때문입니다.

그들의 기도가 얼마나 영향력을 발휘하는지 확인할 길은 없지만 그 말만큼은 틀림없는 사실입니다. 가정이 바로 교회이기 때문입니다. 가정이 약화되면 교회는 무너질 수밖에 없습니다. 그렇기 때문에 교회를 깨뜨리려는 자들이 집중적으로 기도하는 것이 목사 부부가 싸우고, 장로 부부가 이혼하고, 소그룹 리더들의 가정이 깨어지고, 그들의 자녀들이 엇나가게 해달라는 것입니다. 그래서 깨어진 자기 가정에 급급하여 영혼 구원이나 하나님나라의 확장 같은 것에는 관심을 갖지 못하게 하려는 것입니다. 그렇게 되면 교회는 자연히 약화되고 신앙 운동 역시 약해질 수밖에 없습니다.

가정이 하나님의 전략이다

이 이야기는 팀 라헤이(Tim LaHaye)가 쓴 《목회자가 타락하면》이라는 책의 첫머리에 나오는 실화입니다. 여기서 알 수 있는 것처럼 사탄은 매우 전략적입니다. 대충 일하는 존재가 아닙니다. 사실 솔직한 말로 누구보다 뛰어나고 명석한 존재입니다. 물론 그렇더라도 하나님의 지혜는 결코 따라올 수 없는 자이기에 우리가 두려워할 필요는 없지만, 사탄의 전략에 한번 휘말리게 되면 헤어 나오기 쉽지 않은 것도 사실입니다. 그렇기 때문에 늘 깨어서 사탄의 계략에 넘어가지 않도록 주의해야 하는 것입니다.

사탄이 전략적인 것 이상으로 우리의 하나님도 전략적이십니다. 하나님께서는 하나님나라와 신앙운동이 어떻게 확장되고 세워져 가는지 사탄보다 앞서서 이미 알고 계셨습니다. 남자와 여자를 만드시고, 그 둘이 부부가 되어 가정을 이루게 하신 분이 바로 하나님이십니다. '가정'은 온전히 하나님의 아이디어이며, 가정의 설계자 역시 하나님이십니다. 사람이 모여서 살다 보니 우연히 생긴 것이 '가정'이 아니라는 것입니다. 성경은 인간의 창조와 함께 가정의 창조를 하나님이 행하셨음을 명확하게 선포하고 있습니다.

하나님께서는 그분의 전략 중심에 '가정'을 두셨습니다. 가정이 하나님의 말씀을 따라 온전히 세워짐으로 하나님나라의 확장이 이뤄지고 가정에서부터 흐르는 복이 세상으로 흘러나가게 한 것입니다. 하나님께서는 이 같은 전략을 가지고 지금도 인류 사회를 이끌어가고 계십니다.

몇 해 전, 미국 사회의 흑인 문제를 다룬 글을 하나 읽은 적이 있습니다. 그 글에서 지적하고 있는 문제는 오늘날 미국의 흑인 성인 남성의 경우 3분의 1이 전과자 혹은 현재 감옥에 수감된 상태라는 것이었습니다. 그 정도로 미국 사회의 흑인 문제가 심각한데, 그 글은 흑인 문제의 원인을 그들의 가정이 무너진 것에서 찾고 있었습니다. 그러면서 흑인 문제를 해결하는 가장 빠른 길은 가정을 회복하는 길이라고 제시했습니다.

실제로 흑인들이 많이 모여 살고 있는 슬럼가에 가보면 아버지 없이 할머니나 어머니 밑에서 지내는 아이들이 대부분입니다. 아버지는 집을 나가고 없거나 감옥에 수감 중입니다. 그러니 정부에서 주는 보조금을 받아서 근근이 사는 것이 슬럼가 가정의 일반적인 모습입니다. 아빠 없이 자란 아이들은 제대로 된 '아버지의 역할 모델'을 경험하지 못한 채 가정에 대한 어떤 책임감도 비전도 없이 아무나 만나 살다가 쉽사리 가정을 깨뜨려버리는 악순환의 연속인 것입니다.

깨진 가정의 문제는 비단 흑인 사회만의 문제가 아닙니다. 미국의 대선주자들의 주장을 들어보면 너나 할 것 없이 미국 사회를 제대로 세우기 위해서는 가정이 제대로 서야 한다는 것을 강조합니다. 그만큼 가정이 사회의 근간이 되기 때문입니다. 가정이 회복될 때 사회가 회복됩니다. 가정이 회복될 때 교회가 회복됩니다. 가정이 회복될 때 하나님나라의 확장이 일어나는 것입니다.

가정을 선물로 주신 하나님

하나님은 우리에게 그분 자신을 '아버지'로 주셨습니다. 이것이 우리가 하나님께 받은 최고의 선물입니다. 그러면 하나님이 주신 두 번째 선물은 무엇일까요? 바로 배우자입니다. 부모가 먼저 아니냐고 반박할 사람이 있을지 모르겠지만, 결혼을 해본 사람이라면 부부 관계가 부모 자식 간보다 더 친밀한 관계인 것을 알 것입니다. 바로 그 배우자가 하나님이 우리에게 주신 두 번째 선물이라는 것입니다.

어떻습니까? 이 말에 동의가 되십니까? 어떤 사람은 "그 말은 지금 나와 함께 사는 그 사람이 어떤 사람인지 당신이 몰라서 하는 소리에요!"라고 펄쩍 뛸지 모르겠습니다. 그러나 그것은 관계를 아름답게 가꾸지 못한 우리 탓이지 하나님 탓이 아닙니다. 하나님께서는 본래 가족을 만드시고 우리에게 가정을 허락하실 때 정말 아름다운 계획을 가지고 계셨습니다. 그 사실을 기억해야 합니다.

안타깝게도 우리 가운데 하나님이 원래 세우신 계획만큼 아름답게 가정을 잘 가꾸고 세워나가는 사람은 아무도 없습니다. 그 계획에 조금 더 가까이 근접한 가정, 그보다 조금 못한 가정, 아주 동떨어진 것처럼 보이는 가정 등 정도의 차이가 있을 뿐 우리는 모두 하나님의 계획에 미치지 못하고 있습니다.

연애 때나 결혼 초기에는 그렇게 사이가 좋아 보이던 부부가 왜 얼마 있지 않아 소 닭 보듯이 무심한 관계가 될까요? 우리가 하나님을 떠나 있기 때문입니다. 하나님의 사랑으로 사랑하는 법을 배우지 못했기 때문입니다. 이기적인 사랑으로 사랑하기 때문입니다.

하나님께서는 우리의 가정이 하나님이 처음 세우신 계획과 같이 회복되기를 바라십니다. 우리의 가정이 하나님의 은혜가 가득한 가정, 복된 가정으로 회복될 때 그 가정을 중심으로 거룩한 교회 운동, 신앙 운동, 하나님나라의 운동이 이루어질 것이기 때문입니다. 그것이 하나님이 세우신 하나님의 전략이기 때문입니다. 바로 그 전략을 위해서 하나님께서는 인류 첫 부부인 아담과 하와를 결혼시키셨고 그들이 서로 섬기며 돕는 배필이 되게 하셨습니다. 그 가정을 세우심으로 인류가 시작되게 하셨습니다.

이렇듯 가정을 계획하시고 세우시면서 하나님이 품으신 뜻이 무엇인지, 하나님이 축복으로 주신 가정을 어떻게 해야 온전히 축복으로 누릴 수 있으며 오늘날 망가지고 부서진 가정을 어떻게 회복할 수 있는지 에베소서 5장의 말씀을 중심으로 살펴보고자 합니다. 가정 안에 하나님이 우리에게 주신 놀라운 축복과 승리의 비밀이 담겨 있습니다. 그것이 하나님이 우리에게 주신 약속의 말씀이기 때문입니다.

성령충만, 가정 회복을 위한 급선무

그렇다면 우리의 가정이 하나님의 뜻에 따라 온전히 회복되기 위해 가장 시급하게 필요한 것이 무엇일까요? 어떻게 하면 우리 가정이 주님 안에서 온전히 세워져서 하나님나라와 이 사회를 위해 쓰임 받을 수 있겠습니까? 돈이 많으면 될까요? 언젠가 TV 프로그램에서 어느 부부가 전문가와 상담하는 장면이 방영되는 것을 잠시 본 적이 있습니다. 그 남편은 매주 복권을 산다고 합니다. 그리고 아내에게 "복권 당첨되면 한국을 떠나자"라고 말한다고 합니다. 그 남편의 염원처럼 우리가 복권에 당첨되어 수백억 원이 생기면 이 땅에서 아무 걱정 없이 멋진 가정을 만들 수 있을까요? 만약 그렇게 생각한다면 우리는 하나님과 아무 상관없는 자들입니다. 그리스도인이 아닌 것입니다.

물론 그렇다고 세상 사는 데 돈이 필요 없다는 말은 아닙니다. 돈도 필요합니다. 성경은 돈이 필요 없다고 가르치지 않습니다. 그러나 우리 가정이 온전히 회복되어 세워지는 데 필요한 제1순위가 돈이라고 생각하는 것이 문제입니다. 그 사람은 그리스도인이 아니라 돈을 교주로 생각하는 '돈 교회 교인'인 것입니다.

그러면 이런 생각은 어떨까요?

"당연히 하나님이 필요합니다. 그렇지만 돈도 필요합니다."

그럴듯한 말입니다. 하지만 이런 생각 역시 그리스도인의 생각은 아닙니다. 예수님이 직접 말씀하지 않으셨습니까? 하나님과 재물을 겸하여 섬길 수 없다고 말입니다(마 6:24). 우리는 우리가 진정한 그리스도인으로서 살고 있는지 자신을 잘 살펴봐야 합니다. 돈을 많이 버는 것, 좋은 학교 나오는 것, 좋은 직장에 취업하는 것 물론 중요합니다. 그러나 그런 것들을 갖춘다고 해서 하나님이 허락하신 축복이 축복이 되는 것이 아님을 알아야 합니다. 성경은 뭐라고 말합니까?

> 술 취하지 말라 이는 방탕한 것이니 오직 성령으로 충만함을 받
> 으라 엡 5:18

하나님이 축복으로 주신 가정을 축복으로 누리기 위해서는 가장 우선적으로 성령으로 충만해야 합니다. 성령에 취해야지 술에 취하면 안 된다는 말씀입니다. 여기서 '술'은 세상 문화의 대표주자로 언급된 것입니다. 술에 취하고, 돈에 취하고, 승진에 취하고, 세상 쾌락에 취하는 것은 결코 정답이 될 수 없다는 것입니다. 성령에 취해야 합니다. 하나님께 취해야 합니다. 그것이 에베소서에서 말하는 "성령으로 충

만함을 받는 것"입니다.

신분에 합당한 삶을 위해 성령충만하라

여기서 사도 바울이 '성령충만'을 언급하고 있는 위치를 한번 짚고 넘어가야 합니다. 사도 바울의 서신서 대부분이 그렇지만 편지 앞부분에서는 대부분 교리에 대해 가르칩니다. 지금 우리가 살펴보고 있는 에베소서 같은 경우 서두에 '은혜로 받은 구원과 구원받은 우리가 갖게 된 놀라운 신분'에 대해 언급합니다.

그런데 구원받은 우리가 갖게 된 놀라운 신분에 대해 언급하고 있는 에베소서의 수신인인 에베소 사람들은 그리 뛰어난 신분의 사람들이 아니었습니다. 세속적으로 말해서 에베소의 그리스도인들은 그 사회의 중산층에조차 속하지 못한 하루하루 제대로 먹고 살기도 어려워 쩔쩔매는 수준의 사람들이 대부분이었습니다. 그런데도 바울은 그들을 향해 "우리는 예수 그리스도로 말미암아 영광스러운 신분을 받은 자다"라고 선포합니다.

그리고 우리가 그런 영광스러운 신분을 받았기 때문에 그 신분에 합당한 삶을 살아야 한다는 내용이 이어지고 있는 것이 에베소서입니다. 구체적으로 거짓을 버리고 마귀에게 틈을 주지 말고 도둑질하지 말고 우상숭배하지 말며 음란하지 말고 세상에 취하지 말 것 등을 권면하고 있습니다. 이 순서가 중요합니다. 영광스러운 신분을 받는 것이 먼저입니다. 그 신분은 어떻게 받습니까? 하나님의 은혜로, 예수 그리스도의 십자가 공로로, 믿음으로 받는 것입니다. 그 다음에 그 신분에 합당한 삶이 무엇인지를 배워야 하는 것입니다.

실제로 우리가 신앙생활을 하면서 배워가는 것들이 바로 이런 것들입니다. 주일학교에만 다녀도 예수 믿는 우리가 거짓말하지 말고 바르게 살아야 한다는 것을 배웁니다. 진리를 깨달아갈수록 선(善)을 베풀고 사랑을 행하며 살아야겠다고 다짐을 하기도 합니다.

그런데 실제 우리의 삶은 어떻습니까? 그렇게 살아보려고 아무리 애를 써도 잘 안 됩니다. 우리가 예수님을 주(主)로 고백하고 영광스러운 신분을 얻었음에도 불구하고 여전히 우리 속에 죄와 연약함이 크기 때문입니다.

그렇기 때문에 바울은 우리가 나아가야 할 삶의 목표를 바라보며 성령충만을 받으라고 권면합니다. 하나님이 우리를 온전히 붙잡아주시는 성령충만을 사모하고 간구하라고 하는 것입니다. 우리 힘으로는 안 되기 때문입니다. 나의 다짐과 결심으로는 부족합니다. 그 길은 우리의 노력과 인간적인 열심으로 갈 수 있는 길이 아닙니다. 그래서 성령충만 받아야 하는 것입니다.

성령충만의 두 가지 결과

구체적으로 어떤 상태가 성령충만의 상태입니까? '충만'은 '한껏 차서 가득한 것'을 말합니다. 쉽게 말해서 물이 컵에 차고 넘치도록 부어진 상태입니다. '성령충만'이라는 것은 하나님이 우리에게 부어져서 그렇게 임하신다는 것입니다.

성경은 이처럼 하나님이 우리에게 충만히 임하실 때, 곧 우리가 성령으로 충만해질 때 두 가지 결과가 나타난다고 말합니다. 하나는 우리에게 선물, 곧 성령의 은사를 주시는 것이고, 또 하나는 성령의 열매를 허락하시는 것입니다.

성령님이 우리를 사로잡을 때 우리에게 없던 은사들이 나타납니다. 예를 들어, 방언이 터진다든지, 방언을 통역할 수 있게 된다든지, 갑자기 말씀을 잘 전할 수 있게 된다든지, 아니면 예전에는 그렇지 않았는데 어느 순간부터 누군가를 보면 안타까운 마음이 솟아나고 섬기고 싶은 깊은 갈망이 생긴다든지 하는 것들입니다. 이런 것들은 하나님이 주시는 선물입니다. 그 은사들을 통해 이웃과 지체들을 섬기게 하시려는 것입니다.

우리가 성령으로 충만함을 입을 때 나타나는 또 다른 결과는 우리 삶에 성령의 열매가 맺히는 것입니다. 성령의 열매가 맺힐 때 우리의 영적 상태가 업그레이드됩니다. 에베소서 5장 이하에서 언급하고 있는 것들은 이런 성령의 열매와 관련된 내용들입니다. 예수 그리스도를 영접한 그리스도인 남편은 어때야 하며, 아내는 어때야 하는지, 자녀와 부모는 어떤 모습이어야 하는지 그 사람의 영적 상태 수준을 이야기하는 성령의 열매와 관련된 권면입니다.

사도 바울은 에베소서 5장 18절에서 "성령으로 충만함을 받으라"라고 권면한 뒤 '아내와 남편'에 대해서, '자녀와 부모'에 대해서, '종과 상전'에 대해서 이야기합니다. 이 세 가지의 인간관계가 사실상 우리가 맺고 있는 인간관계의 전부입니다. 따라서 이 말씀은 우리가 성령으로 충만할 때 부부 관계에서, 부모자식 관계에서, 윗사람과 아랫사람 관계에서, 우리가 맺는 모든 관계에서 성경이 약속하는 이런 사람이 될 것이라는 약속의 말씀인 것입니다.

성령충만에 대한 오해

가끔씩 우리는 성령충만에 대해 오해를 하곤 합니다. 특히 예수님을 믿은 지 오래 되지 않은 분이 자칭 성령충만하다는 교인을 만날 때 빚게 되는 오해입니다. 새벽기도나 철야예배 등 모든 예배의 자리에 나오시는 분과 실제로 가까이서 교제해보면 그 분의 인격이 기대보다 훨씬 못 미친다는 것입니다. 그런 경우라면 십중팔구 "이런 게 성령충만이라면 나는 싫다"고 반응합니다.

안타깝게도 이런 일이 교회 안에서 비교적 자주 벌어집니다. 하지만 이런 섣부른 판단은 잘못된 것입니다. 오해로 인해 성령충만에 대해 마음을 접는 것은 하나님에 대해 마음을 접는 것이나 마찬가지입니다. 누구나 지금까지 밥을 먹다가 돌을 씹어본 경험이 있을 것입니다. 그럴 때 어떻게 합니까? 물론 밥 먹다가 돌을 씹었으니 얼마나 기분이 상했겠습니까? 그러나 그렇다고 해서 "다신 밥 안 먹어!"라고 말하는 사람은 아무도 없을 것입니다.

마찬가지입니다. 우리는 다 연약한 인간들이기 때문에 인간적인 모습에 실망하여 오해하고 마음이 상할 수는 있습니다. 그러나 그렇다고 해서 하나님에 대해 마음을 닫고 외면하는 것은 옳지 않습니다. 완벽한 모범은 오직 우리 주 예수 그리스도밖에 없습니다. 인간은 아무리 훌륭해도 저마다 약점과 연약함을 가지고 있기 마련입니다. 그러니 예수 그리스도라는 완전한 모범을 바라보며 주님이 권면하신 길을 따라 걸어야 하는 것입니다.

드라마 충만? 성령충만!

성령충만에 대해 가장 쉽게 이해할 수 있는 한 예를 들어본 적이 있습니다. 몇 년 전에 들었던 미국의 한 한인교회 장로님에 대한 이야기입니다. 그때 당시 〈한명회〉라는 사극이 한창 인기가 있을 때였는데, 그 장로님이 〈한명회〉 비디오테이프를 처음부터 끝까지 수십 개를 한꺼번에 빌려서 봤다고 합니다. 토요일 하루 종일 보고 시간이 모자라 주일 아침까지 밤새도록 〈한명회〉에 빠져서 한숨도 못 잔 채 허둥지둥 교회로 향했다고 합니다. 그런데 하필 그날이 그 장로님이 대표기도를 하는 날이었습니다.

미리 준비한 기도문이 있기는 했지만 지난 밤 한숨도 못 잔 탓에 졸음이 쏟아져 '최대한 짧고 간단하게 기도하자'라는 마음으로 단상에 올라갔습니다. 단상에 올라가서 "하나님 아버지, 감사합니다. 이 예배를 받아주옵소서"라고 기도하려고 입을 열었는데, 글쎄 입에서는 "하나님 아버지, 황공무지로소이다"라는 말이 튀어나오고 말았습니다.

교회 오기 직전까지 봤던 사극의 영향이었습니다.

그 이야기를 들으면서 참 재미있기도 했지만 바로 그 모습이 성령 충만의 모습이 아닌가 하는 생각이 들었습니다. 그 장로님이 보여준 모습은 '드라마 충만, 사극 충만'이었습니다. 전날 밤새도록 봤던 사극의 말투가 자신도 모르게 튀어나온 것입니다. 드라마를 좋아하는 사람들은 아침드라마, 일일드라마, 월화드라마, 수목드라마, 주말드라마 할 것 없이 드라마에 매진합니다. 그러다 보면 자신도 모르게 드라마에서 봤던 대사나 행동들을 따라하는 자신을 발견하게 됩니다. 바로 그것이 드라마 충만입니다.

그러면 우리가 성령으로 충만하려면 어떻게 해야 합니까? 드라마 좋아하는 사람들이 밤낮 없이 드라마에 매진하는 것처럼 우리도 밤낮 없이 하나님을 바라봐야 합니다. 아침에도 주님을 바라보고, 점심때도 바라보고, 초저녁에도 바라보고, 한밤중에도 바라보고, 평일이고 주말이고 주님을 바라봐야 하는 것입니다. 그러면 성령으로 충만할 수 있습니다.

혹시 바빠서 주님 바라보는 것을 놓치면 어떻게 해야 합니까? 드라마 재방송 보고 인터넷으로 '다시 보기' 찾아서 보는 것처럼 다시 한 번 마음을 새롭게 하여 하나님 앞에 무릎 꿇고 앉아야 합니다. 그러다 보면 자연스레 주님의 모습이 우리의 삶과 행동과 말을 통해 흘러나오게 될 것입니다. 바로 그 모습이 성령충만의 모습입니다.

이렇게 하나님을 사모하게 되면 우리의 사고방식이 하나님의 사고

방식을 닮아가게 되어 있습니다. 하나님이 생각하시는 방식대로 어느 덧 우리도 생각하게 되어 있습니다. 누구든 자신이 몰두하는 것에 의식이 지배받기 때문입니다. 어린아이들이 말을 어떻게 배웁니까? 엄마, 아빠가 하는 말을 그대로 따라서 배웁니다. 매우 자연스러운 과정입니다. 저희 아이들은 서울에서 태어나 서울에서 자랐는데도 사투리를 씁니다. 제가 사투리를 쓰기 때문입니다. 그래서 아이들이 어릴 때 학교에서 받아쓰기를 하면 자꾸 틀려서 오는 통에 속상했던 적도 있었습니다. 제가 아무리 노력해도 안 되는 일이었습니다.

우리 아이들이 부모인 저의 말투와 언어를 배운 것처럼 우리는 하나님의 언어를 배워야 합니다. 우리의 아버지이신 하나님의 언어와 사고방식, 그분이 옳다고 하시는 것과 잘못되었다고 하시는 것들이 우리의 의식 속에서 저절로 흘러넘칠 정도로 하나님을 사모하는 것, 그것이 바로 성령충만입니다.

부부 관계에 있어서 성령충만

에베소서 5장 22-33절에서 사도 바울은 성령충만을 부부 관계에 적용하여 조금 더 구체적으로 언급하고 있습니다. 그 내용을 크게 세 가지로 나누어 살펴볼 수 있습니다.

결혼의 목적이 무엇인가?

첫 번째로 우리가 결혼생활에 있어서 성령충만한 사람인가 아닌가를 진단하기 위해 '나는 결혼의 목적을 무엇이라고 생각하는가?'를 점검해보라는 것입니다. 당신은 결혼을 왜 했습니까? 지금 결혼을 앞두고 있다면 결혼을 왜 하려고 합니까? 무엇을 위해서 멋있는 사랑을 꿈꾸고 결혼생활을 꿈꿉니까? 자신의 행복을 위해서입니까? 그렇다면 그 생각을 바꿔야 합니다. 우리의 사랑과 결혼의 중심에 우리 자신이 있다면 그 결혼은 결코 온전할 수 없습니다. 결혼생활의 중심에 하나님이 계셔야 합니다.

결혼이라는 제도를 만드신 하나님께서는 결혼의 목적에 대해서 뭐라고 말씀하십니까? 주님은 에베소서 5장 22-25절에서 아내와 남편에게 각각 서로 복종하고 사랑하라고 권면하신 후에 그 이유와 목적에 대해 이렇게 말씀하십니다.

> 이는 곧 물로 씻어 말씀으로 깨끗하게 하사 거룩하게 하시고 자기 앞에 영광스러운 교회로 세우사 티나 주름 잡힌 것이나 이런 것들이 없이 거룩하고 흠이 없게 하려 하심이라 엡 5:26,27

이 말씀에서 알 수 있는 것이 무엇입니까? 결혼의 목적은 '행복'이 아니라 '거룩'입니다. 거룩하신 하나님을 닮아가게 하시려는 것입니다. 우리가 그리스도인이라면 결혼생활의 주인공이 '나'가 아니라 '하나님'이시라는 사실을 먼저 인식해야 하는 것입니다. 결혼의 목적이 바로 세워져야 온전한 가정이 세워질 수 있기 때문입니다.

부부싸움을 할 때 서로에게 가장 많이 하는 말이 무엇입니까? 아마도 이 말이 1, 2위 안에 있을 것입니다.

"당신이 나에게 해준 것이 뭐가 있어?"

그러나 이 말은 성령충만한 그리스도인의 입에서 나와서는 안 되는 말입니다. 이 말은 결혼생활의 주인공을 지극히 '나'로 두고 하는 말이기 때문입니다. 우리는 "내가 당신에게 해준 것이 없어서 미안해"라고 고백해야 합니다.

하나님은 남자와 여자 두 사람을 부부로 맺어주시면서 서로를 섬기며 돕는 배필이 될 것을 명령하셨습니다. 나의 섬김으로 배우자가 행복해하면 그것이 바로 내가 하나님을 닮아가는 것이요, 그 결과 가정이 주님 뜻 안에서 온전해지고 서로 함께 행복을 누리는 길인 것입니다. '거룩'이 먼저요, '행복'은 두 번째입니다. 이 순서가 뒤바뀌면 우리는 가정 안에서 결코 참된 행복을 찾을 수 없습니다.

성령충만한 사랑을 하라

두 번째로 본문 말씀은 부부 관계 안에서의 사랑에 관해 구체적으로 언급하고 있습니다. 부부는 기본적으로 성령충만한 사랑으로 서로를 섬겨야 합니다.

그렇다면 성령충만한 사랑이란 구체적으로 어떤 사랑입니까? 성경은 '순종과 사랑을 잘 행하는 것'이라고 설명합니다.

에베소서 본문을 얼핏 보면 아내들에게는 순종을 강조하고 남편들에게는 사랑을 강조하는 것처럼 생각하기 쉬운데, 그렇지 않습니다.
만약 그렇다면 성령충만을 사모하는 경건한 아내가 자기 남편에게는
순종만 하고 사랑은 옆집 남자를 향해 주어도 괜찮다는 말입니까? 아
닙니다. 큰일 날 소리입니다. 그렇게 해석하면 안 됩니다. 사도 바울
은 분명히 이렇게 기록하고 있습니다.

그리스도를 경외함으로 피차 복종하라 엡 5:21

피차 복종해야 하는 것입니다. 아내가 남편에게 복종하고 또 남편
도 아내에게 복종해야 합니다. 서로 복종할 줄 모르는 사람은 성령충
만과 거리가 먼 사람입니다. 사랑도 마찬가지입니다. 남편을 향해 아
내를 사랑하라고 명령했지만 "피차 복종하라"는 말씀 안에 사랑 역시
적용되는 것입니다.

그러면 언제 사랑하고 언제 순종해야 합니까? 이 부분은 부부가 평
생 기도하며 배워가야 할 부분이지만, 가장 간단하고 중요한 원칙은
이렇습니다. 우리는 모두 장점과 약점이 있습니다. 상대방의 장점에
대해서는 순종하고, 약점에 대해서는 사랑하면 됩니다.

예를 들어, 저처럼 할 줄 아는 요리가 하나도 없는 남자라면 식탁 앞
에서 아내에게 순종 잘하고 맛있게 먹으면 됩니다. 요리는 저의 약점
인 동시에 아내의 장점이기 때문입니다. 그 앞에서 음식 투정하고 불
평하면 어리석은 사람입니다. 이처럼 상대방의 장점을 발견했을 때는

순종하면 됩니다.

반대로 상대방의 약점을 발견하면 어떻게 합니까? 그때는 사랑해야 합니다. "내가 그럴 줄 알았다. 이런 것도 못하나?" 하고 무시하며 상대방의 약점을 찌르는 사람은 아직도 미숙하고 어리석은 사람입니다. 상대방의 약점을 찔러봐야 무엇이 돌아오겠습니까? 내가 찔러서 상대방에게 상처를 입히면 그것이 더 날카로운 상처가 되어 나에게 돌아오게 되어 있습니다. 그렇게 서로 찌르고 찔리면서 상처를 반복하며 평생 살면 어떻게 행복한 가정을 이룰 수 있겠습니까?

이런 원리도 모르고 사람들은 돈이 많으면 가정의 모든 문제가 해결되는 것으로 착각합니다. 돈만 있으면 서로에게 상처 안 주고 행복하게 잘살 수 있을 것으로 생각합니다. 아닙니다. 우리의 근본이 바뀌어야 합니다. 우리의 마음 자체가 변화되어야 진정한 행복을 누릴 수 있습니다.

부모를 떠나라

마지막으로 본문에서 발견할 수 있는 교훈은 부모를 떠나라는 것입니다. 이것은 성령충만을 사모하는 자들이 반드시 기억해야 할 교훈입니다.

그러므로 사람이 부모를 떠나 엡 5:31

우리에게 부모님은 참으로 소중한 존재입니다. 제게는 90세가 다 되신 어머니가 아직 생존해 계십니다. 그 사실이 얼마나 감사한지 모릅니다. 어머니의 목소리를 들을 때마다 죄송하기도 하고 걱정이 되기도 합니다. 이제 곧 어머니의 목소리를 듣지 못하게 될 때가 오게 될 것이라는 생각만 해도 마음이 얼마나 슬픈지 모릅니다. 우리는 다 기억하지 못해도 어린 시절 우리에게 부모님이 안 계셨다면 오늘날 우리는 존재할 수 없었을 것입니다. 부모는 하나님이 보내주신 하나님의 대리인입니다.

그런데 지금 에베소서에서 바울은 결혼을 하는 젊은이들을 향해 "부모를 떠나라"고 권면합니다. 이 말은 부모의 도움을 받지 말라거나 부모를 버리라는 뜻이 아닙니다. 우리는 지금까지 부모를 의지하여 살아왔습니다. 그런데 이제 결혼을 하고 새로운 가정을 이루면서는 부모를 의지하는 것이 아니라 오직 하나님만을 의지하여 자신의 길을 걸어야 한다는 것을 의미합니다. 이제는 두 부부가 사회적으로, 재정적으로, 심리적으로, 신앙적으로 부모를 떠나 오직 하나님과 직접 대면하여 자신들의 길을 직접 걸어가야 한다는 것입니다.

부모 역시 곁에서 조언과 충고를 해줄 수는 있어도 이제는 자녀를 떠나보내어 자녀가 하나님 앞에서 자신만의 길을 걸어갈 수 있도록 도와줄 수 있어야 합니다.

요즘에는 이 부분이 안 되어 많은 갈등이 벌어지는 것을 볼 수 있습니다. 나이가 벌써 40이 다 되었는데도 남편 월급이 적다고 부모에게 매달 백만 원씩, 2백만 원씩 받으면서도 그것이 부끄러운 줄조차 모르고 당연하게 여기는 젊은 부부들이 많습니다. 이런 태도로는 온전한 가정을 이룰 수 없습니다. 내 삶과 내 가정에 대해서는 부부가 스스로 책임을 질 줄 알아야 합니다. 부부가 하나님 앞에서 기도함으로 자신의 길을 걸어가는 것, 이것이 부부 관계에 있어서 성령충만의 중요한 내용입니다.

오직 하나님만 의지하는 것은 비단 부부의 삶에만 적용되는 것은 아닙니다. 삶의 모든 영역에서 환경과 부모를 의지하지 않고, 세상의 방법이나 경험을 의지하지 않고, 심지어 나 자신을 의지하지 않고 하나님만 의지하며 우리의 길을 걸어가는 것, 바로 이 훈련이 오늘날 우리에게 절실히 필요합니다.

천 대까지 복 주기 원하시는 하나님

2010년 6월 28일, 뉴욕 북쪽에 있는 서펀(Suffern)이라는 곳에서 한인 130여 명이 모여서 수련회를 열었습니다. 한인교회 수련회인 줄 알았는데, 알고 보니 방 씨(氏) 가족의 수련회였습니다. 그때 모인 사람들이 전부 고(故) 방만준 할아버지의 후손들이었던 것입니다.

방만준 할아버지는 1898년 평양에서 예수님을 영접했고 슬하에 5남 1녀를 두었는데, 그 자손들이 한국에 100여 명, 미국에 240여 명 있다고 합니다. 현재 살아 있는 방 씨 일가 중 가장 나이가 많은 방지일 목사님의 백수를 맞아 미국에 있는 자손 중심으로 모여서 가족 수련회를 하게 된 것입니다. 사실 방지일 목사님이 아니었다면 그때 모인 가족들조차 '방만준'이라는 이름을 기억하지 못할 뻔했습니다. 그저 평범하게 예수 믿고 자식들 키우다가 돌아가셨기 때문입니다. 그런데 그 자손 중 한 명인 방지일 목사님이 한국 교회의 거목(巨木)이 되셨습니다. 그래서 그 조상인 방만준 할아버지의 이름까지도 기록에 남게 되었습니다.

230여 명의 일가를 정리해놓은 자료를 보니, 목사가 20명, 선교사가 7명이 배출되었고, 장로가 16명, 권사가 14명, 판사가 2명, 회계사가 4명 나왔다고 합니다. 사실 더 다양한 분야에서 활동하는 많은 후손들이 있겠지만, 여기까지만 봐도 그 가문이 신앙적으로나, 세속적으로나 하나님의 복을 받은 명문가(名文家)임을 알 수 있습니다.

하나님께서는 우리의 가정을 믿음의 가정, 명문 가정으로 세우기를 원하십니다. 그렇기 때문에 천 대에 이르도록 가정에 은혜를 베푸시겠다고 약속하신 것입니다.

나를 사랑하고 내 계명을 지키는 자에게는 천 대까지 은혜를 베 푸느니라 신 5:10

우리의 신앙은 우리 세대에 끝나지 않습니다. 우리가 펼치는 하나님나라를 향한 신앙운동은 결코 우리 세대에 멈추는 것이 아닙니다. 우리 자녀들이 부모를 통해 하나님의 사랑을 알고, 하나님나라의 운동이 가정을 중심으로 자녀에게 이어지고, 또 그들의 자녀에게로 이어져 다음 세대로 천 대에 이르도록 이어져야 하는 것입니다. 이것을 위해 하나님이 이토록 놀라운 약속을 주셨습니다.

여기서 '천 대'란 '영원'이란 말입니다. 제가 언젠가 교회에서 '천 대에 이르도록'이란 제목으로 설교를 한 적이 있습니다. 그날 예배를 마치고 사무실로 돌아와 보니 한 젊은 부인이 아이와 함께 저를 기다리고 있었습니다. 그러면서 제게 묻는 말이 이랬습니다.

"목사님이 천 대에 관한 설교를 하셔서 제가 성경을 보니 정말 성경 신명기 5장 10절에 하나님이 천 대에 이르도록 복을 주시겠다고 하셨더라고요. 그러면 천일 대는 어떻게 되는 것입니까?"

하나님께서 "내가 천 대까지는 약속했으니 책임을 지겠지만, 천일 대부터는 모르겠다. 너희들이 알아서 하거라"라고 하실까요? 아닙니다. 하나님은 그런 분이 아니십니다.

'천 대'라는 말은 '영원히'라는 말의 다른 표현입니다. 하나님은 우리의 가문이 영원히 하나님의 은혜를 누리는 가문이 되기를 원하십니다. 세상이 주는 혜택이 아닌 세상이 줄 수 없는 하나님의 사랑과 용서와 치유를 경험하는 은혜가 대대로 이어지기를 원하시는 것입니다. 그리고 하나님의 그 놀라운 은혜와 축복을 누리는 것이 바로 부부의 삶에서 시작되는 것입니다.

믿음으로 약속을 붙잡으라!

저는 박혁거세의 후손입니다. 2011년에 족보가 정리된 것을 받았는데, 박혁거세로부터 제1대로 계산하여 제가 76대입니다. 2천 년 가까운 세월 동안 76대밖에 이르지 못했습니다. 언제쯤 천 대가 되는지 계산을 해보니 3만 년은 지나야 될 것 같습니다. 그야말로 인간의 머리로는 영원에 가까운 시간입니다. 하나님께서는 그 영원을 바라보시며 지금 우리 가정에 복을 주시고 우리 자손에 복을 주기 원하고 계십니다. 그 핵심에 우리 가정을 두셨습니다.

이런 하나님의 은혜를 기대하면서 하나님나라의 운동을 위해서, 신앙운동을 위해서 우리 부부가 먼저 하나님의 은혜를 누려야 합니다. 우리 가정이 먼저 하나님의 축복을 누려야 합니다. 그래야 그 축복이 우리 가정을 통해 우리 후손에게로 흘러갈 것이기 때문입니다. 하나님의 그 약속을 믿음으로 붙잡아야 합니다.

우리 부부는 안 될 것 같습니까? 이미 희망이 사라진 것 같습니까? 아브라함과 사라 부부를 보십시오. 그들은 99세, 89세가 되도록 아이가 없었습니다. 그러나 천사가 와서 "내년 이맘때쯤 아들을 안게 될 것"이라고 약속했을 때, 자신들의 몸이 죽은 자 같음을 알고도 믿음이 약해지지 아니하고 하나님이 말씀하셨으니 이루어질 것이라고 믿었다고 했습니다. 그리고 아브라함의 그 믿음을 하나님께서 '의'(義)로 여기셨습니다. 사도 바울은 죽은 자 가운데서 예수 그리스도를 살리신 하나님을 믿는 믿음을 가진 우리도 같은 길을 가는 자들이라고 설명합니다(롬 4장 참조).

우리는 환경을 보는 자들이 아닙니다. 우리의 연약함을 보는 것이 아닙니다. 환경을 보면 여전히 어렵습니다. 우리 자신을 보면 여전히 문제가 많습니다. 그러나 그 연약한 우리를 붙드시어 하나님이 그분의 일을 친히 이루십니다. 그 역사를 기대하는 마음을 새롭게 하기 바랍니다. 주님이 다시 오시는 날까지 믿음의 길을 걸어가리라 하는 믿음으로 일어서기 바랍니다. 하나님께서 우리의 가정을 사용하실 것입니다.

— 10 용사,

나약함을 버리고 그리스도의
강한 용사로 서라

로마의 멸망과 하나님의 섭리

"지난 인류 역사 속에서 가장 강력한 나라는 어느 나라인가?"

이런 질문에 어떤 사람들은 "당연히 미국이지. 미국만큼 강한 나라가 이전에 있었던가?"라고 대답합니다. 그러나 미국은 역사가 짧은 나라입니다. 더구나 지금과 같이 미국이 강력한 나라가 된 것은 그 역사가 더욱 짧습니다. 그래서 어떤 역사가는 이렇게 말하기도 합니다.

"미국이 만약 지금 정도의 강대국으로 4,5백 년 만 유지할 수 있다면 역사상 가장 강력한 국가라는 평가를 듣게 될 것이다."

역사 속에 강력한 나라를 찾아보면 많습니다. 우리나라의 고구려도 강한 나라였고, 당나라도 강한 나라였으며, 칭기즈칸의 몽골제국도 매우 강한 나라였습니다. 그러나 많은 역사가들이 역사상 가장 강력한 나라로 로마제국을 꼽는 데 주저하지 않습니다. 그토록 오랜 세월 동안 견고한 법 제도와 강력한 군대를 유지하면서도 뛰어난 포용력으로 많은 나라와 영토를 성공적으로 다스린 것을 볼 때 로마제국만큼 강력한 나라가 없다는 데 별다른 이견(異見)이 없습니다.

그런 로마가 멸망한 것을 두고 많은 사람들이 이렇게 평가합니다.

"로마는 스스로 부패했기 때문에 그 내부적인 붕괴로 인하여 멸망한 것이다. 그 강력한 로마제국을 꺾을 수 있는 나라는 어디에도 없었다."

역시 타당한 평가입니다. 그런가 하면 로마는 313년 콘스탄티누스 대제가 내린 밀라노칙령을 통해 그동안 박해했던 기독교를 공인하게 되는데, 그 사건을 두고 이렇게 표현하기도 합니다.

"기독교가 로마를 정복한 사건이다."

이 표현에 대해서는 의견이 분분할 것입니다. 그 강력한 나라를 감히 누가 어떻게 정복했다고 말할 수 있겠습니까? 그러나 저는 이 표현의 의미를 문자 그대로의 '로마의 정복' 차원이 아니라 역사 속에서 하나님이 행하신 일과 섭리의 관점으로 다시 한 번 조명해보고자 합니다.

보이지 않는 전쟁

로마제국이 번성하던 때 이스라엘 역시 로마의 통치를 받고 있었습니다. 많은 이스라엘 사람들이 조국의 독립을 위해 투쟁을 계속해왔습니다. AD 66년에 시작된 이스라엘의 마지막 독립전쟁은 AD 70년 로마의 티투스에 의해 예루살렘이 함락되고 예루살렘 성전이 완전히 무너짐으로써 사실상 끝났습니다. 그러나 남아 있던 이스라엘 군인들은 마사다 요새에서 끝까지 항쟁을 계속하다가 AD 73년에 전원이 다 죽을 때까지 싸움을 계속했습니다. 그래서 '마사다 요새'는 최후의 항쟁지로 역사에 남게 되었고, AD 73년이 이스라엘 독립전쟁의 마지막 해라는 기록도 남아 있습니다. 어쨌든 결국 이스라엘이라는 나라는 지도상에서 사라지고 말았습니다.

한창 이스라엘의 독립전쟁이 이뤄지고 있을 때 사도들은 독립전쟁에 반대했습니다. 이스라엘이 독립전쟁을 하는 것이 잘못이었기 때문에 반대했던 것일까요? 그렇지는 않습니다. 외세에 의해 압제당하는 것이 어떤 것인지 우리 역시 잘 알고 있지 않습니까? 우리가 만약 일제 강점기에 태어났다면 그때는 대한민국의 독립을 위해 큰일이든 작은 일이든 누구라도 나서야 했을 것입니다. 내 민족이 부당한 압제 속에서 독립을 얻도록 애쓰고 헌신하는 것은 매우 중요한 일이며 또 그만한 가치가 있는 일입니다.

그런데 예수님을 따르던 사도들은 왜 이스라엘 독립전쟁에 반대했을까요? 그들이 이스라엘 독립전쟁에 반대한 것은 이스라엘이 세워지는 것을 반대한 것이 아닙니다. 그들은 더 큰 전쟁을 꿈꾸고 있었습니다. 그들은 이스라엘 백성으로서 이스라엘이라고 하는 한 나라를 세우는 것을 넘어 더 큰 것을 얻기 원했습니다. 바로 로마까지도 얻고자 했던 것입니다. 그들은 자신들을 박해하는 로마 백성들 역시 하나님의 백성이 되기를 원했으며, 모든 사람이 하나님나라 안으로 들어오도록 하기 위한 영적전투를 준비하고 있었던 것입니다.

그들은 비록 이스라엘 독립전쟁에는 참여하지 않았지만 그보다 더 거대한 전쟁을 치르면서 3백여 년의 시간을 보냈습니다. 한 세대가 세상을 떠나면 그 다음 세대가, 또 그 다음 세대가 그 전쟁을 이어갔습니다. 그리고 AD 313년, 드디어 로마의 새 황제 콘스탄티누스가 기독교를 공인하기에 이른 것입니다. 그래서 그 사건을 두고 "기독교가 로마를 정복했다"고 표현하는 것입니다.

총칼이 아닌 삶으로 싸운 전쟁

사도들을 비롯한 초기 그리스도인들은 자신들을 모질게 로마와 총칼로 싸우지 않았습니다. 로마가 짓밟으면 짓밟히고, 죽이면 순교하고, 그러면서도 로마를 사랑하기 원했습니다. 로마가 하나님의 백성이 되기를 바랐습니다. 그들은 자신들을 핍박하는 자들까지도 포용하는 영적전투를 치르면서 그 믿음을 후대에 전했습니다. 눈물겨운 희생으로 다음세대를 믿음으로 세워갔습니다. 그들이 얼마나 기막힌 세월을 보냈는지는 카타콤과 같은 곳에 가보면 조금이나마 확인할 수 있습니다.

지금까지 로마 외각에서 발견된 카타콤만 120여 개가 넘습니다. 아직도 계속 발견되고 있는데, 현재 발견된 카타콤만 다 합쳐도 그 길이가 9백 킬로미터에 달한다고 합니다. 카타콤 내부는 아주 좁은 복도로 이루어져 있어서 두 사람이 지나갈 수도 없어 한 사람은 벽에 바짝 붙어 서야 다른 한 사람이 겨우 지나갈 수 있습니다. 그런 미로 같은 길을 뚫고 중간 중간에 방을 만들었습니다. 크기가 큰 방을 만들면 무너질 위험이 있기 때문에 방들의 크기도 전부 작습니다. 가장 큰 규모의 카타콤 같은 경우 그런 미로 같은 구조로 지하 5층까지 만들어져 있다고 합니다. 햇볕도 들어오지 않는 그곳에서 그들은 평생을 살았던 것입니다.

그들이 카타콤에 들어갈 때는 그곳에서 평생을 살게 될 것이라고 생각하지 않았을 것입니다. 극심한 박해 앞에서도 도저히 예수 그리스도의 이름과 주를 향한 믿음을 포기할 수 없기에 컴컴한 지하 세계로 들어가기로 결심했지만, 그 시간이 설마 평생이 될 줄은 몰랐던 것입니다.

그들 중에는 자신의 생애 중에 예수님이 재림하실 것이라고 굳게 믿었던 자들도 많았습니다. 또 어떤 이들은 하나님께서 그 상황을 변화시켜주실 것이라고 믿었을 것입니다. 그러나 예수님은 그렇게 빨리 재림하지 않으셨습니다. 또한 그들의 바람처럼 상황이 나아지지도 않았습니다. AD 313년까지 그들은 그런 삶을 살아야 했습니다.

그들의 가슴 속에는 크나큰 분노와 좌절과 실망이 있었을 것입니다. 그러나 그들은 그 모든 것을 극복하고 로마를 사랑했습니다. 그 결과 로마의 황실에까지 그리스도의 이름이 전해졌으며 그들 중에서 그리스도인이 나오기 시작했고, 드디어 313년에는 로마가 기독교를 공인하는 상황에까지 이르게 되었습니다. 2천 년 교회 역사 속에서 가장 강하고 아름다운 교회를 꼽으라면 바로 3백여 년 동안 지하에 있었던 이 카타콤 교회를 꼽을 수 있을 것입니다.

우리 시대의 가장 아름다운 교회는 어디 있을까요? 저는 개인적으로 북한 땅에 이 시대 가장 아름다운 교회가 있을 것이라고 생각합니다. 왜 북한입니까? 그곳이 기독교에 대한 박해가 가장 심한 곳이기 때문입니다.

지금 북한에서 진행되고 있는 그리스도인에 대한 박해는 상상을 초월한다고 합니다. 그곳에 그 엄청난 박해를 뚫고 꿋꿋이 믿음을 지켜나가는 가장 아름답고 가장 강력한 하나님의 용사들이 있습니다. 그 흔적이 곳곳에서 다양한 경로로 우리에게까지 전해지고 있습니다. 우리는 종종 박해가 심한 북한 교회를 생각하며 "북한을 위해서 교회를 세우자"라는 이야기를 하는데, 오히려 북한이 열린다면 그 땅에서 가장 아름답고 순결한 하나님의 교회를 목격하리라 믿습니다.

강한 용사로 서라

하나님께서는 우리가 강한 용사, 강한 그리스도인이 되기를 원하십니다. 세상 환경에 눌리고, 돈에 눌리고, 질병에 눌려서 이리저리 비틀거리며 살아가는 것을 원하지 않으십니다. 우리 모든 그리스도인이 우리의 삶의 자리에서, 가정에서, 일터에서, 교회 공동체에서 그리스도의 강한 용사로 살아가기를 바라십니다. 바로 초대교회 성도들처럼 말입니다.

그러면 어떻게 강한 자가 될 수 있습니까? 카타콤에서 숨어 지내면서도 주님을 향한 믿음을 잃지 않았던 초대교회 성도들은 어떻게 그토록 강한 그리스도인이 될 수 있었습니까?

그들의 손에는 사도 베드로가 남긴 강력한 서신서가 들려 있었습니다.

베드로는 죽기 직전에 믿음의 형제들, 특히 고난 받고 있는 성도들을 위해 서신서를 남겼습니다. 초대교회 성도들은 고난 중에도 그와 같은 성령님의 강력한 위로와 권면이 넘치는 편지들을 읽으며 그 엄청난 고난의 시간들을 이겨낼 수 있었습니다. 베드로후서 가장 첫 부분에서 베드로는 이렇게 이야기합니다.

> 예수 그리스도의 종이며 사도인 시몬 베드로는 우리 하나님과
> 구주 예수 그리스도의 의를 힘입어 동일하게 보배로운 믿음을
> 우리와 함께 받은 자들에게 편지하노니 벧후 1:1

베드로는 사도인 자신과 동일하게 보배로운 믿음을 가진 성도들에게 편지한다고 밝히고 있습니다. 예수 그리스도께서 바로 우리를 위해 지신 십자가의 의미를 아는 것은 참으로 보배로운 믿음입니다. 그

믿음이 있을 때 우리가 하나님의 자녀라는 신분을 얻게 되기 때문입니다.

그러나 신분을 얻었다고 해서 우리가 그 신분에 합당한 삶을 저절로 살 수 있게 되는 것은 아닙니다. 고난이 왔을 때 믿음을 저버리기도 하고 또 낙심하거나 의심을 품을 수도 있습니다. 누구라도 그럴 수 있습니다. 보배로운 믿음, 곧 십자가를 믿는 믿음이 있다고 해서 우리가 모든 상황 속에서 하나님의 강한 용사로서 대처할 수 있는 것은 아니라는 말입니다. 우리는 비틀거릴 수밖에 없습니다. 그래서 하나님은 베드로를 통해 이런 약속의 말씀을 주셨습니다.

> 이로써 그 보배롭고 지극히 큰 약속을 우리에게 주사 이 약속으로 말미암아 너희가 정욕 때문에 세상에서 썩어질 것을 피하여 신성한 성품에 참여하는 자가 되게 하려 하셨느니라 벧후 1:4

"신성한 성품에 참여하는 자가 되게 하려" 하신다는 것은 '신의 성품', 곧 하나님의 형상에 참여하는 자가 되게 하려 하신다는 말씀입니다. 우리는 본래 하나님의 형상을 따라 지음 받은 자들입니다.

> 하나님이 이르시되 우리의 형상을 따라 우리의 모양대로 우리가 사람을 만들고 그들로 바다의 물고기와 하늘의 새와 가축과 온 땅과 땅에 기는 모든 것을 다스리게 하자 하시고 창 1:26

그런데 아담과 하와가 죄를 지음으로써 하나님과의 관계를 끊어버린 후 이 성품, 곧 하나님의 형상이 망가졌습니다. 하나님께서는 그 망가진 하나님의 형상을 예수 그리스도를 통해 다시금 회복시키고자 하셨습니다. 하나님을 닮게 하시려는 것입니다. 우리가 하나님의 형상을 회복하게 되면, 다시 말해 하나님을 닮게 되면 우리는 강한 용사, 강인한 사랑을 행할 수 있는 자가 됩니다.

하나님의 성품에 참여하는 자가 되는 방법

그렇다면 어떻게 우리가 하나님의 성품에 참여하는 자가 될 수 있습니까? 주님은 베드로후서 1장 5-7절에서 그 핵심적인 내용을 전하고 있습니다.

> 그러므로 너희가 더욱 힘써 너희 믿음에 덕을, 덕에 지식을, 지식에 절제를, 절제에 인내를, 인내에 경건을, 경건에 형제 우애를, 형제 우애에 사랑을 더하라 벧후 1:5-7

우리가 가지고 있는 보배로운 믿음 위에 일곱 가지를 더하라는 말씀입니다. 곧, 믿음에 덕과 지식과 절제와 인내와 경건과 형제 우애와 사랑을 더할 때 우리가 환경을 이기는 하나님의 강한 용사가 될 수 있다는 것입니다.

믿음을 갖는 것은 하나님의 용사가 되는 길이 아니라 그 시작입니

다. 그 보배로운 믿음 위에 이런 것들을 공급받을 때 우리는 하나님의
형상을 회복하게 되고, 그때 진정한 하나님의 사람, 하나님의 용사가
될 수 있다는 것입니다.

믿음에 덕을 더하라

가장 먼저 언급하는 것은 '덕'(德)입니다. '덕'은 탁월함을 이야기합
니다. 성경은 신구약 전체에 걸쳐 성도의 탁월함에 대한 하나님의 약
속을 전하고 있습니다. 그중에서도 신명기에는 이런 약속이 담겨 있
습니다.

> 네가 네 하나님 여호와의 말씀을 삼가 듣고 내가 오늘 네게 명
> 령하는 그의 모든 명령을 지켜 행하면 네 하나님 여호와께서 너
> 를 세계 모든 민족 위에 뛰어나게 하실 것이라 신 28:1

우리가 하나님의 말씀을 따라 살며 하나님의 형상이 우리 안에 회복
될 때, 하나님의 백성들이 모든 민족 위에 뛰어난 사람들이 될 것이라
는 약속입니다. 마태복음 5장에서 예수님은 바로 이런 탁월한 하나님
의 사람들이 세상의 빛과 소금이 될 것이라고 재차 약속하셨습니다.

> 너희는 세상의 소금이니 … 너희는 세상의 빛이라 마 5:13,14

베드로후서에서 언급하는 '덕'은 바로 그 탁월함을 의미하는 것입니다.

'덕'과 관련하여 한 가지 더 생각해봐야 할 것이 있습니다. 과연 우리가 어떤 삶을 살 때 하나님의 백성으로서의 탁월함을 발현하는 덕스러운 삶을 살 수 있는가 하는 부분입니다. 오늘날 한국어에서는 '덕'을 사람에게만 사용합니다. 그러나 2천 년 전 헬라어에서는 '덕'을 사물을 향해서도 사용했습니다.

언제 '덕스럽다'고 하는가 하면, 예를 들어 마이크가 마이크를 만든 사람의 의도와 목적대로 잘 쓰임을 받으면 '마이크가 덕스럽다'고 표현합니다. 만약 집에 있는 개가 낯선 사람을 보고 짖어야 한다는 자신의 역할을 잘 감당한다면 그 개는 덕스러운 것입니다.

따라서 우리가 성경이 말하는 대로 '믿음에 덕을 공급하기 위해서는' 하나님께서 사람을 왜 만드셨는지 그 목적을 모르면 불가능합니다.

목적을 알아야 덕을 더할 수 있다

하나님이 인간을 만드신 목적은 무엇입니까? 창세기 1장 26절에 보면, 하나님께서는 우리를 그분의 대리인으로 삼으시기 위해 자신의 형상을 따라 지으셨음을 알 수 있습니다. 하나님께서는 자신의 대리인으로서 하나님을 대신하여 세상을 다스리시며 살도록 사람을 만드신 것입니다.

하나님이 이르시되 우리의 형상을 따라 우리의 모양대로 우리
가 사람을 만들고 그들로 바다의 물고기와 하늘의 새와 가축과
온 땅과 땅에 기는 모든 것을 다스리게 하자 하시고 창 1:26

이 한 세상 그저 행복하게 사는 것이 우리 삶의 목적이 아니라는 것
입니다. 우리의 목적은 하나님의 대리인이 되는 것입니다. 그 엄청난
목적을 하나님이 우리에게 주셨습니다. 이토록 보잘것없는 인간을 두
고서 하나님께서 하고자 하시는 일을 우리의 삶의 터전에서 하나님을
대신하여 행하는 자가 되게 하려고 우리를 지으셨다는 것입니다. 그
것이 바로 하나님이 사람을 지으신 목적입니다.

그러면 왜 누군가는 남자이고 누군가는 여자입니까? 하나님이 그렇
게 지으셨습니다. 왜 한국 사람으로 태어났습니까? 미국에 태어났으
면 적어도 영어 때문에 고생은 안 했을 텐데 말입니다. 그것도 왜 하필
가장 어렵고 힘들다는 이 시대입니까? 고구려 시대 때 태어나서 광개
토대왕과 함께 영토전쟁에 나가 세상을 호령했다면 얼마나 멋있었겠
습니까? 하나님이 그렇게 하신 것입니다. 하나님이 우리를 오늘날 이
시대에 한국 땅에 한국 사람으로 태어나게 하셨습니다. 우리는 그렇
게 하신 하나님의 목적을 발견해야 합니다.

하나님의 목적을 발견하지 못한 채 신앙생활 하는 것은 탈영병처럼
신앙생활 하는 것입니다. 사령관이신 하나님께서 큰 목적을 가지고
부대원들을 이끌고 계시는데, 그 목적은 생각하지도 않은 채 총 거꾸

로 메고 모자 거꾸로 쓰고는 자기 혼자서 제멋대로 왔다 갔다 하는 탈영병 형국이라는 것입니다. 오늘날 이렇게 신앙생활 하는 사람들이 너무 많습니다. 그렇기 때문에 교회가 교회답지 못하고 예배가 예배답지 못하는 현상이 벌어지는 것입니다. 하나님을 경배하고 하나님을 예배한다고 하면서도 우리를 인도하시는 하나님과는 전혀 상관없는 생각으로 머릿속을 가득 채우고 있으니 무슨 예배가 되겠습니까? 우리가 하나님의 목적대로 살 때 탁월한 그리스도인의 삶, 덕스러운 그리스도인의 삶을 살 수 있습니다.

지난 날 우리가 겪었던 과거 역시 하나님과 깊은 관계가 있습니다. 심지어 우리의 실수와 죄악과 고통까지도 말입니다. 물론 이 말이 우리가 겪었던 모든 불행의 책임이 하나님께 있다는 것은 결코 아닙니다. 하나님께서는 자녀인 우리가 불행하기를 원하지 않으십니다. 그러나 우리가 불행과 고통을 겪었다 할지라도 그 불행과 고통에도 하나님의 목적이 있다는 사실을 기억해야 합니다. 우리가 그 목적을 발견하며 살아갈 때 우리 마음속에 탁월함이 빛나기 시작할 것입니다. 하나님이 우리를 탁월하게 하시는 길로 한 걸음 한 걸음 인도하시는 것을 경험하게 될 것입니다.

덕에 지식을 공급하라

하나님의 목적을 깨닫는 덕, 곧 탁월함을 공급받기 위해서는 어떻게 해야 합니까? 이어지는 말씀에 답이 있습니다. 베드로는 계속해서

"덕에 지식을" 공급하라고 말합니다. '덕'은 지식으로부터 공급받습니다.

이 땅을 살아가는 동안 우리가 배워야 할 지식은 무척 많습니다. 돈을 벌고 쓰는 법, 업무에 필요한 지식, 학업에 필요한 지식, 하다못해 음식을 어떻게 하고 어떻게 먹어야 하는지조차 우리가 배워야 할 중요한 지식입니다. 그러나 성경은 세상 모든 지식 가운데 근본이 되는 지식이 있다고 말합니다. 그것이 무엇입니까? 바로 하나님을 아는 지식입니다. 하나님을 아는 지식이 없으면 나머지 지식은 빛바랜 지식일 뿐입니다.

그렇다면 하나님을 아는 지식은 무엇입니까? 하나님에 대한 정보를 많이 가지고 있는 것입니까? 아닙니다. 우리는 종종 이 부분에서 많은 오해를 합니다. 내 머릿속에 정보가 조금 많다 싶으면 내가 뭘 안다고 착각합니다. 그러나 하나님을 아는 지식은 그런 것이 아닙니다.

제가 재수할 때 성경을 참 열심히 읽었습니다. 공부도 열심히 하면서 성경을 열심히 읽었으면 좋았을 텐데, 그때는 성경만 열심히 읽었던 것 같습니다. 그때 당시 제가 살던 지역의 각 교회 청년회가 연합하여 일 년에 한 번씩 성경퀴즈대회를 열었는데, 집사님들의 추천으로 제가 그 대회에 나가게 되었습니다. 성경을 그렇게 열심히 읽었으니 저도 자신 있었습니다. 결과는 제가 다 휩쓸고 돌아왔습니다. 그러자 주위에서 "잘한다, 잘하다" 해주니 저는 신이 나서 그 무렵 성경퀴즈대회란 대회에는 다 나갔던 것 같습니다.

그때 퀴즈로 나왔던 문제 중에 이런 문제가 있었습니다.

"나는 누구일까요? 나는 태양을 딱 한 번 봤습니다."

저는 여기까지만 듣고도 정답을 외쳤습니다.

"홍해 바닥!"

다른 사람에게 대답할 기회조차 주지 않았습니다. 그때는 출제범위 내주고 영어공부 하라면 그렇게 하기 싫더니, 성경공부는 그렇게 재미있을 수 없었습니다. '출제자들이 어떤 문제를 낼까?'를 생각하며 성경을 보다 보면 신기하게도 문제들이 보이는 것 같았습니다.

그러나 애석하게도 저는 그 뜻은 몰랐습니다. 홍해가 갈라졌다는 사실은 알았지만, 홍해를 가르신 하나님의 역사가 무엇을 의미하는지는 몰랐던 것입니다. 홍해가 갈라지는 사건을 통해서 하나님이 드러나야 하는데 그것을 보지 못했습니다. 성경에 대한 정보는 꽤 많이 가지고 있었지만, 그 정보 때문에 하나님과 더 가까워지고 더 친밀해지는 데는 훨씬 더 오랜 시간이 필요했습니다.

누군가 당신에게 "박은조 목사를 아십니까?"라고 질문한다면 당신은 뭐라고 대답하겠습니까? 아마도 안다고 대답할 것입니다. 제가 쓴 책을 읽고 있고, 제가 시무하는 교회에 대한 정보를 가지고 있고, 제가 하는 설교를 들었을지도 모르기 때문입니다.

그러나 "박은조 목사와 친하십니까?"라는 질문에는 어떻습니까? 저희 교회 성도들조차 이 질문에는 선뜻 "그렇다"라고 대답하기 망설일 것입니다. 저에 대해서는 책을 통해서, 설교를 통해서, 정보를 통해서 알 수 있지만, 그것이 저와의 관계를 말해주는 것은 아니기 때문입니다.

하나님에 대해서는 어떻습니까? 하나님에 대해 잘 알고 있습니까? 그렇다면 하나님과 친하십니까?

우리가 신앙생활을 하다 보면 자신도 모르는 사이에 꽤 많은 성경 지식이 우리 안에 쌓입니다. 특히 장로, 권사 쯤 되면 이미 수십 년 동안 교회 다니면서 쌓인 하나님에 대한 정보가 웬만한 목회자를 능가합니다. 그런데 그 분들의 실제 삶은 어떻습니까? 하나님에 대한 정보가 많은 만큼 하나님과 친밀하게 지내고 있습니까?

안타깝게도 그렇지 못한 모습을 종종 봅니다. 예수님을 3,40년 믿었는데도 하나님이 행하시는 일들에 대한 열정도 없고 경이감도 없는 경우가 많습니다. 오히려 예수님을 믿은 지 얼마 안 된 초신자들이 하나님과의 친밀함으로 기뻐서 어쩔 줄 몰라 하는 모습을 보게 됩니다.

이렇게 되면 안 됩니다. 우리 안에 쌓이는 하나님에 대한 정보는 반드시 하나님과의 친밀함으로 이어져야 합니다. 하나님에 대한 지식은 하나님과의 친밀함을 위한 재료일 뿐 그것은 결코 목적이 되어서는 안 됩니다. 하나님과 친밀해지면 하나님의 마음이 내 마음이 됩니다. 우리 삶의 비밀을 발견하게 됩니다. 우리 삶에서 벌어지는 사건들의 의미와 목적을 발견하게 됩니다.

우리가 이 땅을 살면서 성취하기를 바라는 많은 좋은 것들이 있지만 가장 중요한 것이 하나님과 더 친해지는 것입니다. 하나님과 친해지지 않으면 그 모든 좋은 일들도 아무런 의미가 없습니다.

친밀함을 위해 절제하라

하나님을 아는 참된 지식을 얻고 하나님과 더 친밀해지기 위해서는 절제해야 합니다. 본문은 "지식에 절제를" 더하라고 말합니다.

인간관계에 있어서 누군가와 친해지려면 어떻게 해야 합니까? 자주 만나야 하지 않습니까? 같이 밥도 먹어야 하고, 이야기도 나누어야 하고, 어려운 일이 있으면 찾아가서 위로도 해주고 도와주어야 합니다. 그런 시간을 갖지 않으면 누군가와 친해지기 어렵습니다. 마찬가지로 하나님과 더 친밀해지기 위해서는 하나님과 시간을 가져야 합니다. 성경을 읽어야 하고, 예배를 드려야 하고, 묵상과 기도로 하나님 앞에 나아가야 합니다. 또 다른 그리스도인들과 믿음의 교제도 나누어야 합니다.

그런데 우리 생활이 너무나 분주하여 하나님과 친밀해지기 위해 시간과 노력을 사용하지 못하고 엉뚱한 곳에 시간과 힘을 다 써버려 막상 성경만 읽으려고 하면 잠이 쏟아진다면 하나님과 친해지기가 어렵습니다. 그렇기 때문에 하나님과 친밀해지기 위해서 절제가 필요한 것입니다.

우리 모두에게는 각자 절제해야 할 것들이 다 있을 것입니다. 하나님과 친해지는 데 방해가 되는 것들, 하나님과 친해지기 위한 시간과 노력을 확보하기 위해 절제해야 하는 것들이 있다는 것입니다. 자신이 무엇을 절제해야 하는지 한번 곰곰이 생각해보고 찾아보기 바랍니다. 조금만 생각해보면 금방 알 수 있습니다. TV를 보는 시간, 잠을 자는 시간, 인터넷 서핑 하는 시간, 친구 만나서 수다 떠는 시간, 멍 하니 흘러보내는 시간 등 우리가 절제할 수 있는 부분을 절제하여 하나님과 함께 보내는 시간을 확보해야 합니다. 그래야 하나님과 친밀해질 수 있습니다.

절제를 위해 인내하라

그러면 절제는 어떻게 얻을 수 있습니까? 베드로후서 1장 6절에 보면 "절제에 인내를" 공급받으라고 합니다. 하나님께서 우리가 절제할 수 있는 기적적인 방법을 허락해주시면 참 좋을 텐데, 하나님은 절제를 위해 '인내'라는 방법을 쓰시겠다고 말씀하십니다.

많은 사람들이 술을 끊기 원합니다. 담배를 끊고자 소원하는 분들도 많습니다. 술, 담배가 아니더라도 각자의 삶 속에서 절제하기 원하는 것들이 있을 것입니다. 이런 것들은 주로 우리가 좋아하는 것들입니다. 우리가 싫어하는 것들이라면 절제하는 데 그렇게 큰 어려움이 없을 것입니다. 내가 좋아하는 것들이기 때문에 절제가 어려운 것입니다.

그 어려운 일을 쉽게 극복할 수 있도록 하나님께서 기적을 베풀어주시면 얼마나 좋습니까? '술을 끊어야겠다'고 결단하는 순간 하나님의 역사로 술 한 잔만 마셔도 소태맛이 나고 구역질이 난다면 술 끊는 것이 얼마나 간단하고 쉽겠습니까? 그런데 제가 지금까지 목회하면서 그런 기적적인 방법으로 술을 끊은 사람은 다섯 명도 채 만나보지 못했습니다. 그런 일이 전혀 없는 것은 아니지만 대부분은 성령충만을 경험하고 하나님을 사랑하는 마음이 점점 깊어지는데도 불구하고 여전히 술 맛이 꿀맛이라서 괴롭다는 고백을 합니다.

하나님은 기적적인 방법 대신 인내함으로 술을 끊으라고 명령하십니다. 인내로 절제를 배우라고 하십니다. 이것이 하나님의 방법입니다.

그런데 많은 사람들이 이렇게 이야기합니다.

"때가 되면 끊을 수 있겠지. 하나님이 막아주셔야지 내 힘으로 어떻게 끊어."

제법 신앙 있는 척하며 종교 용어를 쓰고 있지만, 하나님과 전혀 상관없는 말입니다. 하나님은 인내로 절제를 이루어야 한다고 말씀하십니다.

인내하는 힘은 경건에서 나온다

베드로는 계속해서 "인내에 경건을" 공급하라고 말합니다. 경건으로 인내를 이룰 수 있다는 말입니다.

어떤 사람이 잘 참아내고 인내를 잘할 수 있습니까? 키 크고 건장한 체격에 병이라고는 앓아본 적 없는 특수부대 출신이라면 잘 참아낼 수 있을까요? 물론 그럴 수도 있습니다. 하지만 그렇지 않을 가능성도

얼마든지 있습니다.

제가 시무하던 교회의 청년 한 명이 공수부대 출신이었습니다. 그 청년이 군 복무를 마치고 인사를 하러 왔는데, 짧은 머리에 검게 그을린 얼굴로 "충성" 하고 경례를 하자 지붕이 들썩이는 것 같았습니다. 한참 대화를 나누다가 돌아가기 전에 그 청년이 이런 말을 했습니다.

"목사님, 제가 하나님의 은혜로 공수부대를 무사히 제대할 수 있었습니다. 그리고 그곳에서 더 깊은 믿음도 갖게 되었습니다. 앞으로 하나님이 주신 믿음과 공수부대 병사의 명예를 가지고 열심히 살겠습니다."

그 모습이 참 귀해 보였습니다. 그러나 세상을 조금이라도 살아본 사람이라면 세상 살다가 여러 가지 유혹과 미혹이 다가올 때 공수부대 훈련이 큰 도움이 안 된다는 사실을 알 것입니다. 예쁜 여성이 눈앞에서 아른거릴 때, 검은 돈 봉투가 왔다 갔다 할 때 올바른 선택을 하기 위해서는 특수 훈련이 아니라 경건에서 나오는 인내의 힘이 필요합니다.

하나님께서 인내에 경건을 공급하라고 말씀하시는 이유가 무엇입니까? 진정으로 인내할 수 있는 힘이 경건에서 나오기 때문입니다. 경건이란 내가 지금 하나님 앞에 서 있다는 의식인 '신전의식'(神前意識)을 항상 가지고 살아가는 삶의 태도를 말합니다. 이 태도를 가지고 살아갈 때 인내할 수 있습니다. 눈앞에 어떤 유혹이 오더라도 내가 지금 하나님 앞에 서 있다는 자각이 있을 때라야 그 유혹을 이길 수 있다는 것입니다. 물론 육체가 건강하면 인내하는 데 도움은 될 것입니다. 그러나 가장 중요한 힘은 경건에서 나옵니다.

경건에 형제 우애를 더하라

그러면 경건은 어디에서 나올까요? 베드로는 "경건에 형제 우애를" 더하라고 말합니다. "내가 경건한 사람인가?"를 가늠할 수 있는 바로미터에는 여러 가지가 있습니다. 지난 한 주간 기도를 열심히 했는지, 묵상을 열심히 했는지, 예배를 잘 드렸는지 등 여러 가지 잣대를 기준으로 가늠해볼 수 있습니다. 그러나 하나님께서는 지금 경건에 대한 매우 중요한 바로미터 하나를 말씀하고 계십니다. 그것은 '형제 사랑'입니다.

일주일 전이나 한 달 전, 혹은 일 년 전 건강상태가 좋았다는 것은 아무 소용없습니다. 현재의 건강상태가 어떤지가 중요합니다. 마찬가지입니다. 과거에, 10년 전에, 1년 전에, 한 달 전에 형제에게 사랑을 베풀었다는 것은 아무 소용이 없습니다. 바로 지금, 형제에게 사랑이 필요한 지금 시점에 베푸는 사랑이 중요한 것입니다.

최근 며칠 동안 누군가 힘들어할 때 격려의 말 한마디라도 건네본 적 있습니까? 밥이라도 한 끼 사준 적 있습니까? 전에 밥을 얻어먹었기 때문에 사주는 것 말고 그리스도의 사랑 때문에 식사를 대접해본 적이 있습니까?

주님은 성경의 가르침을 한마디로 '사랑'이라고 요약하셨습니다.

조금 더 구체적으로 '하나님 사랑'과 '이웃 사랑'이 그것입니다. '형제 사랑'은 '이웃 사랑'의 출발점입니다. 그리고 그 사랑은 감성적인 사랑을 넘어서는 사랑을 말합니다. 주님은 원수를 사랑하라고 말씀하셨습니다. 이 같은 주님의 명령에 사람들은 보통 어떻게 반응합니까?

"아니, 꼴도 보기 싫은 원수를 어떻게 사랑합니까?"

그렇다면 원수가 사랑스러워 보이면 그때부터 사랑을 해볼 참인가요? 그러면 그때는 벌써 원수가 아닙니다. 주님이 "원수를 사랑하라"고 말씀하시는 이유가 무엇입니까? 우리의 감정을 따라서 사랑하지 말라는 말씀입니다. 보기 싫어도, 거부감이 생겨도 주님의 말씀 때문에 그 사람을 사랑하라는 것입니다.

감정이 안 따라오는데 사랑한다는 것은 무엇을 말합니까? 행동으로 사랑하라는 것입니다. 원수가 배고파 하거든 먹이라는 것입니다. 원수가 목말라 하면 물을 마시게 하라는 것입니다. 바로 그것이 사랑이라고 주님이 말씀하십니다. 그렇게 행동으로 사랑하다 보면 나중에는 우리의 감정까지 그 사람을 사랑하게 될 때가 분명이 올 것입니다. 설령 끝까지 사랑의 감정이 따라오지 않더라도 내 감정을 따라 행하지 말고 진리의 말씀을 따라 행하는 그런 사랑을 하라는 것이 주님의 명령이자 가르치심입니다.

사랑이 가장 큰 힘이다

사랑의 힘이 가장 큰 힘입니다. 우리가 어떻게 다른 사람을 사랑하는 사람이 될 수 있습니까? 베드로후서 1장 7절 마지막 부분을 보면 "사랑을 더하라"라고 분명하게 밝히고 있습니다. 여기 나오는 '사랑'은 명백하게 하나님의 사랑입니다. 원어로 '아가페'를 지칭합니다.

기원전 277년에 히브리어로 된 구약성경을 당시 세계어가 된 그리스어로 번역하는 작업이 이루어졌습니다. 70명의 학자들을 모아놓고 번역을 했는데, 그렇게 번역된 성경이 '70인역 성경'입니다.

그때 학자들은 구약성경에 나오는 '하나님의 사랑'을 뜻하는 '헤세드'라는 단어를 어떤 단어로 번역해야 할지 고심이 많았습니다. 당시 우리가 알고 있는 사랑의 한 종류인 '에로스'와 '필리아'라고 하는 단어가 이미 있었습니다. 그런데 학자들은 이 두 단어 중에 하나를 가지고 하나님의 사랑을 묘사하기에는 무리가 있다고 생각했습니다. 그래서 그때 새롭게 만든 단어가 '아가페'입니다. '아가페'는 하나님의 사랑을 설명하기 위해 만들어진 단어입니다.

많은 사람들이 사랑을 갈망합니다. 사랑의 힘이 얼마나 큰지도 알고 있습니다. 그러나 그 사랑이 어디에서부터 시작되는지는 잘 모르고 있습니다. 하나님의 사랑을 거부하기 때문입니다. 하나님의 사랑에 대해 무지하기 때문입니다. 베드로후서 1장 5-7절에서 "사랑을 더하라"라는 말씀이 가장 마지막으로 나오지만, 사실은 이것이 출발점입니다.

하나님의 사랑을 배워야 한다

우리가 언제 하나님의 사랑을 알았습니까? 하나님의 아들이신 예수 그리스도가 보잘 것 없는 나를 구원하시기 위해 자신의 목숨을 버리셨다는 사실을 발견했을 때, 그때 우리는 어렴풋이나마 하나님 사랑의 크기를 알게 되었습니다. 그것이 하나님의 사랑을 아는 출발점이었습니다. 그리고 세월이 지남에 따라 그 사랑이 점점 더 깊게 우리에게 다가오기 시작합니다.

우리가 어릴 때는 부모님의 사랑이 얼마나 크고 지극한지 잘 모릅니다. 그냥 아무것도 모른 채 누워 있는데 누군가 와서 먹을 것도 주고 기저귀도 갈아주며 돌봐줍니다. 그러면서 어렴풋이 엄마, 아빠의 존재를 알게 됩니다. 그러다가 조금씩 자라가면서 '엄마, 아빠'를 떠올리면 '나를 사랑해주는 분'이라는 것을 알게 됩니다.

그렇게 조금씩 부모님의 사랑에 대해 배워가면서 나이가 들고 성숙해질수록 느껴지는 부모님의 사랑의 깊이가 달라집니다. 어릴 때는 잘못한 일이 있어서 부모에게 야단을 맞으면 '엄마, 아빠가 더 이상 나를 사랑하지 않나봐'라고 생각하기도 합니다. 그러나 조금 더 자라다 보면 부모가 야단을 치고 매를 드는 것도 다 자신을 사랑하기 때문임을 알게 됩니다. 사랑을 배우는 것입니다. 하나님의 사랑도 우리가 부모의 사랑을 배우는 것과 마찬가지로 아무것도 모르는 상태에서 하나님의 사랑을 알아가기 시작합니다.

우리가 결혼 전에 많이 듣는 말이 있습니다. "결혼해서 자식 낳아봐야 부모 마음 안다"는 것입니다. 사실 저는 그 말에 동의하지 않았습니다.

'우리 부모님이 나를 위해서 얼마나 희생하고 사랑하는지 내가 왜 몰라? 아이를 낳아보진 않았지만 당연히 알지!'

이렇게 생각한 것입니다. 그러나 결혼하고 5년만에 첫 아이가 태어났습니다. 그 때 제 마음이 온통 아이에게 쏟아 부어지는 것을 보면서 '내가 천하의 불효자식이구나. 우리 부모님이 이런 마음으로 나를 사랑하셨는데 나는 감히 부모의 사랑을 안다고 생각했다니 이런 불효가 어디 있나!'하는 것을 깨달았습니다. 자녀를 낳고 부모가 되어본 후에야 그것을 깨닫게 된 것입니다.

이처럼 우리가 부모의 사랑을 배우는 것도 나이를 먹으면서 점점 더 깊이 깨닫게 되는 것처럼, 하나님의 사랑을 배우는 것도 마찬가지입니다. 처음 하나님을 만났을 때 나를 향한 하나님의 사랑이 무척 놀랍고 감사했을 테지만, 그것은 시작일 뿐입니다. 모퉁이를 돌면 거기에도 하나님의 크신 사랑이 있고, 힘들고 어려워서 모든 것을 내팽개치고 싶을 때 그때에도 하나님이 사랑으로 나와 함께 계십니다. 내가 실수하고 넘어졌을 때에도 하나님의 사랑은 나와 함께 있습니다. 우리 인생의 모든 자리에 하나님이 함께 계시고, 날마다 크신 사랑으로 나를 인도하고 계시다는 것을 경험해야 합니다.

용사로 부르신다

다윗은 산에 있는 큰 바위를 바라보면서도 하나님의 사랑을 떠올렸습니다. 그래서 그는 이런 고백을 할 수 있었던 것입니다.

> 여호와는 나의 반석이시요 나의 요새시요 나를 건지시는 이시요 나의 하나님이시요 내가 그 안에 피할 나의 바위시요 나의 방패시요 나의 구원의 뿔이시요 나의 산성이시로다 시 18:2

우리가 하나님의 그 큰 사랑을 받으면서도 그 사랑을 아는 마음이 끊어진다면 사랑의 공급 자체가 끊어지는 것입니다. 우리는 끊임없이 하나님의 사랑을 새롭게 경험하고 알아가야 합니다. 그럴 때 우리 안에 다른 사람을 사랑할 수 있는 사랑이 부어지게 될 것입니다.

우리가 다른 사람을 사랑할 때 경건의 삶으로 나아갈 수 있습니다. 그리고 경건에서 인내를 배우고, 인내에서 절제를 배우게 되며, 절제하면서 하나님과 친밀해지고, 하나님을 아는 지식을 제대로 갖게 됩니다. 하나님을 제대로 알게 될 때 우리 삶의 목적을 발견하게 되고, 탁월함을 얻게 되는 것입니다. 이런 것들이 보배로운 믿음 위에 더해져서 세상의 빛과 소금이 되는, 하나님의 용사가 되는 강한 그리스도인의 삶을 살게 됩니다.

우리 모두는 다 이 길을 걷도록 부름 받았습니다. 하나님께서 주신 비전과 약속이 너무 크기 때문에 때로는 실감이 나지 않을 때도 있습니다. 그러나 주님은 보이지 않는 것을 보는 것처럼 바라보고 가는 것이 믿음이라고 말씀하십니다.

우리는 그 믿음을 가지고 한 걸음 한 걸음 주님 다시 오시는 날까지 하나님의 용사로서의 삶을 살아가야 합니다. 그런 삶을 마음에 품고 소망을 새롭게 하기 바랍니다. 그래서 그것이 우리 마음속의 소원으로 그치는 것이 아니라 실제로 삶의 여러 문제 속에서도 늘 이기는 자, 승리하는 자가 되기를, 하나님나라와 교회를 위한 용사로 우뚝 서게 되는 은혜가 있기를 바랍니다.

— 11 일꾼,
주님의 멍에를 지고 주님의 마음을 배우는
그리스도의 종

종으로 부르신 주님

몇 해 전, 어느 목사님이 제게 매우 진지하게 이런 이야기를 한 적이
있습니다. 예배 때 대표 기도자가 자신을 가리켜 자꾸 '주의 종'이라
고 말하는데, 그것이 몹시 귀에 거슬리더라는 것입니다. 그래서 참다
못해 하루는 성도들에게 이렇게 선포했다고 합니다.

"저는 주님에게는 물론 종이지만 여러분의 종이 아니니 앞으로는
저를 위해 기도할 때 '주의 종'이라고 하지 말고 '주의 사자'라고 하
십시오."

그 후로는 그 목사님 교회의 성도들은 그 분을 위해 기도할 때 "주
의 사자 아무개 목사님을 위해"라고 기도한다고 합니다. 그러면서 제

게 하는 말이 "박 목사도 그렇게 해"라는 것입니다.

만약 그 목사님이 저보다 후배였다면 제가 성경책 펼쳐가면서 반론을 제기하고 좀 가르쳤을 텐데, 저보다 한참 선배인 분에게 제가 연설을 할 수도 없고 해서 그냥 넘어갔습니다. 지금 와서 생각해보면 제가 조금 버릇없는 후배가 되어서라도 그 분이 그런 소리를 안 하시도록 해야 했던 건 아닌가 싶은 마음이 들어 후회가 되기도 합니다.

당신은 어떻습니까? 누가 당신에게 '종'이라고 하면 무슨 생각이 듭니까? "내가 왜 종이야?" 하고 억울한 마음이 듭니까? 하지만 우리는 '종'이란 단어가 무척 영광스러운 표현이라는 것을 잊지 말아야 합니다. 사도 바울은 이렇게 말했습니다.

우리는 우리를 전파하는 것이 아니라 오직 그리스도 예수의 주 되신 것과 또 예수를 위하여 우리가 너희의 종 된 것을 전파함 이라 고후 4:5

정말 놀라운 고백을 사도 바울이 하고 있습니다. 사도가, 오늘날로 말하면 목회자가 '주님의 종'일 뿐 아니라 '그리스도인의 종'이라는 것입니다. 성도들의 종이라는 것입니다. 바울이 고린도교회 성도들을 향해 이 편지를 쓸 당시는 그가 고린도교회를 떠나 다른 지역으로 옮겨간 후였습니다. 그곳에서 자신이 떠나온 고린도교회 성도들을 생각하며 쓴 편지에서 이렇게 고백한 것입니다.

바울의 고백에서 알 수 있듯이 목회자는 성도들을 섬기는 종이자 일꾼으로 부름 받았습니다. 장로, 권사 역시 마찬가지입니다. 소그룹 리더들은 소그룹 구성원들을 섬기는 종으로, 주일학교 교사들은 학생들을 섬기는 종으로 하나님이 세우신 것입니다.

교회 공동체만이 아닙니다. 부부는 결혼하는 그날부터 서로를 섬기는 종으로 세워진 것입니다. 이 사실을 인정하지 않으면 그 가정은 그리스도의 교회가 될 수 없습니다. '돕는 배필'이라는 말이 무슨 뜻입니까? 그것은 섬기는 자가 된다는 말이며, 서로 종이 된다는 뜻입니다. 결혼식 날은 종 문서를 주고받은 날입니다. 그 사실을 평생 잊어서는 안 됩니다.

회사의 사원들은 자기에게 월급을 주는 사장의 종일 뿐 아니라 세상을 섬기는 종으로 세움 받았다는 사실을 잊지 말아야 합니다. 상인들은 물건을 구매하는 손님들을 섬기는 종으로 하나님이 세워주신 것입니다. 부모는 자녀를 그리스도의 제자로 키우는 종으로 세워졌으며, 자녀는 연로한 부모를 효와 정성으로 섬기는 종으로 세움 받은 것입니다. 하나님께서는 이렇듯 우리에게 '종'이라는 단어를 통해 "서로 일꾼이 되어 서로를 섬기는 자들이 되어라"라고 말씀하고 계십니다. 주님은 우리를 종으로, 일꾼으로 부르셨습니다.

어떤 사람이 좋은 일꾼인가?

그렇다면 우리가 주님이 기뻐하시는 좋은 일꾼이 되기 위해서는 어떻게 해야 합니까? 돈을 많이 벌어서 헌금을 많이 하면 좋은 일꾼이 될수 있을까요? 아닙니다. 돈으로 할 수 있는 일이 꽤 많은 것이 사실이지만 그렇다고 해서 돈으로 할 수 있는 일이 그리 많은 것도 아닙니다. "돈이 없어서 일을 못한다"는 말은 그리스도인의 입에서 나올 소리가 아닙니다. 이런 사람은 그리스도의 교회의 교인이 아니라 돈 교회의 교인입니다. 돈을 최우선순위에 두면 안 된다는 말입니다.

세상에서 잘나가면 좋은 그리스도의 일꾼이 될 수 있을까요? 회사에서 승진하여 요직을 차지하고 앉으면 회사를 더 잘 섬기는 좋은 일꾼이 될 수 있으리라 생각합니까? 그 역시 그렇지 않습니다. 물론 우리는 세상에서도 열심히 일하고 섬겨서 승진하고 성공해야 합니다. 그러나 그것이 전부가 아닙니다. 하나님이 승진을 허락하시면 기쁨으로 올라가면 되고, 안 되면 그 자리에서 성실히 섬기면 됩니다. "지금은 내가 승진 준비하느라 바쁘니 승진하면 열심히 섬기겠다"라는 생각은 안 됩니다. 승진과 상관없이 그 자리에서 섬겨야 하는 것입니다.

또 많은 그리스도인들이 총선이나 대선 등 선거에서 무조건 예수 믿는 사람을 뽑아야 한다고 생각합니다. 그러나 단순히 예수 믿는다고, 교회 다닌다고 무조건 뽑아주는 것은 옳지 않습니다. 그런 단순한 논리가 아니라 그가 정말 하나님의 일꾼이 될 만한 사람인가를 면밀히 따져보고 생각해야 한다는 것입니다.

그렇다면 하나님께서 원하시는 일꾼은 어떤 사람입니까? 여기서는 마태복음 11장에 기록된 예수님의 말씀을 중심으로 하나님이 원하시는 일꾼, 곧 이 사회를 위해서, 교회 공동체를 위해서, 우리 가정을 위해서 하나님이 세우시는 하나님이 기뻐하시는 일꾼은 어떤 사람인지 살펴보고자 합니다.

조건 1, 내 인생의 짐을 맡겨라

먼저 생각해야 할 것은 일꾼의 조건입니다. '좋은 일꾼'이라고 했을 때 우리가 생각하는 조건들이 있습니다. 건강, 수입, 배경, 인맥 등 우리가 생각하기에 필요하다고 여기는 조건들이 있을 것입니다. 성경도 그런 것들을 부인하지 않습니다. 그러나 그 모든 것보다 가장 중요한 조건이 하나 있는데, 그것이 마태복음 11장 28절에 기록된 요건입니다.

> 수고하고 무거운 짐 진 자들아 다 내게로 오라 내가 너희를 쉬게 하리라 마 11:28

사람은 누구나 다 어깨에 무거운 짐을 짊어지고 있습니다. 내 어깨를 짓누르는 짐의 무게가 내가 감당할 수 없을 만큼 너무 무거우면 아무리 사랑하는 배우자, 가족일지라도 도와주고 섬길 수 없습니다. 그래서 주님이 우리를 일꾼으로 부르실 때 가장 먼저 하시는 일이 우리의 짐을 대신 져주시는 것입니다. 따라서 하나님의 일꾼이 되기 위해서는 하나님이 내 짐을 대신 져주시는 경험을 먼저 해야 합니다. 그것이 하나님의 일꾼이 되기 위한 제1의 조건입니다.

나의 짐을 주님께 맡기지 못하면, 다시 말해서 주님이 나의 짐을 대신 져주시는 것을 경험하지 못하면 자기 인생의 무거움 때문에 어떤 자리에서도 제대로 섬기지 못합니다. 오히려 섬긴다고 돌아다니면서 다른 사람에게 상처를 입히기 일쑤입니다. 왜 부모가 자녀에게 상처를 줍니까? 자녀를 사랑하지 않아서가 아닙니다. 사랑은 하지만 부모인 자신들의 인생의 짐이 너무 무거운 탓에 자녀들의 짐을 대신 져주기는커녕 오히려 자녀들의 짐을 더 무겁게 하기 때문입니다. 부부간에도 마찬가지입니다. 자기 인생의 짐을 여전히 자기 어깨에 올려놓은 채로는 서로에게 상처만 줄 뿐입니다. 따져보면, 우리가 인간관계 속에서 겪는 어려움의 대부분이 이런 이유로 발생합니다.

죄의 짐을 십자가 앞에 내려놓으라

그러면 주님이 우리의 짐을 대신 져주신다는 것은 구체적으로 무엇을 말하는 것입니까? 그것을 알려면 예수님이 "수고하고 무거운 짐 진 자들아 다 내게로 오라 내가 너희를 쉬게 하리라"라고 말씀하시기 직전에 하신 말씀에 주의를 기울여야 합니다. 주님은 이 말씀을 하시기 전에 이렇게 말씀하셨습니다.

내 아버지께서 모든 것을 내게 주셨으니 아버지 외에는 아들을
아는 자가 없고 아들과 또 아들의 소원대로 계시를 받는 자 외

에는 아버지를 아는 자가 없느니라 마 11:27

이 말씀을 28절의 말씀과 연결시켜 보면 주님이 우리의 짐을 대신 져주신다는 것은 '하나님의 계시를 받는 것'입니다. 하나님이 우리 앞에 감추어져 있던 것을 드러내어 보여주신다는 것입니다.

우리는 지금까지 "내게 돈이 생기면 내 짐이 덜어질 거야", "근사한 배우자를 만나면 내 인생의 짐이 덜어질 거야", "몸이 건강해지면, 자녀들이 출세하면, 명예를 얻으면 인생의 짐이 덜어질 거야"라고 생각해왔습니다. 그러나 결코 그렇지 않습니다. 우리 인생의 짐 중에 가장 무거운 짐은 '죄의 짐'입니다. 하나님이 없다고 생각하며 살아온 죄의 짐, 자기중심적으로 내 생각대로 인생을 살고자 하는 죄의 짐, 그것이 짐인 줄조차 모르는 죄의 짐, 그것이 가장 무거운 인생의 짐입니다. 이 짐을 우리 어깨에서 내려놓게 하기 위해 주님이 십자가에 달리신 것입니다.

하나님의 계시는 바로 이 사실을 우리에게 명확하게 보여주시는 것입니다. 이것은 우리 스스로는 절대 깨달을 수 없습니다. "아들의 소원대로 계시를 받는 자 외에는 아버지를 아는 자가" 없기 때문입니다.

우리는 주님이 십자가에 달리셔서 외치신 말씀, "내가 다 이루었다"는 말을 기억해야 합니다. "내가 다 이루었다"는 것은 "내가 값을 다 치렀다"는 뜻입니다. 우리 주님이 우리의 죄 값을 다 치르셨습니다. 우리는 그것을 그저 받기만 하면 됩니다. 그것을 성경은 '믿음'이라고 말합니다. 그래서 어떤 사람은 '믿음'을 '왕이 주는 선물을 받기 위해 거지가 더러운 손을 내미는 것'이라고 표현했습니다.

우리의 믿음은 결코 아름답거나 고상하지 않습니다. 만왕의 왕이신 주님이 자신의 목숨까지 우리를 위해 내놓으신 그 엄청난 선물을 받기 위해 여전히 더럽고 추하기 이를 데 없는 죄투성이의 손을 주 앞으로 내미는 것입니다. 그것이 바로 "수고하고 무거운 짐 진 자들아 다 내게로 오라 내가 너희를 쉬게 하리라"는 말씀 앞에 우리 인생의 짐을 내려놓는 것입니다. 예수님의 십자가 아래 우리 죄의 짐을 내려놓는 것입니다. 그 은혜를 입은 사람이라야 비로소 하나님의 일꾼이 될 수 있습니다. 주님의 십자가 아래 우리 인생의 짐을 내려놓는 것, 그래서 주님이 대신 우리의 짐을 져주시고 죄의 값을 다 치러주시는 것이 하나님의 일꾼이 되는 가장 중요한 요건입니다.

주님을 인생의 진정한 주인으로 삼으라

어느 목사님이 전화로 그 주 주일에 할 설교의 제목과 성경 본문을 비서에게 알려주었습니다.

"이번 주일 설교 본문은 시편 23편 1절부터 6절이고, 설교 제목은 여호와는 나의 목자시니."

그러자 비서가 이렇게 물었습니다.

"목사님, 그것이 전부입니까?"

그러자 목사님이 "뭐가 더 필요해?"라고 말했고, 비서는 "알겠습니다"라고 대답하고 전화를 끊었습니다.

토요일 오후, 주보를 받아 든 목사님은 깜짝 놀랐습니다. 설교 제목이 이렇게 되어 있었던 것입니다.

"여호와는 나의 목자시니 뭐가 더 필요해?"

화가 난 목사님은 비서에게 야단을 치려고 인터폰을 들었다가 슬며시 내려놓았습니다. 가만히 보니 그 제목이 참 괜찮다는 생각이 들었기 때문입니다. 꼭 비서를 통해서 하나님이 설교 제목을 다시 주신 것 같이 느껴졌다고 합니다. 그래서 그 제목에 맞추어, 특히 '뭐가 더 필요해?'라는 부분에 맞추어 설교를 고치기 시작했다고 합니다.

'여호와가 내 목자시라면, 예수님이 내 삶의 주인이시라면 그것만으로 충분합니다. 더 이상 아무것도 안 주셔도 나는 이미 엄청난 것을 가진 사람입니다.'

이런 묵상이 마음에 물밀듯이 몰려오면서 목사님은 자신이 먼저 큰 은혜를 받았습니다. 다음 날 주일이 되어 그 제목으로 설교를 했는데, 그날이 자기 생애에 잊을 수 없는 은혜로운 주일 중의 하나였다고 합니다.

우리는 어떻습니까? 예수님이 우리 삶의 주인이시니 그것만으로 충분합니까? 아니면 예수님이 계시더라도 다른 것이 더 필요합니까? 예수님이 계서도 남편은 승진해야 합니까? 아파트 분양에 꼭 당첨되어야 합니까? 예수님이 삶의 주인인 것은 주인인 것이고, 내 삶에 이런 소원은 꼭 이루어져야 한다고 생각합니까? 그런 소원도 이루어주지 못하는 주인은 진정한 주인이 아니라고 생각하는 것은 아닙니까?

마음속에 여전히 이런 갈등이 있다면 그 마음은 아직도 예수님을 주인으로 모시지 못한 마음입니다. 예수 그리스도가 우리의 진정한 주인이시라면 우리는 그것만으로 이미 모든 것을 가진 자입니다. 이 세상에서 가장 중요한 보화를 이미 가진 것입니다.

반대로 그 마음에 예수님이 없다면 그는 아무것도 갖지 못한 자입니다. 세상 부귀를 가진 것이 무슨 소용입니까? 가장 중요한 것을 갖지 못했는데 말입니다.

사망의 골짜기에서도 승리를 주시는 주님

우리가 기억해야 할 것은 주님이 우리의 길을 인도하신다 해도 우리가 사망의 음침한 골짜기를 통과할 수 있다는 것입니다. 원수 앞을 지나기도 합니다. 왜 그래야 합니까? 주님이 우리의 길을 인도하시는데 왜 굳이 사망의 음침한 골짜기를 지나야 합니까? 주님이 처음부터 푸른 초장으로, 맑은 시냇가로 인도해주시면 안 되는 것입니까? 모든 것을 아시는 주님이 우리의 길을 인도하시는데 원수가 없는 곳으로 골라서 데리고 가시면 되는 것 아닙니까?

그러나 성경은 그렇지 않다고 말합니다. 주님이 눈이 어두우시어 사망의 골짜기와 원수 앞을 피해 푸른 초장과 맑은 시냇가로 인도하지 못하시는 것이 아닙니다. 주변을 한번 돌아보십시오. 곳곳에 죽음이 가득합니다. 세상 어디를 둘러보아도 죽음의 그림자가 드리워 있지 않은 곳이 없습니다. 회사를 봐도, 이웃 주민을 봐도, 사회 어디를 둘러보아도 하나님이 없다고 외치는 영적 죽음으로 가득한 곳이 지금 우리가 살고 있는 이 세상입니다. 그러니 우리가 죽은 다음이 아니고서야 어떻게 사망이 없는 곳으로 골라 발을 디딜 수 있겠습니까? 도처에 원수가 있습니다. 때로는 부부가 서로 원수가 되기도 하고, 부모와 자식이 원수가 되기도 합니다. 원수를 피하려야 피할 수가 없습니다.

주님은 우리를 사망이 없는 곳, 원수가 없는 곳으로 데려가시려는 것이 아닙니다. 하나님께서는 사망과 원수가 도사리고 있더라도 그 가운데서 우리를 지키시는 분으로, 사망을 이기고 원수 앞에서 우리에게 승리의 잔칫상을 베풀어주시는 분으로 우리와 함께 계시기를 원하십니다. 그 주님이 우리의 길을 인도하십니다. 그 주님이 우리의 짐을 져주신다는 것입니다. 그래서 우리는 깊은 신뢰감으로 "내 인생의 짐은 내가 해결하리라"가 아니라 "주님이 나의 짐을 대신 져주시니 나는 그 주님 안에서 쉼을 얻으리라"고 고백할 수 있는 것입니다. 이 고백의 경험이 하나님의 일꾼이 되는 첫 단계를 지나는 것입니다.

조건 2, 주님의 멍에를 메라

주님이 일꾼에게 주시는 두 번째 말씀은 마태복음 11장 29절의 말씀입니다.

나는 마음이 온유하고 겸손하니 나의 멍에를 메고 내게 배우라

그리하면 너희 마음이 쉼을 얻으리니 마 11:29

앞에서 주님은 우리 인생의 짐을 대신 져주심으로 우리에게 쉼을
허락하셨습니다. 그것이 주님의 일꾼이 되는 첫 번째 요건이었습니
다. 이제 우리의 어깨가 비었습니다. 우리에게 쉼과 평안이 임했습니
다. 그런데 주님은 그것으로 끝이 아니라고 말씀하십니다. 자신의 어
깨에 지워진 인생의 짐을 내려놓은 자들을 향해 주님은 "나의 멍에를
메고 내게 배우라 그리하면 너희 마음이 쉼을 얻으리니"라고 말씀하
십니다. 이것이 주님이 우리에게 주시는 두 번째 '쉼'이자 일꾼의 두
번째 요건입니다.

우리의 빈 어깨에 주님이 지고 싶으신 짐을 지워주십니다. 그 짐은
다른 짐이 아닙니다. 부부가 서로 돕는 배필이 되는 짐, 자녀를 하나님
의 사람으로 키우는 부모로서의 짐, 이웃을 사랑으로 섬기는 짐, 바로
이런 것들이 주님이 우리에게 지워주시는 주님의 멍에입니다. 목회자
나 직분자가 되는 것, 전도하고 선교하는 것만이 주님의 짐이 아닙니
다. 일상생활 속에서 우리에게 맡겨주신 모든 것들이 주님이 우리에
게 지워주신 짐입니다.

초등학교 앞에서 문구점을 하면서 아이들에게 좋은 학용품을 쓰도
록 해주며 아이들이 공부하기 좋도록 섬기고자 하는 것, 과일가게를
하면서 사람들에게 몸에 좋은 과일을 좋은 가격으로 공급하고자 하는
것, 회사에서 성실히 일하고 주님의 마음으로 동료들을 섬겨 주님의

향기가 나타나도록 하는 것, 이 모든 것이 주님이 지고 싶으신 짐을 우리에게 대신 지워주신 것이라는 말입니다. 주님이 하고 싶으신 일을 우리에게 대신 맡기심으로 우리가 장사도 하게 하시고, 공무원도 되게 하시고, 회사원도 되게 하신 것입니다.

이것이 주님이 지워주시는 짐인 것을 알고 우리가 인생의 길을 걸어갈 때 주님이 두 번째 쉼을 주시겠다고 약속하십니다. 모든 그리스도인은 이 자리까지 나아가야 합니다. 첫 번째 쉼과 두 번째 쉼을 모두 얻는 자리 말입니다. 주님이 내 짐을 대신 져주시고 내게 좋은 것을 베풀어주심으로 얻는 쉼, 이것이 첫 번째 쉼입니다.

두 번째 쉼은 이제 비어 있는 내 어깨에 주님의 멍에를 메는 것입니다. 이전에는 내 인생의 짐을 내 어깨에 메고 혼자 비틀거리며 인생길을 걸었습니다. 그러나 이제는 내 짐은 주님께 맡기고 나의 빈 어깨에 주님의 짐을 지고 주님과 함께 가는 것입니다. 그럴 때 주님이 진정한 쉼을 주시겠다고 약속하십니다.

주님은 멍에를 혼자 지우지 않으신다

예수님이 "나의 멍에를 메고"라고 말씀하실 때의 '멍에'는 소나 나귀나 말 두세 마리에 한꺼번에 지우는 '멍에'를 뜻합니다. 우리나라에서는 말이나 소 두 마리에 동시에 멍에를 메워 밭을 갈게 하는 경우가 별로 없었지만, 그 당시 이스라엘에서 '멍에'는 어린아이도 익히 아는 익숙한 도구였습니다. 그렇기 때문에 농사일에 익숙한 사람일수록 두

세 마리의 가축에 함께 멍에를 메워 일을 시킬 때 어떻게 해야 하는지 잘 알고 있었습니다.

가축 중에도 일 잘하는 가축이 있는가 하면 잘 못하는 가축이 있습니다. 그럴 때 어떻게 해야 두 마리 이상의 가축이 효과적으로 일을 할 수 있는지 노련한 농부는 잘 알고 있습니다. 예를 들어, 소 두 마리인 경우 일 잘하는 소가 앞서서 끌고 가게 하고 서툰 소는 뒤따라가면서 일을 배우게 합니다. 세 마리의 소에 함께 멍에를 메우는 경우에는 가장 연약한 소를 가운데 세우고 양쪽에 능숙한 소를 세워 일을 하게 합니다. 그러면 가운데 있는 미숙한 소는 멍에는 함께 메고 있지만 양 옆의 노련한 소의 움직임을 따라하면서 일을 배우게 됩니다. 이것이 바로 예수님이 말씀하신 '멍에'입니다.

주님은 멍에가 '나의 멍에'라고 말씀하셨습니다. 주님은 우리에게 "나의 멍에를 너 혼자 메고 한번 열심히 끌어봐라"라고 말씀하시지 않습니다. 주님이 그 짐을 함께 지신다는 것입니다. 예를 들어, 주님이 우리에게 자녀를 하나님의 사람으로 키우는 일을 맡기셨다면 "네가 부모니 네가 알아서 해라. 대신 잘못하면 나중에 가만히 두지 않겠다" 라고 하시는 것이 아니라, 주님이 친히 우리와 함께 그 멍에를 메시고 자녀를 함께 양육해주시는 것입니다.

우리는 더 이상 혼자의 힘으로 무언가를 해보려고 아등바등하지 않아도 됩니다. 주님이 함께해주시기 때문입니다. 우리 주님은 매우 뛰어난 숙련된 일꾼이십니다. 우리 주님은 죽음까지 이기신 분이십니다. 그런 주님이 우리 삶의 자리에 오셔서 주님이 우리에게 맡기신 짐을 함께 져주십니다. 우리와 함께하시면서 진리의 말씀을 주시고 성령의 지혜를 공급해주십니다. 그래야 우리가 주님이 맡기신 주님의 멍에를 감당할 수 있습니다. 주님은 결코 우리가 감당할 수 없는 일을 무작정 맡기시는 분이 아닙니다. 그것이 바로 주님이 말씀하신 '주님의 멍에'입니다.

가시도 주님의 은혜입니다

어떤 사람은 이렇게 말하기도 합니다.

"내 삶의 문제가 다 해결되고 내 문제를 주님이 다 져주시면 제가 주님을 위해서 헌신하겠습니다."

그러나 우리가 세상을 떠나는 날까지 그런 날은 오지 않습니다. 우리 앞에 짐은 언제나 있습니다. 사도 바울을 보십시오. 위대한 사도였지만 그에게도 '육체의 가시'가 남겨져 있었습니다. 성경은 바울이 그 문제로 주님 앞에 세 번 기도했다고 기록합니다. 그런데도 하나님께서는 그의 기도에 응답하지 않으셨습니다.

사실 사도 바울처럼 하나님 앞에 충성스럽고 헌신적이었던 사람이 지난 2천 년 교회 역사 속에서 얼마나 되겠습니까? 그는 정말 귀한 하나님의 종이었습니다. 그런 그가 육체의 가시로 고통 가운데 있었습니다. 성경에 자세한 기록은 나와 있지 않지만 많은 성경학자들은 그 육체의 가시가 눈병일 것이라고 추측합니다. 너무나 고통스러웠던 바울이 하나님 앞에 "제 건강을 회복시켜주십시오. 제가 주님을 위해서, 또 성도들과 복음을 위해서 더 열심히 섬기겠습니다"라고 기도했습니다. 그러면 이런 기도에는 주님이 응당 응답해주셔야 하는 것 아닙니까? 사도 바울 정도 되면 건강이 회복되었다고 해서 하나님을 멀리하거나 세상으로 달려 나갈 염려도 없었을 것입니다. 그런데도 하나님께서는 그의 기도에 응답하지 않으셨습니다.

하나님이 응답하지 않으시니 바울은 몇 해를 하나님 일 열심히 하면서 그냥 지냅니다. 그러다 너무 힘들었는지 다시 한 번 하나님 앞에 간구합니다. 하나님은 그때도 응답하지 않으셨습니다. 몇 해가 또 지났습니다. 그는 다시 세 번째로 하나님 앞에 기도했습니다. 그때도 하나님은 응답하지 않으셨습니다. 그리고 난 다음 그는 다시는 그 문제를 가지고 기도하지 않았습니다. 그냥 그 가시를 안고 살았습니다. 그 가시를 안고 소아시아를 비롯하여 여러 지역을 돌아다니며 주님의 복음을 전하고 나중에는 로마에까지 갔습니다.

오늘날 우리의 기도와 우리의 섬김은 어떻습니까? "하나님, 제 모든 짐을 완전히 져주시면 제가 주님을 위해 열심히 일하겠습니다"라고 기도하는 것은 아무것도 하지 않겠다는 뜻입니다. 주님은 우리가 감당할 만큼의 짐을 우리에게 허락하십니다. 그러니 우리에게 남겨주신 그 짐 자체가 하나님의 은혜임을 잊지 말아야 합니다. 사도 바울은 자신의 몸에 여전히 남아 있는 '육체의 가시'를 이렇게 표현했습니다.

여러 계시를 받은 것이 지극히 크므로 너무 자만하지 않게 하시
려고 내 육체에 가시 곧 사탄의 사자를 주셨으니 이는 나를 쳐
서 너무 자만하지 않게 하려 하심이라 고후 12:7

그 가시가 자신이 교만하지 않도록 하는 데 큰 역할을 했다는 것입
니다. 그 가시 자체가 주님이 자신에게 주신 은혜라는 고백입니다. 조
금 힘이 들어도, 내가 감당할 수 있을까 싶은 의구심이 들지라도 "주
님이 섬기라고 주신 길이라면 내가 이 길을 간다!" 하는 결단으로 나
아갈 때 죽음을 이기신 주님이 능력으로 우리와 함께해주십니다.

한계 상황에서 믿음을 따라 몸을 던져라

하나님은 모험을 좋아하십니다. 그래서 종종 우리가 한계 상황에까
지 이르도록 우리를 몰아붙이십니다. 이런 이야기를 들어본 적이 있
을 것입니다.

바로 눈앞에 낭떠러지가 있습니다. 그런데도 하나님은 계속해서 낭
떠러지 끝으로 나를 밀어붙이십니다. 조금만 더 가면 진짜 떨어지는
데, 하나님은 계속 "조금만 더, 더 앞으로" 하시며 나를 밀어붙이십니
다. 드디어 낭떠러지 끝까지 왔습니다. 한 발만 더 가면 이제 진짜 떨
어지는 것입니다. 더 이상 갈 데가 없습니다. 그런데도 하나님은 "한
발만 더 앞으로!"라고 하십니다.

여기서 두 가지 고민이 생깁니다. 한 발 더 믿음을 따라 행할 것인

가, 아니면 나의 두려움을 따라 행할 것인가? 두려움을 이기고 믿음을 따라 낭떠러지 아래로 몸을 던졌더니 어떻게 되었습니까? 내 어깨에 날개가 있다는 것을 발견했다는 것입니다.

가끔 하나님이 각본을 짜놓고 사람을 골탕 먹이며 고약하게 궁지로 몰아넣으신다고 오해하는 분들이 있습니다. 그러나 하나님은 그렇게 고약한 분이 아니십니다. 낭떠러지에서 뛰어내려보지 않으면 내 어깨에 날개가 있는지 없는지, 그 날개가 어떤 역할을 하는지 알 수 없습니다. 땅에 있는 동안에는 날개가 필요 없기 때문입니다. 한계 상황을 넘어서는 그 지점에서 믿음을 따라 몸을 던질 때 우리는 비로소 날개를 경험하게 됩니다. 놀라운 하나님의 능력을 경험하게 됩니다. 그렇기 때문에 하나님께서는 우리를 한계 상황으로 밀어붙이시는 것입니다.

나의 약점보다 하나님의 능력이 더 크다

우리는 너 나 할 것 없이 모두들 연약한 자들입니다. 약점이 많습니다. 그러나 그 약점 때문에 섬기는 자가 되지 못하고 하나님의 일꾼이 되지 못한다고 하면, 우리 가운데 하나님의 일꾼이 될 사람은 아무도 없을 것입니다. 성경 인물들을 한번 보십시오. 다들 약점이 있고 연약함이 있던 자들이었습니다.

하나님이 아브라함에게 "떠나라"고 명령하신 때는 그가 칠십 대 노인이었을 때였습니다. 한창 건강하고 힘 좋은 이십 대 때 부르셨으면 얼마나 좋습니까? 그런데 벌써 노인이 다 된 사람에게 고향을 떠나라고 하시니, 하나님이 아브라함의 나이를 모르셨던 것일까요? 그럴 리는 없습니다.

야곱은 계속해서 불안한 상황에 처해 있었습니다. 형이 자신을 죽이려 하자 집에서 도망쳐 나와 외삼촌 라반의 집으로 피했습니다. 그곳에서는 외삼촌에게 속임을 당하며 억울한 세월을 보내야 했습니다. 자기가 형을 속였던 것처럼 외삼촌에게 속임을 당한 것입니다. 어떻게 할 수 없는 불안한 상황 속에서 하나님은 계속해서 야곱에게 약속의 말씀을 붙들 것을 도전하셨습니다.

요셉은 노예로 팔려갔고, 누명을 쓰고 감옥에 갇히기까지 했습니다. 감옥에 갇혀 있는 노예가 무슨 일을 할 수 있습니까? 그러나 하나님께서는 요셉을 들어 놀랍게 사용하셨습니다.

모세는 말을 더듬었으며, 기드온은 겁쟁이였고, 라합은 이방의 기생이었습니다. 이스라엘의 가장 위대한 왕으로 추앙받는 다윗은 간음죄를 범했을 뿐 아니라 온갖 가정적인 문제를 안고 살았습니다. 엘리야는 자살을 생각했던 나약함을 보였고, 요나는 하나님의 명령을 따르기 싫어서 도망갔다가 마지못해 순종했습니다.

세례 요한은 괴팍한 말과 행동의 소유자였고, 베드로는 즉흥적이고 거친 사람이었습니다. 마르다는 늘 걱정이 많았고, 사마리아 여인은 결혼생활에 다섯 번이나 실패한 여인이었습니다. 도마는 의심이 많았고, 사도 바울은 건강에 문제가 있었습니다.

그러나 하나님께서는 이들을 하나같이 놀랍게 사용하셨습니다. 그들에게 죽음을 이기는 부활의 능력을 허락하셨기 때문입니다. 그들이 바로 그 은혜를 기대함으로 붙잡았기 때문입니다. 우리의 약점보다 주님의 은혜와 능력이 더 크고 강하기 때문입니다. 우리 역시 그 능력을 붙잡아야 합니다. 그래서 이 세대를 위한 일꾼으로 서야 합니다. 하나님이 바로 그것을 우리에게 원하고 계십니다.

조건 3, 주님의 겸손과 온유를 배워라

주님의 말씀에서 마지막으로 생각할 일꾼의 요건은 "내 멍에는 쉽고 내 짐은 가벼움이라"(마 11:30)라고 하신 말씀에서 찾을 수 있습니다.

하나님이 명령하신 섬김의 길을 가는 것이 쉬운 일입니까, 어려운 일입니까? 결코 쉽지 않습니다. 누구에게 물어도 선뜻 "쉽다"고 답할 사람이 없을 것입니다. 오랫동안 목회를 해온 저 역시 마찬가지입니다. 그런데 주님은 뭐라고 말씀하십니까? 주님의 멍에는 쉽고 그 짐이 가볍다고 말씀하십니다. 예수님이 거짓말을 하신 것일까요? 그럴 리는 없습니다. 그렇다면 주님은 쉽다고 말씀하시는데 우리는 왜 그렇게 어려운 것일까요?

이 질문에 대해 우리는 말씀에 의지하여 "쉽다"고 결정하는 것이 중요합니다. 주님이 쉽다고 말씀하셨다면 쉬운 것입니다. 이것이 이 질문을 대하는 첫 번째 고비입니다. 큰 맘 먹고 믿음으로 동의했습니다. 첫 번째 고비를 넘은 것입니다. 그러나 실제 삶에서 적용해보고자 하면 결코 쉽지 않습니다. 두 번째 고비를 만났습니다. 이 문제를 어떻게 풀 수 있습니까? 어렵지만 그냥 쉬운 척하며 살아야 합니까? 그리스도인은 그런 위선의 삶을 사는 존재가 아닙니다. 주님이 쉽다고 하셨으니 실제로 우리 삶 속에서 그 일이 쉽다는 것을 경험해야 합니다. 그것이 주님이 우리에게 원하시는 것이기도 합니다.

어떻게 하면 말씀처럼 주님의 멍에가 우리의 실제 삶에서도 쉬울 수 있을까요? 29절의 한 단어에 그 단서가 담겨 있습니다. 그것은 '배우라'는 단어입니다.

나는 마음이 온유하고 겸손하니 나의 멍에를 메고 내게 '배우라' 그리하면 너희 마음이 쉼을 얻으리니 마 11:29

배우면 쉽고, 배우지 않으면 어렵습니다. 무엇이든 마찬가지입니다. 배우되 예수님을 배워야 합니다. 예수님의 마음을 배워야 합니다. 특별히 예수님의 겸손과 온유를 배워야 하는 것입니다. 주님은 자신의 마음이 온유하고 겸손하다고 하시며 그 마음을 배우라고 하십니다. 우리가 예수님의 온유하고 겸손한 마음을 제대로 배울 수만 있다면 우리는 세상에서 가장 강한 자가 될 것입니다. 누구도 우리를 이기지 못할 것입니다.

문제는 우리가 온유하고 겸손하지 못하다는 것입니다. 누가 한 마디 하면 우리는 열 마디 해줘야 속이 시원합니다. 특히 가까운 사이일수록 그렇지 않습니까? 그래도 다른 사람에게는 자신의 본성을 숨기며 잘 참습니다. 그러나 아내나 남편, 가족과 같이 가장 가까운 관계 안에서는 본성대로 행합니다. 겸손과 온유는 온데간데없습니다. 그렇기 때문에 다른 사람에게 드러나는 내 모습이 진짜가 아니라 부부간에, 가족 구성원 안에서 드러나는 모습이 진짜입니다. 우리는 우리의 진짜 모습이 주님의 모습을 닮아갈 수 있도록 그분에게서 온유와 겸손, 사랑과 배려, 절제와 섬김을 배워야 합니다.

배우면 됩니다!

세상에 수만 가지 언어가 있는데, 그 가운데 외국인이 배우기 가장 어려운 언어가 아라비아어, 그리고 두 번째로 어려운 언어가 한국어라고 합니다. 외국인이 한국어를 배울 때 존칭어가 그렇게 어려울 수 없다고 합니다. 우리는 세계에서 두 번째로 배우기 어렵다는 한국어를 자유자재로 구사할 수 있는 사람들입니다. 그렇게 어려운 한국어를 배우기 위해 참 고생 많았지요? 그렇지 않습니까? 아마도 선뜻 "맞아, 내가 한국어 배우느라 고생 참 많이 했지" 하는 분은 아무도 없을 것입니다.

사실, 우리가 무슨 고생을 했습니까? 자연스럽게 배웠지요. 그렇다면 여기서 두 가지를 생각해볼 수 있습니다. 하나는 그 어렵다는 한국어도 이렇게 잘하는데 우리가 무엇을 못 배우겠습니까? 배우면 됩니다. 다만, 우리에게 배우고자 하는 마음이 없다는 것이 문제입니다. 성령님은 계속 우리를 가르치시려고 하는데 우리는 배우려 하지 않는 것이 문제라는 것입니다. 우리가 배우고자 하기만 한다면 주님이 가르쳐주시고자 하는 모든 것을 얼마든지 배울 수 있습니다. 성령님이 우리와 함께 계셔서 지혜를 주시기 때문입니다.

또 다른 한 가지는, 우리가 그 어렵다는 한국어를 어떻게 배웠습니까? 책상 놓고 몽둥이 가져다 놓고 억지로 강압적으로 배웠습니까? 아닙니다. 부모님 덕에 자연스럽게 배웠습니다. 아무것도 모르고 그저 누워 있는데 옆에 와서 자꾸 "엄마 해봐, 아빠 해봐" 하지 않았습니까? 그런 말들을 한마디씩 따라하다 보니 어느새 자연스럽게 말도 배우고 글도 배울 수 있게 되었습니다. 그래서 가정이 중요한 것입니다.

우리가 하나님을 배우고 예수 그리스도의 마음을 배운다고 하는 것 역시 가정에서부터 시작해야 합니다. 부부가 믿음으로 서야 합니다. 그래야 그 모습을 보고 자녀들도 자연스럽게 예수님의 마음을 배울 수 있습니다. 가정은 힘없고 작은 공동체가 아닙니다. 그 안에서 하나님의 일꾼으로 하나님의 사명을 감당할 때 자녀들 역시 자연스럽게 주님의 성품을 배운 하나님의 일꾼으로 서게 될 것입니다. 세상의 가정들만 하나님의 교회로 바로 세워져도 이 땅에 하나님나라는 저절로 세워지게 되어 있습니다. 그런 가정들이 모이면 지역 교회는 저절로 건강한 교회가 될 것입니다.

곤당골교회 이야기

우리는 세상을 바꿀 힘이 없습니다. 사실, 우리 힘으로는 세상은커

넝 배우자 한 명, 자녀 한 명도 내 마음대로 바꿀 수 없습니다. 그런데 우리가 할 수 있는 것이 있습니다. 주님의 약속의 말씀을 믿고 주님이 변화를 일으키실 수 있다는 사실을 믿음으로 그저 그 자리에서 섬기는 것입니다. 그리고 기다리는 것입니다. 결국 주님이 이루실 것입니다. 하나님께는 변화시키지 못할 사람이 없고, 이루시지 못할 일이 없습니다. 우리의 어깨에 주님의 멍에를 지워주신 주님이 부활의 능력으로 우리 삶의 자리에 오셔서 바로 오늘 그 일을 행하실 것입니다. 우리는 주님을 그저 바라보기만 하면 되는 것입니다.

우리 믿음의 조상들이 이 땅에서 얼마나 큰일들을 많이 이루었습니까? 특히 이 땅에 복음이 처음 들어온 이후 교회가 세워질 때부터 이 나라와 이웃의 연약한 자들을 섬기는 일에 얼마나 큰 헌신을 했는지 모릅니다.

1893년, 서울에 여섯 번째 교회가 세워졌습니다. 지금의 소공동 롯데호텔 자리에 세워진 '곤당골교회'인데, 당시 그 근처에 백정촌이 있었습니다. 곤당골교회를 세운 사무엘 무어(Samuel Farman Moore) 선교사는 마흔 여섯 살의 나이로 조선 땅에 들어와 복음을 전하기 시작했습니다. 그러다 곤당골에 사는 백정들의 모습에 충격을 받아 백정들이야말로 가장 복음이 필요하다는 생각에 16명의 백정들과 함께 곤당골교회를 설립하게 되었습니다. 그러면서 백정들을 위한 신분철폐운동에 앞장섰으며 결국 조선시대 말 백정들의 신분 철폐를 이루는 열매를 거두게 되었습니다.

무어 선교사가 곤당골교회를 세우기 전에 먼저 세운 학교에는 백정 박씨의 아들인 봉출이라는 학생이 다니고 있었습니다. 어느 날 봉출이 학교에 힘없이 앉아 있는 것이 무어 선교사의 눈에 띄었습니다. 무슨 일이냐고 묻자 아버지가 장티푸스에 걸려 죽게 되었다는 것입니다. 그 이야기를 전해들은 무어 선교사는 한국에 의사로 와 있던 에비슨(Oliver R. Avison) 선교사와 함께 박씨를 찾아갔습니다. 에비슨 선교사는 바로 당시 고종 황제의 주치의였습니다.

에비슨은 여러 차례 왕진하면서 정성스럽게 치료해주었고, 마침내 박씨는 완쾌되었습니다. 왕의 주치의가 짐승 같은 백정을 치료해준 것에 감격하여 그는 곤당골교회에 출석하기 시작했고, 1895년 세례를 받으며 '성춘'이란 이름도 얻게 되었습니다. 자신은 백정으로 태어나 백정으로 살 수밖에 없었으나 자신의 아들만큼은 그 신분을 물려주고 싶지 않아서 선교사가 세운 학교에 보냈지만, 그는 정작 교회가 어떤 곳인지 복음이 무엇인지 잘 몰랐습니다. 그런데 하찮은 자신을 섬기는 선교사들을 보면서 하나님의 나라가 지금까지 자기가 살던 세계와는 전혀 다른 세상이라는 것을 어렴풋이 깨닫게 된 것입니다.

그는 믿음이 자라면서 자신이 맛본 복음을 전하기 시작했는데, 주로 백정들을 전도하다 보니 교회에 나오는 백정들의 숫자가 점점 늘기 시작했습니다. 그래서 한때는 곤당골교회를 '백정교회'라고 부르기도 했다고 합니다. 그는 1911년 장로 장립을 받아 장로가 되었고, 전국에 백정 교회가 세워지는 데 큰 역할을 담당하게 되었습니다.

우리에겐 힘이 없지만!

곤당골교회에서 벌어진 놀라운 일이 또 한 가지 있습니다. 1907년에 그 교회에 왕손이었던 이재형이라는 사람이 출석하기 시작한 것입니다. 그는 1914년에 장로가 되었습니다. 양반 중에서도 최고 신분인 왕손이 백정과 함께 동등한 입장에서 예배를 드리고 당회를 이끌어갔던 것입니다. 또한 박성춘의 아들 봉출은 에비슨 선교사가 세운 제중원의학교(세브란스의대 전신)를 졸업하고 조선 최초의 의사가 됩니다. 그가 바로 의사 박서양입니다.

이 모든 일이 복음이 아니면 불가능한 일들입니다. 오직 주님만 바라보며 자신의 자리에서 묵묵히 섬김을 감당했던 하나님의 일꾼들이 이룬 놀라운 역사입니다. 이것이 바로 죽음을 이기신 그리스도의 부활의 능력이 어둠과 죽음으로 가득한 우리의 삶과 사회 속에 나타난 열매인 것입니다. 주님은 오늘날 우리에게도 이 같은 섬김과 헌신을 원하십니다. 우리는 부족하지만 우리가 할 수 있는 만큼만 하면 됩니다. 주님이 친히 우리와 짐을 함께 지시며 부활의 능력을 베풀어주십니다.

우리가 품어야 할 소원이 있다면, 그것은 우리가 그리스도의 일꾼으로 온전히 서는 것입니다. 내 인생의 짐은 주님께 맡기고 주님의 멍에를 메는 것입니다. 그리고 온유하고 겸손하신 주님의 마음을 배우는 것입니다. 그럴 때 우리의 가정이 온전한 하나님의 가정이 될 것입니다. 우리의 교회가 진정한 하나님의 교회가 될 것입니다. 그럴 때 이 사회가, 온 세상이 주님의 은혜와 부활의 능력으로 가득하게 될 것입니다. 우리 모두 그 소원을 품고 하나님의 약속을 믿으며 하나님 앞에 충성하는 진정한 하나님의 일꾼이 되기를 바랍니다.

─ 12 교회,
예수님의 지상명령을 수행하는
하나님의 교회

정말 교회 맞습니까?

몇 해 전, 미국 플로리다 올랜도에 있는 한 한인교회에 어느 목사님
이 새로 부임하게 되었습니다. 그 분은 이삿짐을 풀어놓고 근처에 있
는 한인 슈퍼에 들렀다가 슈퍼 사장님과 대화를 나누게 되었습니다.
그 지역 다른 교회에 다니는 매우 신실해 보이는 집사님이었습니다.
그래서 그 목사님은 자신이 목사라는 말은 하지 않고 사장님에게 이
렇게 물었다고 합니다.

"제가 며칠 전에 이쪽으로 이사를 왔습니다. 이 지역에 한인 교회가
몇 개 있던데, 사장님이라면 어떤 교회를 추천하시겠습니까?"

그러자 슈퍼 사장님은 어느 교회는 목사님의 설교가 좋고, 어느 교

회는 교육 시스템이 잘되어 있고, 어느 교회는 이런 부분이 좋다고 하면서 "우리 지역에 있는 교회는 다 좋은 교회입니다. 어느 교회를 가서도 괜찮습니다. 딱 한 교회만 빼고 말입니다"라고 말했다고 합니다. 그런데 공교롭게도 그 한 교회가 그 목사님이 부임하게 된 교회였다고 합니다.

그 목사님도 자신이 부임하게 된 교회에 문제가 있다는 사실을 모르고 온 것은 아니었습니다. 교회 내부적으로 갈등과 다툼이 있다는 사실을 알고 있었습니다. 그런데 신실해 보이는 이웃 교회 집사님에게 그런 이야기를 들으니 마음이 굉장히 무거워졌습니다.

드디어 부임 후 첫 예배를 드리는 날이 되었습니다. 성도들도 새로 오시는 담임 목사님에 대한 기대감을 안고 평소 예배 때보다 많이 모였습니다. 그런데 교회 입구에 들어서는 성도들마다 다들 깜짝 놀랐습니다. 누군가 예배당 입구에 붙어 있던 교회 간판을 톱으로 잘라 '교회'라는 글자를 없애버렸기 때문입니다. 교인들 입장에서는 새로운 목사님이 첫 설교를 하는 중요한 날에 이런 불미스러운 일이 생겼으니 얼마나 놀라고 걱정스러웠겠습니까? 뒤숭숭하고 불안한 분위기 속에서 예배가 시작되었습니다.

그런데 이게 웬일입니까? 목사님이 설교를 시작하자마자 간판 이야기를 꺼내면서 그 간판을 자신이 잘랐다는 것입니다. 성도들은 다들 어리둥절했습니다. 그러면서 목사님은 자신이 이 동네에 처음 와서 만난 슈퍼 사장님의 이야기를 전했습니다.

"우리는 이곳에 교회라고 믿고 이렇게 모였는데, 이웃 교회 성도님은 이곳이 교회가 아니라고 생각하는 것 같습니다. 교회라는 곳은 모름지기 사람들에게 소망을 안겨주는 곳이어야 하는데, 우리 교회는 사람들에게 소망을 안겨주는 곳이 아닌 절망을 안겨주는 곳이라고 알려져 있으니, 이곳이 어떻게 교회입니까? 길을 잃고 헤매는 사람들에게 이정표를 제시해주어야 하는 교회가 정작 자신이 길을 잃고 헤매고 있으니 누구에게 길을 알려줄 수 있겠습니까? 우리는 이곳이 교회라고 모였지만 실상은 교회가 아닌 것 같습니다. 그래서 제가 '교회'라는 간판을 잘라버렸습니다."

성도들은 아무 말도 할 수 없었습니다. 그러면서 그 목사님은 "우리가 '교회'라는 간판을 붙일 수 있으려면 교회의 주인 되신 하나님의 뜻을 따라 제대로 해봐야 합니다. 만약 그럴 수 없다면 우리는 '교회'라는 이름 대신 '친목회'나 '클럽'과 같은 다른 이름을 찾아봐야 할 것입니다"라고 덧붙였습니다.

그렇습니다. 우리가 모이는 교회가 진정한 교회가 맞다면 또한 진정한 교회가 되기를 바란다면, 우리는 교회의 주인 되신 하나님의 뜻이 무엇인지 묻고 또 물어야 합니다. 그래서 하나님의 뜻에 따라 교회를 세워가야 합니다. 그렇지 않다면 아예 간판을 바꿔야 합니다.

생각해보십시오. '약국'이란 간판을 보고 약을 사러 들어갔는데, 약은 안 팔고 엉뚱한 생선만 팔고 있다면 어떻게 하겠습니까? 황당할 것입니다. 약국은 약국의 역할을 감당해야 하고 교회는 교회의 역할을 감당해야 합니다. 교회의 주인 되신 하나님이 교회를 통해 어떤 일들을 의도하셨는지 그 뜻에 깊이 집중해야 합니다.

하나님이 세우시는 다섯 가지 교회

하나님께서는 이 땅에 다섯 가지 교회를 세우고자 하십니다. 보통 '교회' 하면 함께 모여서 예배드리는 지역 교회 공동체를 떠올립니다. 그러나 이것은 다섯 가지 교회 중의 하나에 불과합니다. 그렇다면 하나님은 어떤 교회들을 이 땅에 세우고자 하시는 것입니까?

첫째는, 우리 한 사람, 한 사람을 그리스도의 몸으로, 성전으로 세우고자 하십니다.

> 너희는 너희가 하나님의 성전인 것과 하나님의 성령이 너희 안
> 에 계시는 것을 알지 못하느냐 고전 3:16

우리 각 사람이 하나님의 교회로, 하나님의 성전으로 온전히 세워져야 합니다. 우리 자신이 성령님이 거하시는 거룩한 성전인 것을 늘 기억해야 합니다.

둘째는, 하나님은 부부가 이룬 가정을 교회로 세우고자 하십니다. 주님은 에베소서 5장에서 부부를 향해 이렇게 말씀하십니다.

> 이는 곧 물로 씻어 말씀으로 깨끗하게 하사 거룩하게 하시고 자

기 앞에 영광스러운 교회로 세우사 티나 주름 잡힌 것이나 이런 것들이 없이 거룩하고 흠이 없게 하려 하심이라 엡 5:26,27

우리 가정이 어떻게 하면 행복하고 아름다운 가정이 될 수 있습니까? 그리스도의 몸인 교회로 세워지면 됩니다. 그것이 가정을 세우신 하나님의 목적이기 때문입니다.

셋째로, 하나님은 소그룹 공동체를 하나님의 교회로 세우고자 하십니다. 소그룹 공동체를 교회의 한 종류로 넣는 데는 중요한 이유가 있습니다. 친밀한 성도의 교제 없이는 온전한 교회가 될 수 없기 때문입니다.

요즘 대부분의 교회에서는 예배 때 만나는 사람들과 진정한 교제를 나누기 어려운 것이 현실입니다. 인사하고 간단한 안부를 묻는 정도가 전부입니다. 서로의 삶과 신앙에 관한 깊은 대화와 교제를 나누며 신앙을 성장시키기에는 시간적, 공간적 한계가 있기 때문입니다. 그렇기 때문에 흔히 구역모임, 목장모임이라고 하는 소그룹 공동체의 모임이 중요한 교회의 한 모습인 것입니다.

성도의 교제를 뜻하는 헬라어 '코이노니아'는 '한 마음'을 뜻하는 두 단어의 합성어입니다. '코이'가 '한, 같은'이란 뜻이고, '노니아'가 '마음'이라는 뜻입니다. 이것은 교회 안에서 누군가와 마음이 맞고 취미나 성향이 맞아서 친하게 지내는 것을 뜻하지 않습니다. '같은 마음'이라는 것은 마음이 맞는 누군가와 가까이 지내는 것을 뜻하는 것이 아니라 우리가 먼저 하나님과 같은 마음이 된다는 뜻입니다. 그래서 나와 취미도, 취향도, 성향도 다르지만 그와 내가 각각 하나님과 같은 마음이어서 그리스도 안에서 두 사람이 한 마음이 될 수 있는 관계가 형성되는 것, 바로 이것이 '코이노니아'입니다.

코이노니아가 없으면 교회가 될 수 없습니다. 교회는 그리스도의 몸이기 때문입니다. 설교할 때 제가 사용하는 마이크는 설교를 진행하는 데 무척 중요한 역할을 감당하지만, 그렇다고 해서 저와 한 몸은 아닙니다. 그저 필요해서 제 앞에 두고 사용하는 것뿐입니다. 그러나 제 손과 팔은 저와 하나입니다. 신경조직을 비롯해 여러 조직이 연결되어 한 몸을 이루고 있습니다.

이처럼 우리 모두는 그리스도의 몸의 각 지체입니다. 그리스도와 내가 서로 하나가 되고, 그리스도의 몸의 각 지체인 공동체의 구성원들이 서로 코이노니아를 이루어가는 것입니다. 이런 진정한 코이노니아가 가능한 것은 가정과 소그룹 공동체와 같은 작은 공동체입니다. 이런 작은 공동체가 없으면 큰 공동체는 진정한 공동체가 될 수 없습니다.

넷째로, 주님은 우리가 흔히 '교회'라고 할 때 떠올리는 지역교회 공동체를 세우고자 하십니다.

다섯째로, 주님이 세우고자 하시는 교회는 '보편 교회'입니다. 이는 눈에 보이지 않는 교회로, 인류의 조상인 아담에서부터 에수님의 재림 때까지 예수를 주(主)로 고백하는 모든 사람이 속하게 되는 한 교회를 뜻합니다. 그리스도의 한 몸에 속하게 되는 것입니다. 그 교회를 일러서 '보편 교회'라고 말하는 것입니다.

이 교회들을 온전히 세우시기 위해 우리 주님은 십자가의 길을 가셨습니다. 교회를 세우는 출발점은 우리 자신이 죄인임을 깨닫고 우리에게 죄 사함을 주시는 예수 그리스도의 십자가를 붙드는 것입니다. 바로 그 깨달음과 은혜가 있는 사람들이 교회가 되고, 그들의 가정과 모임이 교회가 되기 때문입니다.

어떤 일이 큰일입니까?

그러면 이런 교회들이 주님이 기뻐하시는 교회로 온전히 세워지기 위해서는 어떻게 해야 합니까? 이 문제에 대해 생각해보기 전에 다음 질문에 먼저 대답해보십시오.

"2백 명 모이는 교회가 큰일을 할까요? 2천 명 모이는 교회가 큰일을 할까요?"

이 질문에 대답을 하기 위해서는 먼저 '큰일'에 대한 정의가 제대로 이루어져야 합니다. 보통 '큰일'이라고 하면 뭔가 규모가 크고, 돈이 많이 들어가고, 눈에 보이는 형태가 큰 것이라고 생각합니다. 그러나 조금만 깊이 생각해보면 그렇지 않습니다. 겉으로 보이는 규모가 아무리 커도 우리의 마음을 잡아끄는 것은 다른 일입니다. 가족의 일이 큰일이고, 우리가 관심을 기울이는 일이 큰일이며, 내가 지금 겪고 있는 일이 가장 큰일입니다.

주님은 어떤 일을 '큰일'이라고 말씀하십니까? 주님은 우리에게 이렇게 말씀하십니다.

> 나를 믿는 자는 내가 하는 일을 그도 할 것이요 또한 그보다
> '큰일'도 하리니 요 14:12

우리가 무엇이기에 주님보다 큰일을 할 수 있을 것이라고 말씀하시는 것일까요?

주님은 또 "한 영혼이 천하보다 귀하다"(마 16:26 참조)라는 말씀도 하셨습니다. 한 영혼이 하늘과 땅의 모든 것보다 귀하다는 말씀입니다. 이런 말씀을 들으면 "하나님이 너무 과장하시는 것 아닌가요?" 하는 생각이 들 수도 있겠지만 아닙니다.

우리 자신을 한번 생각해봅시다. 우리에게 남편이나 아내가 얼마나 소중합니까? 자녀는 또 어떻습니까? "천하보다 내 아이가 더 소중합니다"라는 말에 이의를 달 부모가 어디 있습니까? "엄청난 돈을 줄 테니 당신의 아이를 나에게 파시오"라는 소리에 당신은 자녀를 팔겠습니까? 어림도 없는 소리입니다. 이렇듯 정말 소중한 것, 진정으로 큰일이 무엇인지 곰곰이 생각해보면 우리가 일반적으로 생각하는 규모가 크고 사람이 많이 모이는 것과 같은 것이 큰일이 아니라는 것을 알 수 있습니다.

'한 영혼의 변화', 이것이 주님이 보실 때 가장 큰일입니다. 한 영

혼이 변화될 때 어떤 일이 벌어집니까? 한 사람에게 복음이 들어가고, 그 사람을 통해서 한 가정에 복음이 들어가고, 그 자손들이 믿음의 가정이 될 때 하나님께서는 그 가문에 천 대에 이르도록 은혜를 베풀겠다고 약속하셨습니다. 천 대에 이르도록 그 자손들이 하나님의 은혜 가운데 살고, 그 가문이 하나님의 교회로 세워지며, 하나님의 평화를 누리는 그 큰일이 한 사람이 복음을 받아들일 때부터 시작되는 것입니다.

큰일 행하는 큰 교회?

그러면 다시 질문으로 돌아가보겠습니다.

"2백 명 모이는 교회가 큰일을 할까요? 2천 명 모이는 교회가 큰일을 할까요?"

이 질문에 아직 답을 하기를 주저하는 마음이 든다면 이 질문은 어떻습니까?

"몸무게가 50킬로그램인 사람이 큰일을 할까요? 아니면 100킬로그램인 사람이 큰일을 할까요?"

이번에는 좀 자신 있게 답할 수 있겠습니까? 아마도 많은 사람들이 이 질문에 "100킬로그램이나 나가는 사람이 어떻게 큰일을 할 수 있겠습니까? 자기 몸 하나도 움직이기 힘들 텐데요"라고 생각할 것입니다. 그러나 이 역시 편협한 대답입니다.

제가 군 생활을 할 때, 저는 175센티미터 키에 몸무게 60킬로그램으

276 ｜ 십자가가 없이 영광은 없다

로 평균 정도의 체격을 지닌 평범한 이십 대 남성이었습니다. 그런데 제 밑으로 들어온 미군 병사 한 명은 190센티미터 키에 100킬로그램이 나가는 거구였습니다. 그렇다고 그 친구의 움직임이 둔했을까요? 아닙니다. 아침마다 구보를 하는데 그 친구가 저보다 더 빨리 뛰었습니다. 다시 한 번 묻겠습니다.

"몸무게가 50킬로그램인 사람이 큰일을 할까요? 아니면 100킬로그램인 사람이 큰일을 할까요?"

정답은 "몸무게와 아무 상관없다" 입니다.

우리가 육체적으로 뭔가를 할 때 몸무게보다 중요한 것이 무엇입니까? 건강입니다. 건강하지 않으면 아무것도 할 수 없습니다. 아무리 덩치가 좋아도, 아무리 날씬한 외모를 자랑해도 소용없습니다. 요즘 많은 여성들이 다이어트에 몰두하고 있는데, 건강 잃고 날씬해봐야 아무 소용없지 않습니까?

그럼 다시 원래 질문으로 돌아갑시다.

"2백 명 모이는 교회가 큰일을 할까요? 2천 명 모이는 교회가 큰일을 할까요?"

정답은 "숫자하고 상관없다" 입니다.

물론 전혀 상관없는 것은 아닙니다. 건강한 교회라면 규모가 클 때 더 많은 열매가 맺히기도 하는 것이 분명하기 때문입니다. 그러나 교인 수가 아무리 많아도, 교회 건물이 아무리 근사해도, 사회적으로 뛰어난 명사들이 아무리 많이 모였다 해도 그 교회가 건강하지 않으면 아무것도 아니라는 것입니다.

그러면 어떤 교회가 건강한 교회입니까? 우리가 신앙생활 하는 내내 끊임없이 생각해야 할 화두이지만, 여기서는 간략하게 두 가지로 생각해보고자 합니다. 먼저는 종교개혁자들을 통해 알 수 있는 건강한 교회의 조건과 또 하나는 예수님의 마지막 지상명령을 통해 알 수 있는 건강한 교회의 조건입니다.

종교개혁자들이 말하는 건강한 교회의 조건

제가 시무하는 교회는 장로교회 개혁신학의 전통에 서 있는 교회입니다. 5백 년 전에 종교개혁이 일어났을 때 존 칼빈을 중심으로 한 신앙운동의 영향을 받은 전통입니다. 존 칼빈은 건강한 교회에 대해서 이렇게 정의했습니다.

첫째, 말씀이 바르게 선포되고 있는가?

둘째, 성례가 바르게 집행되고 있는가?

셋째, 권징이 바르게 행해지고 있는가?

첫째, 말씀이 바르게 선포되는가?

건강한 교회가 되기 위해서는 우선적으로 말씀이 바르게 선포되어야 합니다. 하나님의 교회에 모인 성도들 앞에서 하나님의 말씀이 선포되는 것이 아니라 설교자 개인의 철학이나 견해, 개인적인 묵상 등이 선포되는 것은 무척 위험한 일입니다.

그런데 오늘날 많은 교회의 문제는, 말씀이 바르게 선포되느냐보다 말씀이 재미있게 선포되느냐에 더 큰 관심을 기울이고 있다는 것입니다. 조금만 재미없거나 지루하면 듣지 않으려고 합니다. 재미가 없으면 설교 시간이라도 짧아야 합니다. 사실 재미있는 설교가 듣기 좋은 것은 누구에게나 마찬가지입니다. 저도 다른 사람의 설교를 들을 때 재미있는 설교는 듣기 편하고 좋은데 재미없는 설교는 집중해서 듣기가 힘든 것이 사실이기 때문입니다. 그러나 이런 태도를 바르다고 생각해서는 안 됩니다.

설교가 재미있으면 물론 좋습니다. 그러나 항상 재미있을 수만은 없는 것이 말씀 선포입니다. 따라서 우리의 관심사는 "말씀이 재미있는가?"가 아니라 "말씀이 바르게 선포되고 있는가?"에 맞춰져야 합니다. 그래야 건강한 교회, 건강한 그리스도인이 될 수 있습니다.

어떤 분이 수련회에 참석해서 "수련회 정말 좋았습니다. 은혜 많이 받았습니다"라고 이야기하기에 제가 물었습니다.

"3박4일 동안 많은 말씀을 들었을 텐데, 특히 마음에 남는 말씀은 무엇입니까?"

그랬더니 그 분이 "그게 뭐였지?"라고 하기에, "그럼 어떤 부분에 그렇게 은혜를 많이 받았습니까?"라고 물었더니 "그것이, 예배당 지을 때 힘들었다는 이야기는 기억이 나는데…"라고 하면서 말을 제대로 못하는 것입니다. 그래서 제가 "아니, 나흘씩이나 말씀을 들었다면서 무슨 말씀을 들었는지는 기억이 안 남고 남이 지은 예배당 이야기만 듣고 온 것입니까?"라고 호통 아닌 호통을 친 적이 있습니다.

우리가 건강한 교회, 건강한 그리스도인으로 세워지려면 우리 안에 바르게 선포되는 말씀이 반드시 있어야 합니다. 그리고 그 말씀을 바르게 습득하는 것이 중요합니다.

둘째, 성례가 바르게 집행되는가?

건강한 교회가 되기 위해서는 둘째로 성례(聖禮)가 바르게 집행되어야 합니다. 우리가 속한 개신교는 성례를 두 가지로 이야기합니다. 하나는 성찬식이고, 하나는 세례식입니다.

성찬식에서 기억해야 할 것이 많지만, 그중에 가장 중요한 것은 성령님의 임재입니다.

떡과 포도주를 받으면서 우리는 무엇을 생각합니까? 예수 그리스도의 십자가와 부활, 예수님이 베푸신 구원을 떠올립니다. 그리고 그 일들을 통하여 어떻게 그리스도의 교회가 세워졌고, 우리 각 사람이 어떻게 성전으로 세워지며 하나님의 평화를 얻고 누리는지 묵상합니다. 그 모든 일이 어떻게 이루어집니까? 바로 성령님의 임재를 통해서 그 모든 것을 얻고 누립니다. 떡이나 포도주를 통해서가 아닙니다. 떡과 포도주는 매개물일 뿐이고 성령님의 임재를 기대하며 떡과 잔을 받는 것이 성찬식입니다.

어떤 교회가 건강한 교회입니까? 성령님의 임재를 늘 경험하는 교회가 건강한 교회입니다. 늘 성령님의 임재를 의식하며 "주님이라면 이럴 때 내가 어떻게 하기를 원하실까?"를 염두에 두고 살아가는 사람이 건강한 그리스도인입니다. 건강한 그리스도인은 예배드릴 때뿐 아니라 아이를 양육할 때나 회사에서 일을 할 때, 심지어 부부싸움을 할 때에도 늘 '하나님이 어떻게 생각하실까?'를 염두에 두는 사람입니다. 하나님 앞에 늘 경건한 마음을 갖기 위해 고민하며 사는 모습이 건강한 그리스도인의 모습이라는 것입니다.

교회 공동체도 마찬가지입니다. 혹시 예배를 드릴 때는 성령님의 임재가 좀 느껴지는 것 같은데, 예배를 마치고 제직회의를 하려면 성령님의 임재는 간 곳 없고 "내가 좋아하는 저 사람 의견은 무조건 찬성, 내가 싫어하는 저 사람 의견은 무조건 반대"를 외치지는 않습니까? 성령님의 임재와 인도하심은 어디론가 사라지고 내 기분과 감정만 남아 있습니다. 이런 교회는 건강한 교회, 건강한 공동체가 아닙니다. 내 감정보다 늘 하나님의 임재를 의식하고 기대하는 것, 그것이 성례가 제대로 집행되고 있는 증거이기 때문입니다.

세례는 어떻습니까? 세례를 통해서도 그 교회가 건강한 교회인지, 그 사람이 건강한 그리스도인인지 알 수 있습니다. 세례는 새로운 생명을 얻는 것입니다. 나를 통해 새로운 생명이 태어나고 있는지를 보면 내가 건강한 그리스도인인지 아닌지 알 수 있습니다. 건강한 교회는 회심으로 생명 얻는 그리스도인이 많아지는 회심 성장하는 교회입니다. 많은 그리스도인들이 전도를 부담스러워하며 "예수 믿은 지 벌써 몇 년이나 되었는데 아직 전도는 어렵습니다"라고 말합니다. 하지만 우리는 나를 통해 새 생명이 태어나는 것이 영적 건강을 가늠하는 중요한 지표임을 기억해야 합니다.

셋째, 권징이 바르게 행해지는가?

세 번째로 건강한 교회가 되기 위해서는 권징(勸懲)이 바르기 행해져야 합니다. 권징은 벌주는 것을 말합니다. 가볍게는 훈계부터 시작해서 가장 중한 벌로는 출교(黜敎)가 있습니다. 출교는 함부로 행하는 것이 아닙니다. 그 사람이 마음에 들지 않는다고 출교를 행할 수 있는 것이 아니라, 그가 구원 받지 못한 자라는 판단이 설 때, 가장 쉬운 예로는 그 사람이 이단(異端)이라는 판단이 설 때 마지막으로 선택하는 권징이 출교입니다.

자기 자녀가 중대한 잘못을 저질렀을 때 "괜찮아, 그러다 말겠지" 하며 그냥 내버려두는 부모가 어디 있겠습니까? 자녀의 잘못을 발견하는 즉시 그것이 습관이 되기 전에 빨리 바로잡기 위해 애를 쓸 것입니다. 그것이 부모의 마음입니다. 그것이 자녀를 훈계하고 벌주는 이유입니다. 사랑하기 때문입니다.

교회도 마찬가지입니다. 교회의 당회나 운영위원회 같은 지도자들이 부모의 역할을 감당하는 것입니다. 벌도 아무나 받는 것이 아닙니다. 사랑이 있기 때문에 권징도 이루어지는 것입니다. 건강한 교회는 사랑의 마음으로 행해지는 올바른 권징이 있는 교회입니다.

이 세 가지가 종교개혁자들, 특히 존 칼빈을 중심으로 세워진 건강한 교회의 기준입니다. 이 기준들 역시 건강한 교회를 가늠하는 무척 중요한 기준입니다. 따라서 이 같은 기준을 늘 염두에 두며 그리스도의 몸 된 교회가 올바로 세워져 갈 수 있도록 기도하고 수고하며 애를 써야 합니다.

예수님의 마지막 명령

이제 예수님이 승천하시면서 남기신 지상대명령을 통하여 예수님은 어떤 교회를 건강한 교회라고 하셨는지 살펴보고자 합니다.

> 예수께서 나아와 말씀하여 이르시되 하늘과 땅의 모든 권세를 내게 주셨으니 그러므로 너희는 가서 모든 민족을 제자로 삼아 아버지와 아들과 성령의 이름으로 세례를 베풀고 내가 너희에게 분부한 모든 것을 가르쳐 지키게 하라 볼지어다 내가 세상 끝 날까지 너희와 항상 함께 있으리라 하시니라 마 28:18-20

이 말씀은 예수님이 지상을 떠나 승천하시면서 제자들과 주님을 믿고 따르던 자들에게 남긴 마지막 말씀입니다. 여기에 보면 다섯 개의 동사가 나옵니다. '가서', '제자를 삼아', '세례를 베풀고', '가르쳐', '지키게 하라'가 그것입니다. 여기에서 주동사는 '제자를 삼아'이고 나머지는 주동사를 꾸며주는 분사입니다. 따라서 '제자를 삼아'에 주목하여 이 말씀을 살펴볼 필요가 있습니다.

'제자를 삼으라'는 말은 '교회를 세우라'는 말과 같습니다. 그 사람이 '그리스도의 제자가 되게 하라', '그리스도의 성전이 되게 하라', '그리스도의 몸이 되게 하라'도 모두 같은 말입니다. 이 말씀을 구문을 따라서 다시 한 번 번역해본다면 이렇게 번역할 수 있을 것입니다.

"너희는 나아감으로, 사람들이 세례를 받게 함으로, 사람들에게 말씀을 가르침으로, 그리고 가르침 받은 말씀을 지키게 함으로 모든 사람을 내 제자로 삼아라, 내 교회를 세워라."

이것이 주님이 우리에게 주신 지상대명령입니다. 어떤 교회가 건강한 교회입니까? 바로 주님이 주신 이 명령을 마음에 담고 순종하려고 애쓰는 교회가 건강한 교회입니다. 그런 그리스도인이 건강한 그리스도인입니다.

예수님을 믿은 지 벌써 꽤 오래 되었는데도 불구하고 나를 통해서 예수님의 제자가 되는 사람이 없다면, 그것은 심각한 문제입니다. 내가 심각한 질병을 가진 그리스도인이거나 아니면 아예 그리스도인이 아닌 것입니다. 주님이 유언으로 남겨주신 마지막 명령에 관심 없이 그저 나 혼자 먹고 사는 문제에만 급급하여 산다면, 그런 사람을 어떻게 그리스도인이라고 할 수 있겠습니까?

주님은 이 일을 위해 자신의 생명까지 모두 내놓으셨습니다. 그런데 그리스도인이라고 하는 사람들이 그 중대한 일을 위해 아무것도 하지 않을 생각이라면, 그가 정말 그리스도의 몸이며 그리스도와 관계가 있는 사람이라고 생각할 수 있느냐는 말입니다. 모든 그리스도인은 마땅히 다른 사람이 그리스도의 제자가 되게 하는 일에 관심을 기울여야 할 뿐 아니라 그 일을 위해 헌신해야 합니다. 그것이 건강한 그리스도인의 모습이자 건강한 교회의 모습입니다.

이미 발 뺄 수 없다

그런데 막상 "제자를 삼으라"는 명령을 들을 때 우리 마음속에 가장 먼저 떠오르는 생각은 무엇인가요? 아마도 많은 사람들이 '부담스럽다'는 생각을 가장 먼저 할 것입니다. '내가 신학을 전공한 것도 아니고 목사나 전도사도 아닌데 누구를 제자로 삼는다는 말인가?'라는 생각에서 나오는 부담스러움일 것입니다.

하지만 정확히 말해서 우리가 누군가를 제자 삼는 것이 아닙니다. 주님이 제자 삼으시는 것입니다. 우리는 주님이 누군가를 제자로 삼으실 때 그 옆에 서서 수종을 들 뿐입니다. 우리가 어떻게 사람의 마음을 바꿀 수 있겠습니까? 우리는 할 수 없습니다. 오직 주님만이, 주님의 성령님만이 하시는 일입니다. 우리가 하는 것은 다만 주님과 하나되어 성령님이 행하시는 그 일에 주님의 일을 나의 일이라고 여기면서 순종하는 것뿐입니다.

그러니 이 명령 앞에서 "나는 못한다. 나는 훈련 받지 않아서 할 수 없다"는 생각을 버려야 합니다. 우리가 예수님을 마음에 영접하고 그리스도인으로 살기 시작한 순간, 우리는 이미 그 일에 깊이 개입되었기 때문입니다. 아닌 것 같습니까? 조금만 생각해보면 금세 동의할 수밖에 없을 것입니다.

우리는 그리스도인으로서의 삶을 살기 시작한 순간 우리는 이미 주변 사람들로부터 '그리스도인'으로 읽히고 있습니다. 우리 주변에 예수 믿지 않는 사람들이 얼마나 많습니까? 직장 동료, 이웃 주민, 자녀 친구의 부모, 혹은 가족들 중에도 예수님을 믿지 않는 사람들이 있습니다. 그런 사람들이 성경을 읽겠습니까, 아니면 예배를 드리겠습니까? 그들이 무엇으로 예수님을 알고, 교회를 알고, 그리스도인을 알겠습니까? 그들은 바로 우리를 읽고 있습니다. 어떻게 읽고 있습니까? 크게 두 가지로 읽고 있을 것입니다.

"저 친구와 나는 똑같이 직장생활 하고, 결혼해서 가정생활을 하고 있어. 다른 것은 다 똑같은데 딱 하나 차이가 있다면 저 친구는 교회를 다니고 나는 안 다닌다는 거지. 그런데 교회 다니는 저 친구나 안 다니는 나나 승진 때문에 안간힘 쓰는 것도 똑같고, 돈 조금이라도 더 벌려고 버둥거리며 거짓말 슬쩍 슬쩍 하는 것도 똑같네."

만약 우리의 모습이 예수 믿지 않는 동료의 눈에 이렇게 읽히고 있다면, 그들의 눈에 비치는 그리스도는 아무런 매력도 없는 존재일 것입니다. 삶의 아무런 차이도 주지 못하는 그리스도가 어떤 매력으로 다가가겠습니까? 안타깝게도 오늘날 이 같은 일들이 너무도 많이 벌어지고 있습니다. 이 땅에 수많은 그리스도인이 있는데, 그들의 모습을 지켜보는 사람들이 "예수 별 거 아니야"라는 부정적인 평가를 내리고 있는 것입니다. 거룩하신 예수님이 우리 때문에 모욕 받고 계신 것입니다.

그런데 만약 우리가 세상 사람들로부터 이렇게 읽히고 있다면 어떻겠습니까?

"지금 경제 상황은 누구에게나 어려워. 예수 믿는 저 사람도 돈이 필요하고 나도 돈이 필요해. 그런데 저 사람은 어떻게 저렇게 평안할 수 있지? 이 어려움을 어떻게 저렇게 잘 이겨낼 수 있지? 예수를 믿는다는 게 이렇게 놀라운 힘을 발휘하는 것인가?"

이런 경우 그들은 우리를 통해서 놀라운 주님의 능력을 볼 수 있게 되는 것입니다.

우리는 어쩔 수 없이 예수님을 믿는 순간부터 그리스도인으로 읽히고 있습니다. 이미 예수님의 지상대명령에 깊이 개입되었다는 말입니다. "나는 못해, 할 수 없어"라는 소리를 아무리 해봐야 소용없습니다. 잘하든 못하든 이미 개입되어 있고, 발 뺄 수 없기 때문입니다.

제자 삼는 일은 어렵지 않다

그렇다면 이제 잘하는 일만 남았습니다. 외면할 수 없다면 잘해보는 수밖에 없습니다. 주변 사람들이 나를 통해 예수 그리스도의 영광스러운 모습을 볼 수 있도록, 나를 통해 예수님의 진리가 드러나고 참 평안이 흘러갈 수 있도록 해야 하는 것입니다.

그런데도 아직도 "그래도 나는 할 수 없어. 내가 어떻게 사람들을 제자로 삼는단 말이야?"라고 발버둥 치겠습니까? 그러면 어떻게 하겠다는 말입니까? 구원을 포기하겠습니까? 예수님을 포기하겠습니까? 그럴 수는 없을 것입니다. 아니면 신앙생활은 하되 직장에 가서는 예수 믿는다는 소리 안 하고 교회 안 다니는 척할 것입니까? 그런 이중생활은 과연 편할까요?

그것은 마치 결혼해놓고 직장 가서는 결혼반지 빼놓고 총각행세 하고 다니면서 아내에게는 "나는 당신을 사랑해. 회사에서 결혼했다고 말 못하는 것은 어쩔 수 없는 일이니 당신이 이해해줘"라고 하는 것과 마찬가지입니다. 그런 남편을 이해할 아내는 세상 어디에도 없습니다. 있을 수 없는 일이기 때문입니다. 마찬가지로 우리가 주님과 더불어 살아가는 그리스도인이라면 세상 사람들은 우리를 통해서 주님의 모습을 볼 수밖에 없습니다.

도대체 주님은 왜 이렇게 어려운 일을 우리에게 맡기셔서 우리를 이렇게 힘들게 하시는 겁니까? 아닙니다. 어렵다고 생각하지 마십시오. 결코 어렵지 않습니다.

우리 아이들이 어렸을 때의 일입니다. 큰아이가 초등학교 1학년일 때쯤, 제가 저녁에 집에 들어가 보면 이제 초등학교 1학년인 큰아이가 동생 둘을 데리고 학교에서 배운 노래나 숫자 같은 것들을 가르치고 있습니다. 그러면 어느새 세 아이들이 다 같이 같은 노래를 부르고 있습니다.

큰아이가 밖에서 놀다가 재미있는 농담이라도 한 마디 듣고 들어오면 절대로 가만히 있지 않습니다. 동생들을 앉혀놓고 가르칩니다. 그러면서 저희들끼리 깔깔 대며 웃다가 제가 들어가면 저를 앉혀놓고 막내에게 시킵니다.

"아빠에게도 가르쳐줘!"

두 살짜리 막내는 누나에게 들은 농담을 생각만 해도 벌써 웃음이 납니다. 그렇지 않아도 말이 서툰데 웃느라고 제대로 말도 못합니다. 막내는 누나의 제자가 되긴 했지만 저를 제자 삼는 데는 실패했습니다. 그러면 둘째가 나섭니다. 다섯 살쯤 된 둘째는 제법 말을 똑똑하게 해서 둘째가 이야기하면 저도 알아듣고 다 같이 웃음을 터트립니다. 이것이 바로 제자 삼는 것입니다.

제 기억에 초등학교 1학년인 큰아이가 네 살, 두 살 아래인 동생들에게 뭔가를 가르치면서 "아빠, 동생들 가르치는 것이 너무 어려워요"라고 하는 소리를 들어본 적이 한 번도 없습니다. 그저 자기가 학교에서 배운 대로 이것저것 가르치면서 깔깔거리고 웃으며 즐거운 시간을 보낸 것입니다.

그렇습니다. 우리가 무엇을 가르치겠습니까? 뭐 대단한 것을 가르치는 것이 아닙니다. 주님은 우리를 향해서 "너희들이 나의 변호사가 되어다오"라고 말씀하신 것이 아닙니다. 증인이 되라고 말씀하셨을 뿐입니다. 증인은 그저 보고 들은 것, 경험하고 기억하고 있는 것을 그대로 전하면 되는 것입니다.

증인은 보고 들은 것만 말하면 된다

증인이 하는 증언은 간단합니다. 자신이 들은 대로, 본 대로 말만 하면 됩니다. 새벽에 우연히 비명소리를 들었다면 "내가 새벽 두시 쯤 화장실에 갔는데 그때 옆집에서 '악' 하는 비명소리가 들렸다"라고만 이야기하면 됩니다. "그 비명소리가 90데시벨쯤 되었고, 그 정도 소리가 나려면 칼에 맞았든지 몽둥이에 맞았든지 했어야 했고"와 같은 소리를 할 필요가 없습니다. 내가 보고, 듣고, 기억하고 있는 것만 이야기하면 됩니다.

우리는 예수님의 변호사가 되는 것이 아닙니다. 예수님이 어떤 분이신지, 그분이 한 일이 인류사에 어떤 기여를 했고 어떤 의미가 있는지 신학적이고 멋있는 이야기를 해야 하는 것이 아닙니다. 다만, 내가 만난 그리스도, 나의 죄를 사해주신 그리스도, 내 인생을 변화시켜주신 그리스도, 지우고 싶은 나의 과거까지도 새롭게 하신 예수 그리스도를 증거하면 되는 것입니다. 어려운 일이 아닙니다. 내게 행하신 하나님의 역사를 그대로 증언하기만 하면 됩니다.

언젠가 비교적 이른 아침 시간에 집으로 전화가 걸려왔습니다. 전화를 받은 아내가 수화기를 들고 방으로 들어가 한참 동안 통화하다가 나왔습니다. 저는 누가 무슨 일로 이렇게 이른 시간에 전화를 했는지 궁금하여 아내에게 물어보았습니다. 그랬더니 앞집에 사는 집사님인데 아내가 다니는 미용실보다 새로 생긴 미용실이 5천 원이 더 싸고 파마도 더 잘나온다고 그 미용실로 가보라는 전화였다고 합니다. 세상에, 그 이야기를 하려고 이른 아침부터 전화를 한 것입니다.

지금 다니는 미용실보다 5천 원 더 싼 미용실이 문을 열었다는 소식만 알아도 아침부터 친구들에게 전화하고 교인들에게 전화하고 난리입니다. 아무리 터무니없어 보이는 방법이라도 자기가 해보고 조금이라도 효험을 본 건강 비법이 있다면 친구고 친척이고 사돈의 팔촌에게까지 전화해서 한번 해보라고 권합니다. 그것이 우리가 사는 모습입니다.

그런데 우리에게 예수님은 어떤 분입니까? 5천 원 더 싼 새로 생긴 미용실보다, 자기가 체험한 건강 비법보다 못한 분입니까? 그래서 아침부터 전화해서 미용실 이야기는 해도 예수님 이야기는 못하는 것입니까? 그렇다면 문제가 있는 것입니다. 문제도 보통 문제가 아닙니다.

우리 주님이 십자가에서 죽으셨습니다. 주님은 자신의 생명을 내놓으면서까지 사람들을 교회로 세우기 원하셨습니다. 주님이 없어 고통받는 사람들을 주님의 교회로 세우기 원하십니다.

사람들이 고통 받는 이유가 무엇 때문입니까? 돈이 없어서입니까? 아닙니다. 죄 때문입니다. 죄의 짐 때문입니다. 그 죄의 짐을 벗는 길은 예수 그리스도의 십자가 외에 없습니다. 그래서 예수님이 십자가에 달려 생명을 내놓으신 것입니다. 예수님은 목숨까지 주시면서 사람들을 교회로 세우고 싶어 하시는데, 나는 그 일에 아무 관심이 없다는 것은 있을 수 없는 일입니다. 내가 정말 그리스도인이라면 결코 있을 수 없는 일입니다.

우리에게 주신 생명의 말씀

하나님은 예레미야서 1장에서 예레미야 선지자를 부르실 때 이런 말씀을 하셨습니다.

> 여호와께서 그의 손을 내밀어 내 입에 대시며 여호와께서 내게 이르시되 보라 내가 내 말을 네 입에 두었노라 보라 내가 오늘 너를 여러 나라와 여러 왕국 위에 세워 네가 그것들을 뽑고 파괴하며 파멸하고 넘어뜨리며 건설하고 심게 하였느니라 하시 니라 렘 1:9,10

이때 당시 예레미야는 나이가 스무 살이 채 안 되었을 때입니다. 아직 어린 예레미야의 입술에 하나님이 말씀을 부어주셨습니다. 그리고 그 말씀을 듣고 나가서 전하라고 명령하셨습니다. 예레미야에게 주신 그 말씀에 어떤 능력이 있다고 하십니까? 그 말씀이 나라를 뽑고 파괴하며 파멸하고 넘어뜨리며 건설하고 심게도 한다고 하십니다. 그 어린 선지자 예레미야가 얼마나 놀랐겠습니까?

유감스럽게도 예레미야는 나라가 세워지는 것은 보지 못했습니다. 조국이 망해가는 것을 보면서 평생 눈물로 살았다고 해서 '눈물의 선지자'라는 별명이 붙기도 했습니다. 유다 백성들이 그가 전하는 하나님의 말씀을 거부했기 때문입니다. 백성들의 거부로 비록 나라가 망하는 결과를 맞고 말았지만, 예레미야가 받은 하나님의 말씀은 분명히 생명의 말씀이었습니다. 나라를 건설하기도 하고 심게도 할 수 있는 생명의 말씀이었습니다.

예레미야에게 생명의 말씀을 주신 것처럼 주님은 우리에게도 생명의 말씀을 주셨습니다. 나라를 세우기도 하고, 가문을 세우기도 하고, 나라를 무너뜨리기도 하고, 가문이 파괴되기도 하는 능력의 말씀을 하나님이 우리에게 주셨습니다. 그것이 바로 예수 그리스도의 십자가와 부활에 대한 말씀입니다. 그렇다면 우리는 그 말씀을 들고 나아가 전해야 합니다.

마태복음 24장 38,39절에 이런 말씀이 있습니다.

> 홍수 전에 노아가 방주에 들어가던 날까지 사람들이 먹고 마시고 장가들고 시집가고 있으면서 홍수가 나서 그들을 다 멸하기까지 깨닫지 못하였으니 인자의 임함도 이와 같으리라
>
> 마 24:38,39

저는 늘 이 말씀이 마음에 무거움으로 남습니다. 하나님의 명령에 따라 노아는 방주를 지으면서 사람들을 향해 곧 큰 홍수가 올 것이라고 전했습니다. 그러나 사람들은 귀담아 듣지 않았습니다. 그리고 마침내 홍수가 왔습니다. 그때 노아의 방주에 올라탄 사람은 여덟 명밖에 되지 않습니다. 다른 사람들은 다 무엇을 하고 있었습니까?

마태복음에서 주님은 '먹고, 마시고, 장가들고, 시집가고' 이 네 가

지를 지적하셨습니다. 주님의 이 지적을 잊지 말아야 합니다. 그들이 도둑질하고 강도짓하고 나쁜 짓 하다가 방주에 타지 못한 것이 아닙니다. 그들은 먹고, 마시고, 장가들고, 시집가느라고 방주에 타지 못했습니다.

이것이 무슨 뜻입니까? 하나님께서는 하나님의 교회를 세우시고 사람들이 주께로 돌아와 참 평화를 얻는 그 엄청난 일을 위하여 아들 예수님의 생명까지 투자하셨는데, 우리는 먹고, 마시고, 장가들고, 시집가고, 애들 학교 보내고, 남편 출근시키고, 밥 먹고, 마시는 일상생활에 묶여 주님이 행하고자 하시는 일을 놓친다는 것입니다.

그런 우리를 바라보시며 우리 주님이 무슨 생각을 하시겠습니까? 오늘날 이 땅을 바라보시며 주님이 어떤 마음이 드실까요? 우리 주님이 목숨을 거셨던 그 일, 바로 한 사람이 구원받는 것, 한 가정이 새롭게 세워지는 것, 하나님의 교회가 온전히 세워지는 것, 그것을 간절히 바라고 계시지 않겠습니까?

모든 그리스도인은 바로 이 같은 주님의 마음을 품고 우리의 길을 가야 합니다. 그리고 그런 건강한 그리스도인들이 모였을 때 우리 교회가 더 건강한 교회, 더 위대한 교회가 될 수 있을 것입니다. 하나님이 주신 명령과 하나님이 주신 약속은 우리 모두를 살리는 위대한 말씀이기 때문입니다.

우리 모두에게 "내 남은 평생에 이 소원을 가지고 살리라" 하는 결단이 있기를 바랍니다. 우리가 이 땅에서 사는 동안 품어야 할 간절한 소원이 있다면 그것은 이 땅에 하나님의 교회가 세워지는 것입니다. 모든 사람이 하나님의 교회로 세워져서 하나님의 평강이 흘러가는 것입니다. 이 마음을 하나님 앞에 올려드리며 결단하는 우리 모두가 되기 바랍니다.

십자가 없이 영광은 없다

초판 1쇄 발행	2012년 12월 24일
지은이	박은조
펴낸이	여진구
책임편집	이영주
편집 1실	안수경, 김소연, 박민희
편집 2실	김아진, 최지설, 김수미, 유혜림
기획·홍보	이한민
책임디자인	마영애, 정해림	이혜영, 전보영
해외저작권	김나은
마케팅	김상순, 강성민, 허병용, 이기쁨
마케팅지원	최태형, 최영배, 이명희
제작	조영석, 정도봉
경영지원	김혜경, 김경희
이슬비전도학교	엄취선, 전우순, 최경식
303비전성경암송학교	박정숙, 정나영, 정은혜
303비전장학회 & 303비전꿈나무장학회	여운학
펴낸곳	규장

주소 137-893 서울시 서초구 양재2동 205 규장선교센터
전화 02)578-0003   팩스 02)578-7332
이메일 kyujang@kyujang.com   홈페이지 www.kyujang.com
트위터 twitter.com/_kyujang   페이스북 facebook.com/kyujangbook
등록일 1978.8.14. 제1-22

ⓒ 저자와의 협약 아래 인지는 생략되었습니다.
이 출판물은 저작권법에 의해 보호를 받는 저작물이므로 무단 전재와 무단 복제를 할 수 없습니다.

책값 뒤표지에 있습니다.
ISBN 978-89-6097-289-6 03230

규 | 장 | 수 | 칙

1. 기도로 기획하고 기도로 제작한다.
2. 오직 그리스도의 성품을 사모하는 독자가 원하고 필요로 하는 책만을 출판한다.
3. 한 활자 한 문장에 온 정성을 쏟는다.
4. 성실과 정확을 생명으로 삼고 일한다.
5. 긍정적이며 적극적인 신앙과 신행일치에의 안내자의 사명을 다한다.
6. 충고와 조언을 항상 감사로 경청한다.
7. 지상목표는 문서선교에 있다.

하나님을 사랑하는 자 곧 그의 뜻대로 부르심을 입은 자들에게는 모든 것이 合力하여 善을 이루느니라(롬 8:28)

Member of the
Evangelical Christian
Publishers Association

규장은 문서를 통해 복음전파와 신앙교육에 주력하는 국제적 출판사들의
협의체인 복음주의출판협회(E.C.P.A:Evangelical Christian Publishers
Association)의 출판정신에 동참하는 회원(Associate Member)입니다.